高等学校教材

Qiche Yunxing Cailiao

汽车运行材料

（第二版）

郎全栋　董元虎　主编
王耀斌　　　　　主审

人民交通出版社

内 容 提 要

本教材针对的汽车运行材料主要包括车用汽油、车用柴油、石油代用燃料、发动机润滑油、车辆齿轮油、汽车润滑脂、汽车制动液、汽车液力传动油、发动机冷却液、制冷剂和汽车轮胎等。

本教材阐述了汽车运行材料的主要使用性能、评价指标或方法、分类、规格和选用技术，汽车油料主要指标的测定方法。

本教材在汽车运行材料的选择部分列举了部分新型汽车运行材料的技术资料。

本教材为高等学校交通运输专业的本科教材，亦可供相关人员学习和参考。

图书在版编目（CIP）数据

汽车运行材料 / 郎全栋，董元虎主编．—2 版．—北京：人民交通出版社，2009.8

ISBN 978-7-114-07842-2

Ⅰ．汽…　Ⅱ．①郎…②董…　Ⅲ．汽车－运行材料　Ⅳ．U473

中国版本图书馆 CIP 数据核字（2008）第 148513 号

书　　名：汽车运行材料（第二版）
著 作 者：郎全栋　董元虎
责任编辑：黄景宇
出版发行：人民交通出版社股份有限公司
地　　址：（100011）北京市朝阳区安定门外外馆斜街 3 号
网　　址：http://www.ccpress.com.cn
销售电话：（010）59757973
总 经 销：人民交通出版社股份有限公司发行部
经　　销：各地新华书店
印　　刷：北京市密东印刷有限公司
开　　本：787×1092　1/16
印　　张：14
字　　数：342 千
版　　次：2002 年 4 月　第 1 版
2009 年 8 月　第 2 版
印　　次：2018 年 1 月　第 7 次印刷　总第 15 次印刷
书　　号：ISBN 978-7-114- 07842-2
定　　价：25.00 元

前言

Qianyan

汽车一百多年的发展史表明，汽车总是与汽车运行材料同步发展、换代以及升级。汽车运行材料关系到汽车的可靠性和安全性，关系到能源节约，关系到环境保护。

本教材共分为11章，其主要内容分别为：石油的基本知识，车用汽油，车用柴油，汽车石油代用燃料，发动机润滑油，车辆齿轮油，汽车润滑脂，汽车制动液，汽车液力传动油，汽车其他工作液以及汽车轮胎。

本教材根据《汽车运行材料》课程教材编写大纲编写，重视基本知识，将汽车运行材料与汽车的安全、节能、环保的发展方向密切联系，全面地采用了近年来新制定或新修订的国内外关于汽车运行材料的分类、规格等标准，注重对学生基础理论和应用技能的培养。

本教材由东北林业大学郎全栋、长安大学董元虎主编。绪论、第二、十一章由郎全栋编写；第一、四、七、九、十章由董元虎编写；第三、六、八章由詹长书编写；第五章由田芳编写。全书由吉林大学王耀斌教授主审。

在此，编者对本教材编写中参考的有关标准、著作、论文的编著单位或个人，致以衷心的谢意。

汽车运行材料涉及面广，发展迅速，如有不妥之处，欢迎指正。

编　者

目 录

Mulu

绪论

1859年8月27日，在美国宾夕法尼亚州的梯塔斯维尔，德雷克等人打出了第一口具有商业价值的油井。石油给内燃机带来了新的生命力。1886年1月29日，德国人卡尔·本茨发明了装有单缸四冲程汽油机的世界第一辆汽车。1897年，德国鲁道夫·狄塞尔制成了世界上第一台实用的四冲程柴油机，为柴油找到了用武之地。以前，汽车使用的是木制或铁制车轮，而现代汽车均使用橡胶车轮。1839年，美国的古德伊尔发明了硫化橡胶。1842年，古德伊尔发明了硬橡胶轮胎。1888年，英国北爱尔兰贝尔法斯特的一位兽医邓录普发明了自行车用充气轮胎。1894年，法国轮船厂的米西林兄弟发明了可拆卸的装有内胎的充气橡胶轮胎，并首先在戴姆勒汽车上装用，为汽车找到了现代化的"鞋子"。1946年，法国米西林橡胶公司推出子午线轮胎。伴随汽车技术进步和发展，汽车运行材料品种不断增加，性能显著提高。

新中国建立前夕，全国民用汽车保有量为5.1万辆，全国能通汽车的公路只有8.07万km。2007年年底，全国民用汽车保有量达到5 697万辆，全国公路通车里程已超过357.3万km，高速公路通车里程已达5.3万km，公路运输在综合运输体系中的基础地位进一步增强。目前，我国汽车消耗的汽油占其总产量的85%，消耗的柴油占其总产量的20%，消耗的发动机润滑油占其总产量的49%。

一、课程设置的必要性

汽车使用的燃料、润滑剂及其他工作液和轮胎常称作汽车运行材料。汽车运行材料已成为汽车技术的重要组成部分，也是车辆技术管理的主要内容。

1. 汽车运行材料关系到汽车的安全性和可靠性

汽车的使用性能不断提高，对汽车运行材料的品质要求日趋严格。当代汽车要求严格控制含有害物质的车用汽油；要求十六烷值较高的低含硫量的车用柴油；要求抗磨损、耐极压的润滑油；要求高温抗气阻性好、低温流动性好的制动液；要求使用寿命长、节省燃料的轮胎等。每种汽车运行材料只有具备要求的使用性能才能发挥其作用，汽车运行材料的品质是影响汽车技术状况的主要因素之一。汽车上的一些机械故障所引发的交通事故往往是由于汽车运行材料选用不当而造成的。

2. 汽车运行材料关系到节约能源

大量使用燃油汽车，必然造成石油资源短缺。世界石油组织预测，1996年，全球已探明石油资源储量约为1 350亿t，年消耗石油约为30亿t。我国石油资源储量约为34亿t，年消耗石油约为1亿t左右。按照目前人类消耗石油的速度，全球已探明的石油资源仅能维持40~70年。因此，许多国家都在开发节能汽车，并在为汽车寻求石油代用燃料或其他能源。

汽车燃料的主要作用是保证正常燃烧，汽车润滑剂的主要作用是减磨降损，汽车轮胎种类关系到汽车滚动阻力的大小。因此，提高燃料和润滑剂的品质，发展新型汽车轮胎，发挥汽车运行材料的节能作用，已成为汽车节能的途径之一。使用较高辛烷值的车用汽油和适当十六烷值的车用柴油，实现汽车润滑油的低黏度化、多级化，推广使用效果好的汽车燃料节能添加剂和汽车发动机润滑油节能添加剂,使用子午线轮胎等,将会取得显著的节能效果。

石油资源日益枯竭,研究使用甲醇、乙醇、液化石油气、压缩天然气等石油代用燃料迫在眉睫。从2001年4月起,我国开始推广使用乙醇汽油。

3. 汽车运行材料关系到环境保护

汽车排放污染物是指汽车排放物中污染环境的各种物质,主要有一氧化碳、碳氢化合物、氮氧化合物和微粒物等。在我国大城市中,87%的碳氢化合物、61%的一氧化碳和55%的氮氧化合物来自汽车,这些有害气体严重污染大气环境,危害人体健康和生态平衡,解决汽车排放对环境污染的公害,已成为世界各国急需解决的重要课题之一。然而,汽车排放污染物的减少,取决于汽车技术的进步和汽车油品质量的提高这两个方面。

21世纪,世界燃料质量规格主要将按照减少汽车排放污染物含量的思路来设计。车用汽油的发展趋势是:低硫含量、低苯含量、低芳烃含量、低烯烃含量、低蒸气压、低90%蒸发温度和高清洁性;车用柴油的发展趋势是:高十六烷值、低硫含量、低多环芳烃含量、低终馏点和低密度。

通常,人们把燃料比作汽车的粮食,把润滑剂比作汽车的血液,把轮胎比作汽车的鞋子,可见汽车运行材料作用之大。汽车性能的发挥与汽车运行材料休戚相关,把汽车运行材料的发展视为汽车技术的进步并不过分。

常用的汽车运行材料目前有20多个品种、100多个规格。汽车运行材料的知识领域越来越开阔,科技含量越来越高,在内容上可构成一门独立的专业技术基础课程。全国高等院校交通运输等专业均把《汽车运行材料》纳入教学计划的课程设置。

二、课程的主要内容和教学方法

本教材包括11章。首先了解的是石油的组成及其特性、基础油制取方法、产品的性质、石油添加剂的种类和作用,从而为分析油品的性能奠定基础;掌握常用汽车运行材料的主要使用性能、评价指标或方法、分类、规格和选用技术;掌握在用发动机润滑油的质量分析方法;了解车用汽油有害物质含量的试验方法;了解汽车燃料节能添加剂和汽车发动机润滑油节能添加剂的作用原理、试验评定方法;了解废旧润滑油的回收和再利用技术;掌握影响汽车轮胎寿命的因素及其使用措施;掌握汽车运行材料品质对汽车技术状况的影响;了解由于汽车运行材料选用不当造成汽车故障的规律。

教学中,应把汽车运行材料与汽车安全、节能、环保的发展方向紧密地联系起来。

本课程以《普通化学》、《机械设计基础》、《汽车发动机原理》和《汽车构造》等先修课为基础,又为《汽车运用工程》等专业课的学习创造条件。

采用讲授、自学、辅导和试验等教学环节,理论与实践相结合,着重于基本理论的学习和应用技能的培养。

汽车运行材料具有标准化强、变化快的特点。汽车油料的分类、规格、试验方法和汽车轮胎系列、使用及维护规程等,均根据有关国家标准或行业标准来讲解。而且,随着汽车技术的迅速发展,为使汽车运行材料标准与国际标准接轨,我国加速了等效或参照采用国际有关标准的步伐。所以,教材中应注意教材内容的更新。

三、我国汽车运行材料的发展

汽车运行材料的发展取决于国内汽车工业、石油工业和橡胶工业等,也受国外有关技术水平的影响。

我国汽车运行材料的发展可大体划分为两个阶段。

1. 第一阶段(1949—1980 年)

1956 年 7 月 15 日,我国开始生产解放 CA10 型载货汽车,直到 1987 年才改型,可谓 30 年一贯制。长期以来,汽车生产处于以中型载货汽车为主,缺重少轻,轿车几乎空白的局面。由于我国汽车类型单调,型号陈旧,因此,对汽车运行材料要求不高。汽油以低辛烷值为主要产品;发动机润滑油只区别汽油机油和柴油机油两大类,稠化机油产量甚少;车辆齿轮油以渣油型普通齿轮油为主;汽车润滑脂多为钙基润滑脂;汽车轮胎均是普通斜交轮胎。汽车运行材料规格完全采用前苏联标准。这一阶段,我国汽车运行材料的基本状况是:质量低、品种少、不成系列。

2. 第二阶段(1981 年至今)

1978 年 7 月 15 日,东风 EQ140 型载货汽车投产。1981 年后,进口汽车增多。1987 年和 1988 年间,我国对生产时间最长的三个老车型实现换型,生产新解放、新跃进、新黄河。1987 年 1 月 1 日,我国第一汽车制造厂的解放 CA141 型载货汽车投产,改变了汽车产品 30 年一贯制的落后局面。1983 年 4 月 11 日,第一辆上海桑塔纳轿车组装成功,从此推动了我国轿车工业的迅速发展。进入 20 世纪 90 年代后,奥迪、捷达、夏利、富康、雅阁、别克、帕萨特等轿车相继投产,红旗轿车恢复生产,闪烁新时代的光辉。1999 年,我国汽车年产量为 183 万辆,其中轿车产量为 56.5 万辆,占年产量的 31%。1997—1999 年,连续 3 年货车、客车、轿车之比为 4∶3∶3。2007 年我国汽车产量为 888.2 万辆,越过了 888 万辆大关,位居世界第三位。

随着我国汽车换代、轿车增多,我国汽车运行材料迅速发展。

为使石油产品和润滑剂系列化、标准化,我国参照国际标准化组织(ISO)和国外通用的有关标准,加强标准化建设,迅速向国际标准靠拢。我国 1965 年制定的石油燃料和润滑油脂的分类、命名和代号的国家标准,到 1988 年已经作废。按照 GB/T 498—87《石油产品及润滑剂的总分类》和 GB/T 7631.1—87《润滑剂和有关产品(L 类)的分类 第 1 部分:总分组》的规定,燃料、润滑剂具体分类的标准、技术规格陆续发布。

2000 年 7 月 1 日后,我国已实现了车用汽油无铅化。国办发[1998]129 号国务院办公厅文件《国务院办公厅关于限期停止生产销售使用车用含铅汽油的通知》规定:自 2000 年 1 月 1 日起,全国所有汽油生产企业一律停止生产含铅汽油,改产无铅汽油。在生产无铅汽油的过程中,对无铅汽油的其他有害物质的含量也应当控制,具体控制标准由国家环保总局会同国家质量技术监督局制定,并于 1999 年 7 月 1 日前公布,2000 年 1 月 1 日起实施。自 2000 年 7 月 1 日起,全国所有汽车一律停止使用含铅汽油,改用无铅汽油。国家环境保护总局于 1999 年 6 月 1 日发布了《车用汽油有害物质控制标准》,于 2000 年 1 月 1 日实施。该标准对苯、芳烃、烯烃、锰、铁、铜、铅、磷、硫等有害物质的含量提出了控制指标。国家质量技术监督局于 2006 年 12 月 6 日发布并实施了 GB 17930—2006《车用汽油》,这是我国关于车用无铅汽油的又一个强制性国家标准。

修订后的 GB/T 19147—2003《车用柴油》于 2003 年 5 月 23 日发布,并于 2003 年 10 月 1 日实施。

2000 年 11 月,中国汽车工业协会在北京发布了新版《世界燃料规范》,为我国汽车燃油质量的提高明确了目标。

与国际上一样,我国车用发动机润滑油的发展趋势是高档化、通用化、多级化、节能化和环保化。2000 年,我国一些新型轿车和新型大客车相继投产,要求采用 API SJ 级汽油机油和 API CF—4、API CH—4 柴油机油。中国石油化工集团公司努力提高基础油和添加剂的质量,发展加氢基础油和复合添加剂,已有能力生产出目前国际上最高档的发动机润滑油。

随着我国公路运输事业的蓬勃发展,汽车制动液的质量水平有了很大的提高,低档制动液已逐渐被中高档制动液所取代。GB 12981—2003《机动车辆制动液》于 2003 年 3 月 6 日发布,2004 年 1 月 1 日实施。该标准参照 ISO 相关标准制定。

近年来,随着我国汽车档次的提高和高速公路的发展,促进了我国轮胎产品向系列化、子午化、无内胎化和扁平化的方向发展。为了使我国轮胎标准尽快与国外先进标准接轨,以满足国际贸易和科技交流的需要,在等效采用或参照欧洲轮胎轮辋技术组织(ETRTO)年鉴(1994)、美国轮胎轮辋协会(TRA)年鉴(1994)和日本机动车辆轮胎制造者协会(JATMA)年鉴(1994)的基础上,于 1997 年修定了《轿车轮胎》、《载重汽车轮胎》、《轿车轮胎系列》和《载重汽车轮胎系列》4 个国家标准。2008 年 6 月 4 日又发布了新修定的 GB/T 9768—2008《轮胎使用与保养规程》、GB/T 2978—2008《轿车轮胎规格、尺寸、气压与负荷》和 GB/T 2977—2008《载重汽车轮胎规格、尺寸、气压与负荷》等标准。

近几年来,我国代用燃料推广出现了方兴未艾的发展势头。我国代用能源的方针是以天然气为主,实行多元化发展。至 1998 年年底,我国已探明的天然气储量累积已达 1.5 万亿 m^3。至 1997 年年底,我国已有压缩天然气汽车 4 594 辆,加气站 46 个,已有液化石油气汽车 1 323 辆,加气站 22 个。国家质量技术监督局已制定出“天然气和液化石油气汽车国家标准体系”,其中 GB 18047—2000《车用压缩天然气》等国家标准已经发布。

这一阶段,我国汽车运行材料有了转折性的发展,摆脱了前苏联有关标准的模式,按照国际有关标准,迅速与国际接轨,步入标准化、系列化、高档化的道路。

第一章　石油的基本知识

石油是埋藏在地下的天然矿产物，未经炼制前称之为原油。原油在常温下大都呈流体或半流体状态，颜色多是黑色或深棕色，也有暗绿色、赤褐色或黄色，且有特殊气味。原油中如含胶质和沥青质越多，颜色越深，气味越浓；含硫化物和氮化物越多，则气味越臭。不同产地的原油，其相对密度也不相同。但一般都不大于1，多在0.80~0.98之间，个别低于0.70；凝点的差异较大，有的高达30℃以上，有的却低于-50℃。表1-1所列为我国部分石油产地的原油密度及主要性质。

我国部分石油产地的原油密度及主要性质　　表1-1

原油性质	大庆混合原油	胜利混合原油	大港混合原油	玉门原油	克拉玛依原油	孤岛混合原油
相对密度(ρ_4^{20})	0.855 2	0.907 0	0.869 6	0.869 8	0.867 8	0.949 2
黏度(50℃，mm^2/s)	22.15	121.38	20.64	15.9	19.23	243.5
凝点(℃)	24	20	20	8	-50	-4
含盐(NaCl)(mg/L)		140	74	1 480	9	19.92
酸值(mgKOH/g)		0.56		0.40	0.78	1.70

原油之所以在外观和物理性质上存在差异，其根本原因是化学组成成分不完全相同。原油既不是由单一元素组成的单质，也不是由两种以上元素组成的化合物，而是由各种元素组成的多种化合物的混合物。因此，其性质不像化合物和单质那样肯定，而是所含各种化合物的综合表现。正由于石油的化学组成十分复杂，所以不同产地、甚至同一产地而不同油井的原油，在组成成分上也有一定差异。

第一节　石油的组成

一、石油的元素组成

尽管石油组成成分很复杂，但目前的科学技术已可把石油中所含主要的化学元素大致地测定出来。不论是何产地的原油，其组成元素主要是碳、氢、硫、氧和氮等元素。它们所占的比例如表1-2所示。

石油的元素组成　　表1-2

原油产地	元素组成(%)(m/m)					
	C	H	S	O	N	C/H
大庆(混合油)	85.74	13.31	0.11		0.15	6.45
胜利(混合油)	86.26	12.20	0.80		0.41	7.07
大港(混合油)	85.67	13.40	0.12		0.23	6.39
玉门	83.85	12.87	0.18		0.45	6.46

续上表

原油产地	元素组成(%)(m/m)					
	C	H	S	O	N	C/H
克拉玛依	86.13	13.30	0.04	0.28	0.25	6.47
伊朗	85.4	12.8	1.06	0.74		6.67
墨西哥	84.2	11.4	3.60	0.80		7.39
美国宾夕法尼亚	84.9	13.7	0.50	0.90		6.20

从表1-2中可以看出,组成石油的主要元素是碳,约占83%~87%;其次是氢,约占11%~14%;两者合计约占96%~99%,两者的比例(C/H)为6~7.5。硫、氧和氮三种元素合计约占1%~4%,但也有少数产地的原油超过这个范围。

在原油中,还含有微量的多种金属元素和非金属元素,如镍、钒、铁、钾、钠、钙、镁、铜、铝、氯、碘、磷、砷和硅等,但合计含量极微,约占0.003%以下。

上述各种元素在原油中都不是以单质的结构存在,而是以相互结合的各种碳氢或非碳氢化合物存在。

二、石油的烃类组成

由碳和氢两种元素组成的化合物,叫做碳氢化合物,通常称为烃。在烃分子中,碳和氢两种原子的结合方式有一定的规律。烃分子中只有一个碳原子时,它只能以一种方式与4个氢原子结合,形成甲烷分子;如果烃分子中含有两个碳原子时,它就可能与6个、4个或2个氢原子结合,而形成乙烷、乙烯或乙炔三种化合物。所以随着碳原子个数的增多,形成的化合物也就越来越多,因而使烃的种类也多到难以想象的程度。

通过大量研究证明,组成原油的烃大多只有烷烃、环烷烃和芳烃三类,少数原油中还含有烯烃。

1.烷烃

烷烃是开链的饱和烃,分子式通式为C_nH_{2n+2},分子内碳与碳单键相连,碳的剩余键为氢所饱和。凡碳链为直链者称正构烷,有支链者称异构烷。在常温下,C_1~C_4的正构烷呈气体;C_5~C_{15}的正构烷呈液体(是汽油和煤油的主要成分);C_{16}以上的正构烷呈固体(是石蜡的主要成分)。

相同碳原子数的正构烷与异构烷相比,正构烷烃碳链长,结构不稳定,易生成过氧化物和醇或醛等氧化物,发火性好,是压燃式发动机燃料的良好成分;异构烷烃结构紧密,不易被氧化生成过氧化物,发火性能差,不易发生爆燃,是点燃式发动机燃料的良好成分。

2.环烷烃

环烷烃是闭链饱和烃,分子式通式为C_nH_{2n},分子内碳与碳相连且呈环状,碳的剩余键为氢所饱和。环烷烃的物理、化学性质与烷烃近似,一般条件下性质较稳定,不易氧化。在某些条件下,环烷烃表现出环状结构的特性,随环烷烃分子量的增大或多环环烷烃环数的增多,其沸点升高,密度增大。

对大多数石油来说,环烷烃是主体成分。通常石油产品的中间馏分和高沸点馏分中含环烷烃可达60%~70%,贫蜡石油和无蜡石油中环烷烃含量还会更高。环烷烃无论对燃料油还是润滑油都是理想组分,汽油中环烷烃的抗爆性比正构烷烃好,仅次于异构烷和芳烃;在柴油中环烷烃的发火性较烷烃差。少环长侧链的环烷烃是润滑油的理想组分，因为其黏温性好且凝点低。

3. 芳烃

凡具有苯环结构的烃称为芳烃。芳烃的化学性质稳定，在所述几类烃中最难氧化。因为苯环中碳原子都以 SP^2 杂化构成六个 $C-C_{\sigma}$ 键和六个 $C-H_{\sigma}$ 键，这样六个碳原子还各有一个未杂化的P电子形成一个封闭的大π键，由于苯环上参加大π键的电子在整个苯环上运动受到六个碳原子核的共同吸引，从而使这个大π键比较稳定，不易进行加成或氧化反应。没有侧链的芳烃是最难氧化的，多环带侧链的芳烃较易氧化，其产物为胶状物。

由于芳烃化学结构稳定，化学安定性良好，在汽油机燃料中，芳烃抗爆性好，其辛烷值高（如苯的MON可达108）。但经研究表明，由于芳烃燃烧温度过高，燃烧产物中的氮氧化物（NOx）和未燃芳烃的排放浓度随芳烃含量的增加而增大，对环境保护十分不利。又因为芳烃自燃点高，十六烷值低，在柴油机中燃烧性非常差，是柴油中的不良组分。柴油中如含有较多的芳烃，会导致柴油机炭烟微粒的排放浓度增大。所以，为了达到法规对汽车排放的要求，在汽车燃料中要控制芳烃的含量。

4. 烯烃

凡分子结构中含有碳碳双键的烃，叫烯烃，分子式通式为 C_nH_{2n}。由于碳原子的化合价未能完全被氢原子饱和，所以称为不饱和烃。

石油中一般不含烯烃。但由于在石油加工过程中采用二次加工，大分子的烷烃和环烷烃发生分解，产生烯烃（包括二烯烃）。因此，在石油产品中含有一定量的不饱和烃。由于烯烃属于不饱和烃，所以其安定性差，在一定条件下很容易氧化生成高分子黏稠物，特别易进行加成反应、氧化反应和聚合反应。汽油中的烯烃可使汽油的辛烷值提高，但烯烃会使汽油在储存时氧化生胶。柴油中的烯烃可使柴油有较好的低温流动性能，但烯烃的自燃点高，发火性差，还有化学安定性差。另外，烯烃对汽车排放有着不利的影响，烯烃等有机挥发物是生成臭氧和毒性物质的重要来源，故在汽车燃料中应严格控制烯烃的含量。

各种烃类对石油产品特性的影响见表1-3。

各种烃类对石油产品特性的影响　　表1-3

<table>
<tr><th colspan="2">烃　类</th><th>密度</th><th>自燃点</th><th>辛烷值</th><th>十六烷值</th><th>化学安定性</th><th>黏度</th><th>黏温性</th><th>低温性</th></tr>
<tr><td rowspan="2">烷烃</td><td>正构</td><td rowspan="2">小</td><td>低</td><td>低</td><td>高</td><td>好</td><td rowspan="2">小</td><td rowspan="2">最好</td><td>差（高分子）</td></tr>
<tr><td>异构</td><td>高</td><td>高</td><td>低</td><td>差（分支多）</td><td>好</td></tr>
<tr><td rowspan="2">环烷烃</td><td>少环</td><td rowspan="2">中</td><td rowspan="2">中</td><td rowspan="2">中</td><td rowspan="2">中</td><td>好</td><td rowspan="2">大</td><td>好</td><td rowspan="2">好</td></tr>
<tr><td>多环</td><td>差（多侧链）</td><td>差</td></tr>
<tr><td rowspan="2">芳香烃</td><td>少环</td><td rowspan="2">大</td><td rowspan="2">高</td><td rowspan="2">高</td><td rowspan="2">低</td><td>好</td><td rowspan="2">大</td><td>好</td><td rowspan="2">中</td></tr>
<tr><td>多环</td><td>差（长链）</td><td>差</td></tr>
<tr><td colspan="2">烯烃</td><td>稍大于烷烃</td><td>高</td><td>高</td><td>低</td><td>差</td><td>—</td><td>—</td><td>好</td></tr>
</table>

三、石油的非烃类组成

石油中除烃类化合物以外，还有一些非烃类化合物。这些化合物有含硫化合物、含氧化合物、含氮化合物、胶质和沥青质等。氧、硫和氮等元素总的含量，在石油中虽然只含有1%左右，但它们组成的化合物的含量却可达19%，甚至更多。非烃类化合物大多对原油加工和石油产品的质量带来不利影响,所以在炼制过程中都要尽可能将它们除去。

1.含硫化合物

1)硫在石油和石油馏分中的分布

硫在石油中的含量随产地不同而相差很大,可以说是从万分之几到百分之几。如我国的克拉玛依石油含硫只有0.04%,而委内瑞拉石油含硫达5.48%。

通常将含硫量大于2%的石油称为高硫石油,低于0.5%的石油称为低硫石油,而含硫量介于0.5%~2.0%之间的石油称为含硫石油。我国石油大多数属于低硫石油和含硫石油。

硫在石油馏分中的分布一般是随着馏分沸点的升高而增加,并且大部分集中在残油中。

2)硫在石油及其馏分中存在的形态

硫在石油中存在的形态已经确定的有:元素硫(S)、硫化氢(H_2S)、硫醇(RSH)、硫醚(RSR′)、环硫醚以及二硫化物(RSSR′)、噻吩及其同系物等。

石油馏分中元素硫和硫化氢多是其他含硫化合物的分解产物,同时元素硫和硫化氢又可以相互转变。硫化氢被空气氧化可以生成元素硫,硫与石油烃类作用又可生成硫化氢及其他硫化物。一般在200℃或250℃以上就能发生这种反应。

硫醇(RSH)在石油中的含量不多,由于它们的沸点较相应的醇类要低得多,所以硫醇多存在于低沸点馏分中。目前已经从石油的汽油馏分中分馏出多种硫醇。硫醇不溶于水,低分子甲硫醇(CH_3SH)、乙硫醇(C_2H_5SH)具有极强的特殊臭味,空气中含硫醇浓度为2.2×10^{-12}时,人的嗅觉就可以感觉到。

元素硫、硫化氢和低分子硫醇都能与金属反应而发生金属腐蚀,它们被称为活性硫化物。

硫醚(RSR′)是石油中含量较多的硫化物之一。它是中性液体,热稳定性较高,与金属不发生作用。硫醚的含量随着馏分沸点的上升而增加,在煤油、柴油馏分中含量较多。硫醚中的R可以是烷基,也可以是环烷基。当R是环烷基时,也可称为环硫醚。环硫醚的热稳定性相当高,对金属也没有反应,但能与重金属盐反应生成络合物。

二硫化物(RSSR′)在石油馏分中含量较少,而多集中于高沸点馏分中。二硫化物也呈中性,不与金属作用,但它的热安定性差,受热后将分解成硫醚、硫醇或硫化氢。

噻吩及其同系物是芳烃的杂环化合物,它们的热安定性较高,是石油中的一种主要含硫化合物。噻吩的物理化学性质与芳烃较接近。噻吩没有刺激的气味,且热稳定性很高,故在热分解产物中噻吩含量相当高。

直馏汽油中的硫化物有硫醇、硫醚和少量的二硫化物和噻吩,有时在汽油馏分中还含有少量的硫化氢和元素硫。直馏汽油中的硫化物,其碳原子数和结构类型与汽油馏分中的烃类大体相当,环烷环和芳香环也是以一个环为主。

煤油和柴油馏分中的硫化物主要是硫醚类和噻吩类,硫醇一般出现在二次加工产物中。

石油高沸点馏分中的硫化物主要是稠环噻吩类。

硫化物对石油产品的应用和石油加工等都有危害,特别是对金属的腐蚀和高温分解后对环境的污染。硫化物受热分解产生H_2S,当其与水共存时,就会对金属产生严重腐蚀。即:

$$Fe + H_2S \longrightarrow FeS + H_2$$

当温度高到300~400℃时,元素硫就很活泼,极易与普通的钢材起反应,即:

$$Fe + S \xrightarrow{300\sim400℃} FeS$$

硫醇也能直接与金属反应,即:

$$Fe + 2RSH \longrightarrow (RS)_2Fe + H_2 \uparrow$$

把上述能直接与金属起反应的硫化物称为活性硫化物;而其余硫化物如硫醚、二硫化物和噻吩等不直接与金属起反应的硫化物称为非活性硫化物,但它们受热分解后生成的硫化氢等同样会对金属设备产生腐蚀。近年来人们对环境保护越来越重视,石油产品中的硫化物中的硫不管是直接散发到空气中还是经燃烧后的生成物都对环境产生危害,从而影响人的身体健康。所以,石油产品中的硫化物应尽可能清除。

2. 含氧化合物

石油中的含氧量一般很少,且均以有机化合物的状态存在。这些含氧化合物,可分为酸性氧化物和中性氧化物两类。酸性氧化物有环烷酸、脂肪酸和酚类,总称石油酸。中性氧化物有醛、酮等,它们在石油中含量极少。

酸性氧化物中,以环烷酸为主要成分,它约占石油酸性氧化物的90%。环烷酸的含量多少随石油产地不同而异。环烷酸在石油馏分中的分布是中间馏分(馏程为250~350℃)中含量最高,低沸点馏分中和高沸点馏分中含量都较低。

环烷酸的物理性质随分子大小的不同而不同。从低沸点馏分中分离出来的分子量较小的环烷酸呈液体状,黏度不太高,有特殊气味,颜色较浅。而从高沸点馏分中分离出来的分子量较大的环烷酸呈黏稠状,一般为暗褐色。环烷酸在水中的溶解度很小,高分子的环烷酸不溶于水,但均溶于石油烃类。

对于环烷酸的结构,曾经进行过很多研究,现在看来,低分子的环烷酸主要是环戊烷的衍生物;而高分子的环烷酸,不仅有双环和多环,也有单环,还有混合的芳香环等。

环烷酸的化学性质和脂肪酸相似,是典型的一元羧酸,它具有普通羧酸的性质。在中和时,环烷酸很容易生成各种盐类,其碱金属的盐类能溶于水。由于环烷酸能腐蚀金属设备,它存在于油品中是有害的。

3. 含氮化合物

石油中含氮量很少,一般为万分之几到千分之几。我国大多数原油的含氮量均低于千分之五。在含氮化合物中,大多是一些杂环化合物,如吡咯(C_4H_5N)、吡啶和喹啉,另外还有少量的胺类(RNH_2)。

和多数非烃类化合物一样,随石油馏分沸点的升高,其含氮量增加,含氮化合物的性质不稳定,易氧化生成有色胶质,油品颜色变深,质量下降,不能长期储存。氮化物还可以使酸性催化剂中毒。当其含量高时,燃烧有臭味。所以,在石油产品加工过程中的精制时,应将氮化物清除干净。

4. 胶状和沥青状物质

胶状和沥青状物质也称胶质或沥青质。胶质和沥青质是一些含有C、H、O、N、S等元素的多环化合物的混合物,其结构非常复杂,大致上是一些分子量很高的杂环化合物。原油中90%以上的氧、80%以上的氮和50%以上的硫都集中在胶质和沥青质中。从元素组成看,胶质和沥青质含碳85%以上,氢10%左右,硫、氧、氮的总含量5%左右。胶质和沥青质是石油中非烃类化合物的主体,它的含量是相当大的。一般轻质石油含5%~10%,重质石油含40%~50%。

胶质和沥青质是有区别的。它们的性质对比见表1-4。

胶质和沥青质的性质对比 表1-4

名　称	胶　质	沥 青 质
分子量	500～1 000	3 000～5 000
相对密度	1.00～1.07	>1
C/H	8～9	10～11
外观	淡黄色至黑褐色黏稠物	暗褐色至黑色非晶态粉末
溶解情况	能溶于石油醚、苯、二硫化碳和氯仿等一切石油馏分中，不溶于酒精	能溶于苯、氯仿、二硫化碳、四氯化碳，不溶于石油醚及酒精
在石油中的状态	呈溶液状态存在	当芳香烃多时呈胶体，当烷烃多时呈悬浮体
在石油中的分布	可随石油烃类一起挥发，随沸点升高含量增加，其中15%的量含在馏分中，85%的量含在渣油中	不随烃类挥发，通常馏分中不含沥青，全部集中在渣油中

石油中胶质和沥青质不是某种单一的化合物，而是复杂的杂环化合物的混合物。理化性质在一定的范围内波动。它的存在对石油产品有害，可使油品颜色变深，氧化安定性下降，黏温性变差，燃烧后形成积炭，增加发动机的磨损。所以，在石油产品加工过程中精制时，应尽可能把胶质和沥青质清除干净。

5. 矿物质

矿物质在石油中的含量一般是万分之几，甚至十万分之几。石油中矿物质燃烧后形成灰分，灰分由Si、Ca、Mg、Fe、Na、Al、Mn、V、Ni等元素组成。在未加添加剂的石油产品中，其灰分越大，质量越差。

四、烃类在石油馏分中的分布

总地来说，随着石油馏分沸点的升高，三类烃的分子量均随之增大，碳原子个数增多，环烷烃和芳香烃的环数增多。这就是说，碳原子个数少，分子量小和环数少的烃分布在低沸点馏分中；反之，则分布在高沸点馏分中。具体来说，三类烃在石油馏分中分布规律如下。

1. 烷烃

烷烃的分布是随着馏分沸点的升高而逐渐减少。在汽油馏分中的含量可高达50%左右，而在400～500℃的高沸点馏分中，含量只有5%左右。含 C_5～C_{11} 的正构烷烃大多分布在200℃以内的汽油馏分中，200～350℃的煤油馏分中所含的正构烷烃，大多是 C_{11}～C_{20} 的正构烷烃。含有 C_{20}～C_{36} 左右的正构烷烃，均分布在350～500℃的润滑油中。

在不同沸点范围内的馏分中，异构烷均少于正构烷烃，结构复杂的异构烷又少于结构简单的异构烷。由于异构烷的沸点均比相同碳原子数的正构烷烃低，所以含碳原子的个数在各个不同沸点范围内的馏分中的分布与正构烷烃有些差异。

2. 环烷烃

环烷烃在石油馏分中的分布比较均匀，但在中间馏分中稍多。在汽油馏分中，大多是带短烷基侧链的环戊烷和环已烷，只有极少量的双环环烷烃。在煤油和柴油馏分中，大多是带长烷基侧链的单环环烷烃，其次是双环环烷烃，三环环烷烃的含量很少。在高沸点的润滑油馏分中，大多是带烷基侧链的双环环烷烃，三环以上环烷烃的含量也比较多，但也还含有少量带长烷基侧链的单环环烷烃。

3. 芳烃

芳烃的分布是随着馏分沸点的升高而逐渐增多。在400~500℃的高沸点馏分中，其含量可达30%以上，在低沸点的汽油馏分中，含量大多在10%左右。带短烷基侧链的单环芳烃，大多分布在汽油馏分中，双环和二环芳烃多分布在煤油和柴油馏分中；三环以上的芳烃，均分布在润滑油中。

上述分布规律是仅对原油的直馏馏分来说的。

第二节 石油的分类

为了选择原油加工方案，预先估算出产品的种类、产率和质量，世界各国都采用各种不同方法对不同产地的原油进行分类。

石油按不同的方法分类，主要有以下四种，分述如下。

1. 工业分类法

在工业上通常按原油的密度区分为四类。$\rho_4^{15.6} < 0.830$ 的原油称为轻质原油；$\rho_4^{15.6} = 0.830 \sim 0.904$的原油称为中质原油；$\rho_4^{15.6} = 0.904 \sim 0.966$ 的原油称为重质原油；$\rho_4^{15.6} > 0.966$ 的原油称为特重质原油。

2. 商品分类法

(1)按含硫量分类：含硫量小于0.5%的原油称低硫原油；含硫量等于0.5%~2.0%的原油称含硫原油；含硫量大于2.0%的原油称高硫原油。

(2)按含蜡量分类：从石油中取出某一馏分，其黏度为53mm²/s(50℃)，然后测其凝点。当凝点低于-6℃时，称低蜡原油；当凝点在-15~20℃时，称含蜡原油；当凝点高于21℃时，称多蜡原油。

(3)按含胶量分类：以重油(沸点高于300℃的馏分)中胶质含量来分。含胶质量小于17%，称低胶原油；含胶质量在18%~35%，称含胶原油；含胶质量在35%以上，称多胶原油。

3. 化学分类法

按特性因素分类：

$$K = \frac{1.26\sqrt[3]{T}}{\rho_4^{15.6}}$$

式中：K——特性因素；

T——该原油的中平均沸点，K。

根据特性因素，可把石油分为三类：

(1)石蜡基原油：石油特性因素在12.15以上的称石蜡基原油。这类石油的特点是含有较多的石蜡，因而凝点高。

(2)中间基原油：石油特性因素在11.50~12.15的称中间基原油。这类石油含有一定数量的烷烃、环烷烃和芳烃。

(3)环烷基原油：石油特性因素在10.50~11.50的称环烷基原油。这类石油的特点是含有较多的环烷烃，凝点低。

4. 关键馏分特性分类

由于原油的化学组成复杂，烃类在轻质馏分和重质馏分中的分布有较大的差异，用特性因素分类比较笼统,不够确切,而其中平均沸点的数据也不易采集准确。所以,也有的用关键馏分特性分类法对原油分类。

用特定仪器把石油在常压和减压下蒸馏出两个馏分:馏程为250~275℃的叫做第一关键馏分;残油在蒸馏烧瓶中进行减压蒸馏取得275~300℃的馏分为第二关键馏分。然后再算出其特性因素,按照规定的标准,可将原油分为七类:即石蜡基、石蜡-中间基、中间-石蜡基、中间基、中间-环烷基、环烷-中间基和环烷基石油。

第三节 石油的炼制方法

一、炼油厂的类型

根据各炼油厂的主要产品,可把它们分为三种类型。

1. 燃料型

燃料型炼油厂是以生产汽油、喷气燃料、灯用煤油、轻柴油、重柴油和重油等燃料为主要目的,同时也附带生产燃料气、芳香烃和石油焦。这类炼油厂的工艺特点是通过一次加工尽量将原油中的轻质馏分分出,并利用裂化等二次加工工艺,把重质馏分转化为汽油和柴油等轻质馏分分出。随着石油向综合利用方面发展,这类炼油厂所占比例将越来越少。

2. 燃料-润滑油型

燃料-润滑油型炼油厂除了生产各种燃料油外,同时还生产各种润滑油。由于几乎所有的机械设备都要以润滑油作为润滑剂,所以这类炼油厂在石油工业中占有重要地位,拥有的炼油装置也较多。但是国民经济各部门所需要的润滑油在数量上是十分有限的,虽然品种繁多,但产量仅占石油产品总产量的很少一部分。所以这类炼油厂不多,并只能根据国民经济的需要而适当发展。

3. 燃料-化工型

随着从原油中单纯提炼石油产品逐渐向综合利用转化,近代新建的炼油厂大多是燃料-化工型。这类炼油厂除具有燃料型的工艺特点和装置外,还通过催化重整、催化裂化以及抽提和分离等工艺,尽量制取芳烃和烯烃,作为合成纤维、炸药、橡胶和树脂等的工业原料;同时还利用芳烃和烯烃为基础原料,通过化工装置生产醇、酮、酸等基本有机原料。

二、炼制石油的过程

炼制石油的过程,随炼油厂的类型不同而有差异,现以燃料-润滑油型炼油厂为例,简述炼油的过程。

图1-1是燃料-润滑油型炼油厂炼制石油的流程示意图。图中的常、减压蒸馏是属于物理过程,原油中的烃类化合物在结构上没有发生变化,称一次加工。由常压蒸馏得到的产品和半成品,在数量、质量和品种等方面均不能满足要求。例如常压蒸馏所得燃料的收率较低,直馏汽油的辛烷值很低。为了解决这些问题,又发展了许多加工方法。这些方法包括热裂化、延迟焦化、催化裂化、催化重整、烷基化和加氢裂化等。这些加工方法都以常、减压蒸馏所得的产物为原料,在加工过程中都有化学反应发生,而且原料中的烃类化合物在结构上均发生变化。在炼油工业上把这称为二次加工。

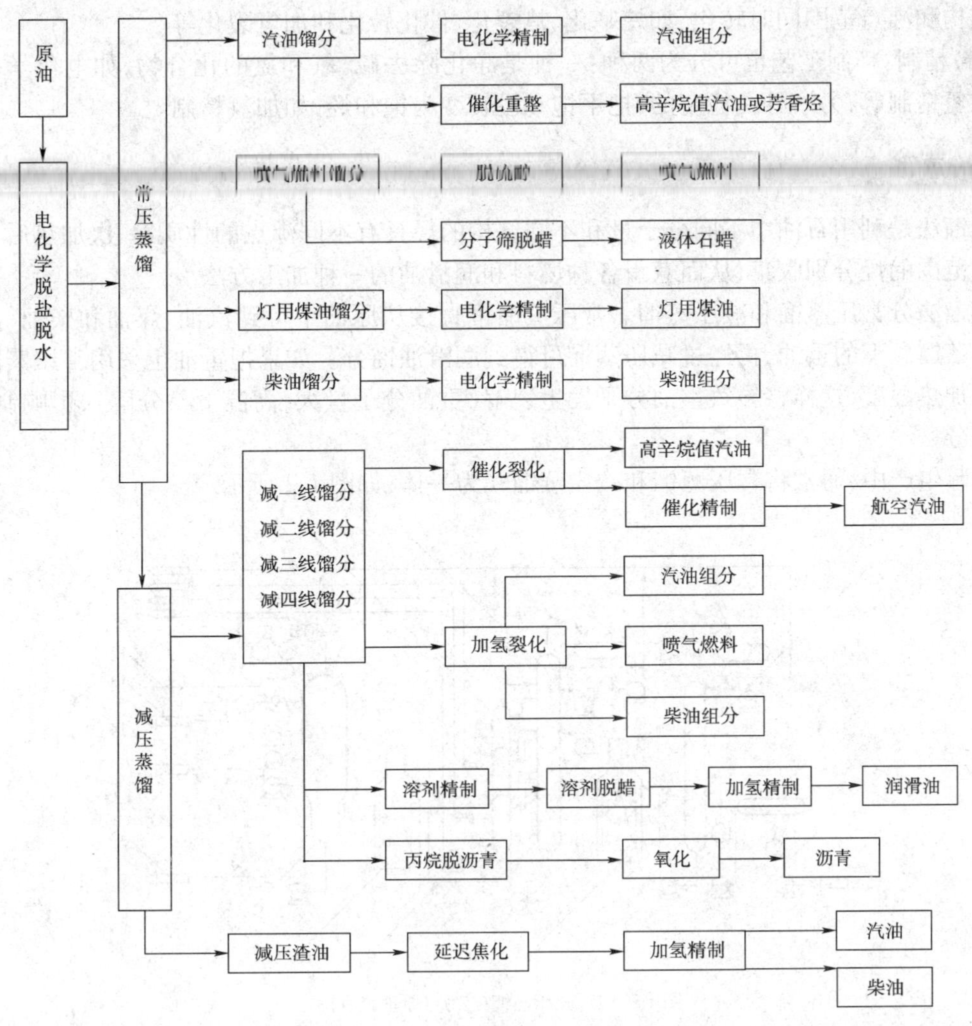

图 1-1　燃料-润滑油型炼油厂炼制流程示意图

1. 一次加工

先将原油进行预处理，用电化学工艺脱除原油中的水分、泥沙以及氯化钠、氯化钙、氯化镁等盐类，然后通过常、减压蒸馏装置，把原油分离为汽油、煤油、轻柴油、重柴油和轻质润滑油等不同沸点范围的馏分。

2. 二次加工

把一次加工所得的各种馏分，按照生产的需要和产品质量的要求，分别进行二次加工。如需要生产高辛烷值的汽油，则可把直馏汽油进行催化重整；如需要生产较多的汽油，可进行催化裂化或加氢裂化。一次加工的残渣，还可以通过二次加工制成润滑油。

3. 炼制工艺

在石油的炼制过程中要采用各种生产工艺，但根据工艺的作用可大致分为分离、转化和精制。

(1)分离：分离工艺有两种。一种是按沸点不同的范围来分离，即常压、减压蒸馏；另一种是按照化学组成分离，如溶剂或分子筛脱蜡等。

(2)转化：转化工艺也有两种。一种是把化学结构转化，如催化重整和异构化；另一种把化学结构和沸点范围同时转化，如烷基化、热裂化、催化转化和加氢裂化等。

(3)精制：精制工艺也可分为两种：一种是净化除去硫、氧和氮的化合物，如电化学、脱硫醇和加氢精制等；另一种是稳定的，把不饱和烃转变为饱和烃，如加氢精制。

二、蒸馏

蒸馏法是利用石油中不同分子量和不同结构的烃具有不同沸点的性质，一次加热后，将一定沸点范围的烃分别收集，从而获得各种燃料和润滑油的一种加工方法。

蒸馏法分常压蒸馏和减压蒸馏。常压蒸馏可直接从原油中得到汽油、煤油和柴油等。经过常压蒸馏剩下的重油，再经过减压蒸馏可得到润滑油馏分。如果把重油也采用常压蒸馏，势必提高加热温度，这样将导致重油分子发生裂解（重油分子量大，高温下易分解），影响制取润滑油馏分。

实际生产中，通常将常压蒸馏和减压蒸馏联为一体，如图1-2所示。

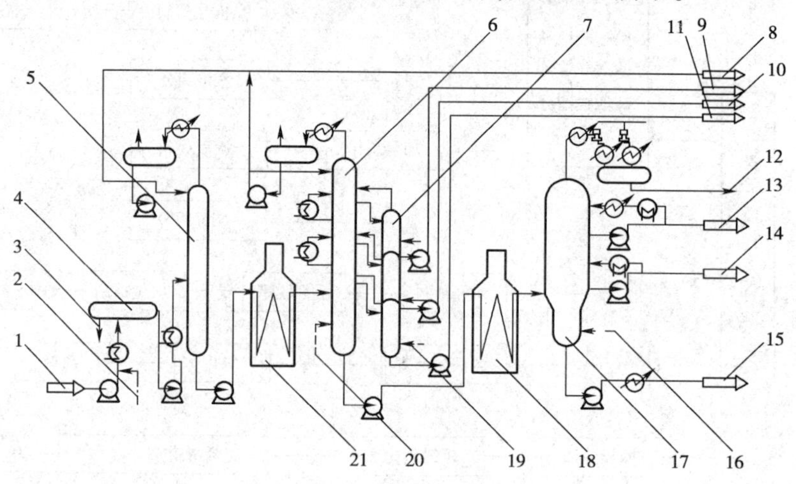

图1-2 常、减压蒸馏（三级）原理流程图

1-原油；2-水；3-含盐水；4-脱盐罐；5-初馏塔；6-常压塔；7-汽提塔；8-煤油；9-汽油；10-重柴油；11-轻柴油；12-凝缩油及水；13-减压一线；14-减压二线；15-减压渣油；16、19、20-蒸气；17-减压塔；18-减压炉；21-常压炉

1. 常压蒸馏

原油经沉降脱水、脱盐后，经加热后进入初馏塔，从初馏塔顶拔去轻汽油（或重整原料）和水分等。然后把剩余物经加热后泵入常压蒸馏塔，在塔的分馏作用下，从塔顶分离出汽油馏分，经冷凝、冷却后，一部分作塔顶回流，大部分进入储罐作汽油组分。常压蒸馏塔大多设三条侧线，各侧线的馏分油分别进入汽提塔进行汽提蒸馏，以提高分离效果，然后经换热、冷却分别作为煤油、轻柴油和重柴油去储罐。设有四条侧线的常压蒸馏塔，从侧四线引出来的馏分是裂化原料或变压器油原料。塔底未汽化的叫做常压重油，经热油泵送入减压炉加热。

2. 减压蒸馏

常压塔底重油用热油泵送到减压炉加热后，转入减压分馏塔。减压塔除塔顶循环回流外，有时还打一至两个中段回流。为了维持塔内高度真空，减压塔顶只出少量凝缩油。减压塔底也吹入过热蒸汽，以便降低塔内油气分压，增加拔出率。

有的炼油厂由于原油中含轻质成分的汽油少，或者为了简化工艺流程而不设初馏塔，这种装置叫做二级蒸馏。

常、减压蒸馏产物如表1-5所示。可见汽油、轻柴油产率一般很低，同时它们的质量受原油化学组成的限制,因此这种工艺远远不能满足用量日益增长的要求。

常、减压蒸馏产物 表1-5

项　目	产　品	一般沸点范围(℃)	一般产率(%)(V/V)
初馏塔顶	汽油馏分(或铂重整原料)	初馏点~95或更高	2~3
常压塔顶	汽油组分(或铂重整原料)	95~200(或95~130)	3~8(或2~3)
常压一线	灯用煤油(或航空煤油)	200~250(或130~250)	5~8(或8~10)
常压二线	轻柴油	250~300	7~10
常压三线	重柴油	300~350	7~10
减压侧线	催化裂化原料或润滑油原料	350~520	约30
减压渣油	焦化原料、润滑油原料、氧化沥青原料或燃料油	>520	35~50

四、裂化

裂化是转化工艺之一,常见的裂化有热裂化、催化裂化和加氢裂化。

1. 热裂化

高分子化合物在高温下裂解为低分子化合物的化学反应,叫做热裂化反应。利用热裂化反应把原油中的重质油(分子量较大的烃类)裂解为轻质燃料油的工艺叫做热裂化。

(1)基本原理:当重质油被加热到450℃以上时,高分子烃就会因受热发生裂解,变成分子较小的烃。在发生裂解反应的同时,还会发生缩合反应,使一部分低分子烃又转化为较高分子的烃,少数甚至比裂解前还高。虽然同时发生了两种化学反应,但裂解反应是主要的。反应的结果,主要还是高分子烃裂解为低分子烃。

由于各种烃类的热稳定性不同,所以在热裂化过程中发生的化学反应有差异。烷烃最易裂化,裂解的产物是低分子烷烃和烯烃;环烷烃次之,裂解时变成烯烃,脱氢转化为芳烃,脱侧链生成烯烃;芳烃的热稳定性好,不易发生裂解反应,但在高温下可以缩合生成高分子多环稠环烃,如再与烯烃缩合,就变为焦炭。所以,含烷烃多的含蜡馏分油和焦化蜡是较为理想的热裂化原料,而芳烃多重质油不宜做热裂化原料。

(2)工艺流程:热裂化工艺流程有单炉、双炉和多炉等多种。现仅以单炉裂化予以说明。其热裂化原理流程如图1-3所示。

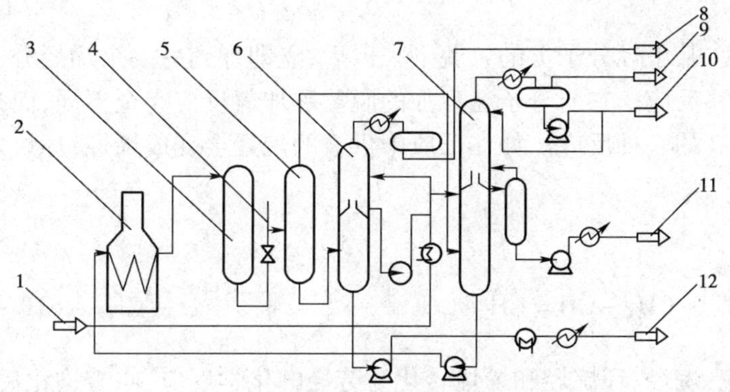

图1-3 热裂化原理流程图

1-原料;2-加热炉;3-反应塔;4-急冷油;5-高压蒸发气;6-低压蒸发塔;7-分馏塔;8-吸收油;9-裂化气;10-粗汽油;11-轻柴油;12-残油

①加热反应:原料油经换热后依次进入低压蒸发塔下部,在同高温反应物换热并与循环油混合后进入加热炉。当加热到490℃左右时,原料油在炉管中开始进行热裂化反应,为了提高裂化深度,让出炉后的原料油再进入反应塔,在一定压力和温度下停留一段时间,以利继续反应。

②蒸发分离:反应产物从反应塔底部流出,并打入急冷油降低温度,使化学反应终止后进入高压蒸发塔,在比加热反应时的温度与压力低一些的条件下进行蒸发分离(但属于高压蒸发)。分离后的气态产物由高压蒸馏塔引出再进入分馏塔,将分离为裂化汽油、煤油、柴油和循环油。

③吸收稳定:为了避免裂化气中夹带汽油和汽油中夹带裂化气,将分馏塔顶部和上部分离出来的裂化气和汽油馏分导入吸收、稳定塔,经吸收稳定后进入储罐。

(3)产物、产率和质量:热裂化的产物有裂化气,产率为10%左右;汽油产率为30%~50%,柴油和裂化重油产率均为30%左右。

由于原料油在热裂化过程中发生了复杂的裂解反应,生成物中含烯烃较多,所以裂化产物的安定性较差,且汽油馏分的辛烷值也不太高(MON=55~65),柴油馏分的十六烷值也较低。同时,热裂化过程中所发生的缩合反应,会使加热炉的管道中严重生焦。由于热裂化工艺存在这些缺点,所以已逐渐被淘汰。

2. 催化裂化

在催化剂的作用和一定温度的条件下,使沸点较高的原料油经过一系列化学反应裂化为轻质油的加工工艺,叫催化裂化。催化剂的功用是加速反应的进程,并使反应朝着特定方向进行。催化裂化的原料油,最理想的是含烷烃较多,含芳烃较少的中间馏分油,如直馏柴油、减压轻质馏分油和润滑油脱蜡的蜡下油。

(1)基本原理:催化裂化反应与热裂化反应有很大差别。由于催化剂的存在,不仅加快了化学反应速度,更主要的是催化剂对烃分子的作用使反应变得复杂而又理想。当原料油受热汽化被催化剂吸附后,除了会发生像热裂化工艺中的裂化反应以外,同时还会发生以下人们所希望的化学反应。

①异构化反应:只改变分子的化学结构而不改变分子量的化学反应,叫异构化反应。如正构烷烃变成异构烷烃,带侧链的环戊烷变成环己烷,烯烃双键发生位移,芳烃的烷基侧链发生重新排列。

②氢转移反应:某个烃分子上的氢脱下来以后,立即加到另一个烯烃分子上使其饱和的化学反应,叫做氢转移反应。它与分子氢参加的脱氢和加氢反应完全不同,而是活泼氢原子的转移,是催化裂化特有的一种反应。如在反应中供氢的烷烃会变成烯烃,环烷烃变成环烯烃进而变成芳烃。

如:

$$\text{(环己基)}-CH_3 + CH_3-CH=CH-CH_3 \longrightarrow \text{(环己烯基)}-CH_3 + CH_3-CH_2-CH_2-CH_3$$

③芳构化反应:烷烃、环烷烃和烯烃转化为芳烃的化学反应,叫芳构化反应。

$$\text{(环己烷)} \longrightarrow \text{(苯)} + 6H$$

④断裂反应:主要是烷烃和烯烃的裂解及带侧链的环烷烃和芳香烃断掉侧链的反应。

（2）工艺流程：催化裂化的工艺流程原理如图1-4所示。

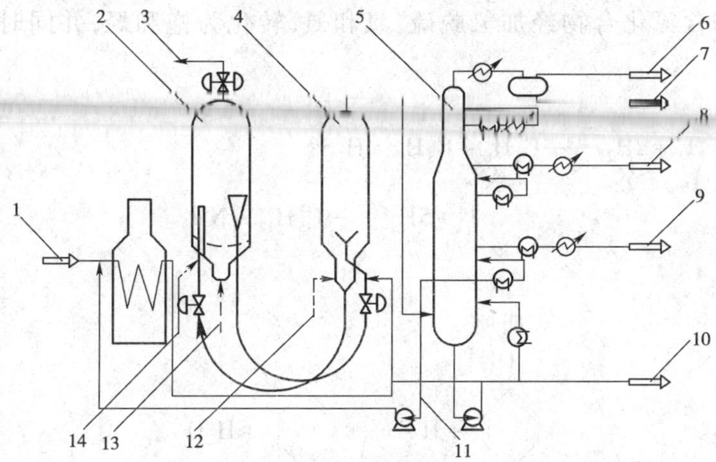

图1-4　催化裂化原理流程图

1-原料；2-再生器；3-再生废气（去CO锅炉）；4-反应器；5-分馏塔；6-富气；7-汽油；8-轻柴油；9-重柴油；10-油浆；11-回炼油；12-蒸气；13-主风；14-增压风

①加热反应：原料油经加热到400℃左右时进入反应提升管，与来自再生器的高温催化剂相遇后进一步受热迅速汽化，随即发生化学反应。反应的产物携带着催化剂在反应器内不断上升，在460～490℃的条件下进行反应，直至反应器的上部。

②燃烧再生：经过反应以后，催化剂的表面沉积了焦炭并吸附着油气，将其送入反应塔下部的气提段，用水蒸气将油气吹回反应器后，催化剂则经增压风送入再生器，用空气燃烧去焦炭以恢复活性。再生后的高温催化剂从再生器内的溢流管溢出，经再生催化剂管又返回反应器参加反应。

③蒸发分离：反应后的产物，从反应器顶部排出进入分馏塔，被分离为气体、汽油、柴油和渣油。

④吸收稳定：为了避免气体烃中夹带汽油以及汽油中夹带气体烃，分离后的气体烃和汽油从分馏塔顶和上部出来以后再进入吸收稳定系统，将它们分成干气（C_1、C_2组分）、液化气（C_3、C_4组合）和稳定汽油。

（3）产物、产率和质量：催化裂化的产物是催化裂化富气、汽油、柴油和渣油等。

催化裂化富气主要是C_3、C_4、气体烃，产率约为15%，它们是优良的化工原料；汽油产率为40%～50%。低沸点烃含量多，蒸发性好。烯烃含量少，安定性好。芳烃和异构烃多，辛烷值高；柴油产率20%～40%，由于催化裂化产物中的芳烃较多，所以柴油产物的十六烷值较低，燃烧性能较差；渣油由于混有少量催化剂粉末，一般用作回炼油或经处理作为焦化原料。

3. 加氢裂化

在有催化剂和氢气存在的条件下，使重质油受热后通过裂化反应转化为轻质油的加工工艺，叫做加氢裂化。

（1）基本原理：在高温高压以及有催化剂和氢气存在的条件下，各种烃和非烃类会发生一些化学反应。

烷烃和烯烃裂化、异构化和环化，裂化物再异构化和加氢。反应结果是使产物中含有大量的低沸点异构烷烃。

环烷烃和芳烃断侧链、裂环、异构化和加氢。反应结果是使产物中含有较多的低沸点环烷烃和异构烷烃,同时也含有少量沸点不高的芳烃。

含硫、含氧和含氮化合物经加氢脱硫、氧和氮,转化为饱和烃,并同时生成硫化氢、水和氨。

如:

$$C_2H_5-S-C_3H_7+2H_2 \longrightarrow C_2H_6+C_3H_8+H_2S$$

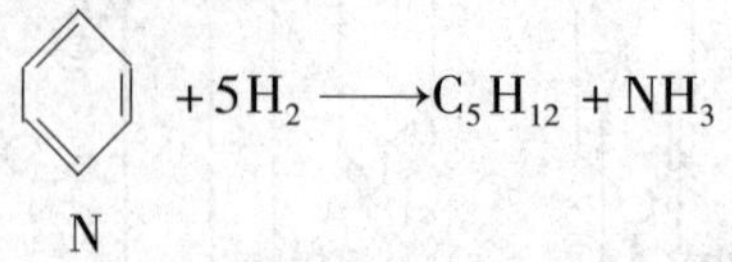

$$\text{(吡啶, N)}+5H_2 \longrightarrow C_5H_{12}+NH_3$$

N

吡啶

OH

$$\text{(苯酚)}+H_2 \longrightarrow \text{(苯)}+H_2O$$

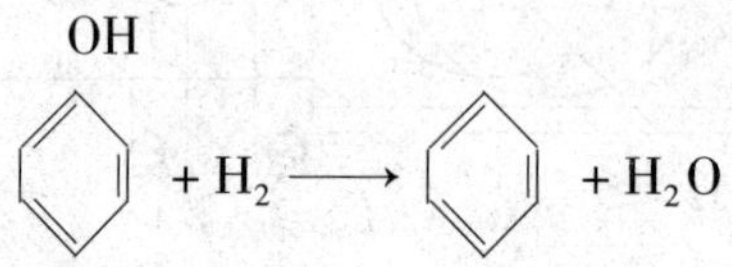

(2)工艺流程:加氢裂化的工艺流程如图1-5所示。

由于原料、产品和催化剂的不同,加氢裂化的流程有多种。我国原油一般含氮、硫较少,宜采用一段固定床法。

①将原料油、循环油和氢气混合并经加热后进入反应器,在压力、温度和速度作用下进行反应。由于加氢是强烈的放热反应,所以反应器内分段通入冷氢以控制温度。

②冷却后的反应产物经高压分解器分出循环氢,再经低压分离器分出燃料气。

③液体产物经加热后进入分馏塔,分出气体、汽油、煤油,而塔底产物可作催化裂化原料,也可作循环油再去反应。

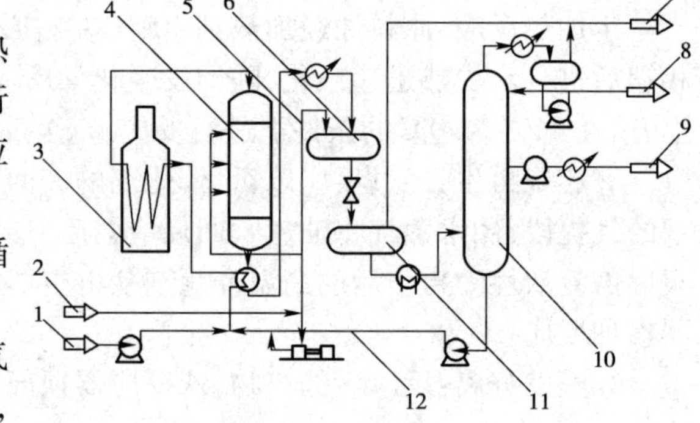

图1-5 加氢裂化原理流程图

1-原料;2-新氢;3-加热炉;4-反应器;5-循环氢;6-高压分离器;7-燃料气;8-轻汽油;9-煤油;10-分馏塔;11-低压分离器;12-循环油

(3)产物、产率和质量:加氢裂化产物方案可以根据需要调整。例如以生产汽油为主时,汽油最高产率达75%(体积)以上;以生产柴油为主时,轻柴油产率可达85%以上。加氢裂化产品不饱和烃含量少,非烃类杂质含量少,油品化学安定性好,无腐蚀。加氢裂化汽油产品因其异构烷含量多及含有少量芳烃,所以抗爆性较好,轻柴油的十六烷值也较高。

五、其他方法

石油的炼制方法除上述的几种外,常用的还有以下几种方法。

1. 催化重整

烃类分子重新排列成新的分子结构的过程叫重整。在有催化剂作用的条件下,对汽油馏分中的烃类分子进行的重整,叫催化重整。催化重整按所用催化剂种类的不同,分为铂重整、铂铼重整及多金属重整。

(1)基本原理:在有催化剂存在和一定的温度、压力条件下,烃类主要发生以下反应:

①六元环烷烃脱氢反应:

$$\longrightarrow \quad + 3H_2$$

$$—CH_3 \longrightarrow \quad —CH_3 \quad + 3H_2$$

②五元环烷异构脱氢反应：

$$CH_3 \longrightarrow \quad + 3H_2$$

$$—C_2H_5 \longrightarrow \quad —CH_3 \quad + 3H_2$$

③烷烃脱氢环化反应：

$$CH_3—CH_2—CH_2—CH_2—CH_2—CH_3 \longrightarrow \quad + 4H_2$$

$$CH_3—CH_2—CH_2—CH_2—CH_2—CH_2 \ + \ CH_3 \longrightarrow \quad —CH_3 \quad + 4H_2$$

④烷烃异构脱氢环化反应：

$$CH_3—CH_2—CH_2—CH_2—CH_2—CH_3 \longrightarrow CH_3—\underset{\displaystyle CH_3}{\underset{|}{CH}}—\underset{\displaystyle CH_3}{\underset{|}{CH}}—CH_3$$

⑤加氢裂化反应：

$$C_8H_{18} + H_2 \longrightarrow C_5H_{12} + C_3H_8$$

从上述反应可知，催化重整工艺和产物具有以下特点：重整产物中含有较多芳烃，可提供重要的化工原料；产物中的芳烃和异构烷烃可使产品辛烷值提高，从而少用或不用添加剂来提高抗爆性；除了加氢重整外，其余反应都放出氢，因而可得到副产品——氢气。

(2)工艺流程：催化重整工艺装置按照所用催化剂的不同可分为铂重整、双金属重整和多金属重整。此处只介绍铂重整原理流程(图1-6)。

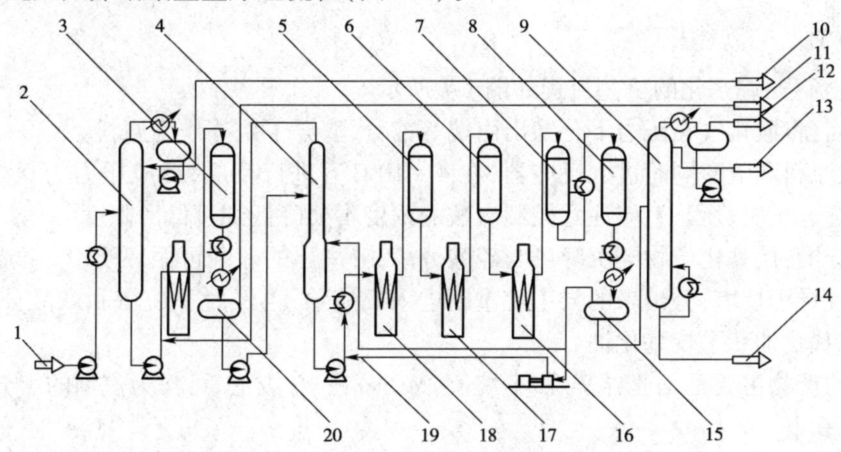

图1-6　铂重整原理流程图

1-原料；2-预分馏塔；3-预加氢；4-汽提塔；5、6、7-重整反应器；8-后加氢；9-稳定塔；10-轻馏分；11-富氢气体；12-燃料气；13-戊烷馏分；14-稳定重整产物；15-高压分离器；16、17、18-加热炉；19-循环氢；20-分离器

①预分馏:原料油先进入预分馏塔进行去除低于60℃的馏分。

②预加氢:脱除原料中所含的砷、铅、硫和氮等杂质。

③铂重整:预加氢产物用剩余氢作为汽提介质进行汽提,除去 H_2S、NH_3、砷和水后,进入重整反应器。重整是强烈的吸热反应,为了不使反应温度过分降低,需分成若干段进行。工业上常将3~4个反应器串联使用,且每个反应器保持一定的温度、压力等条件。

④后加氢:目的是使重整产物中的烯烃饱和,以利于芳烃的抽提和分离。

⑤稳定系统:重整反应产物经高压分离器进入稳定塔,脱去气体和戊烷后可作为芳烃抽提原料或直接作为高辛烷值汽油。

⑥催化剂再生:催化剂使用一定时间后,为延长使用寿命,可用含少量氧的惰性气体在一定温度下再生。

催化重整的产物主要有苯、甲苯、二甲苯和高辛烷值汽油。所生产的高辛烷值汽油有良好的安定性。

2. 烷基化

在催化剂存在下,烷烃与烯烃的化学加成反应叫烷基化。烷基化在炼油工业中的作用就是利用炼油厂的催化裂化气体(C_3、C_4 组分),生产高辛烷值汽油组分(工业异辛烷)。

(1)基本原理:烷基化过程的主要反应有:

$$CH_3-\underset{\displaystyle CH_3}{\underset{|}{CH}}-CH_3+CH_2{=}CH-CH_2-CH_3\rightarrow CH_3-\overset{\displaystyle CH_3}{\overset{|}{\underset{\displaystyle CH_3}{\underset{|}{C}}}}-\underset{\displaystyle CH_3}{\underset{|}{CH}}-CH_2-CH_3$$

$$CH_3-\underset{\displaystyle CH_3}{\underset{|}{CH}}-CH_3+CH_2{=}\underset{\displaystyle CH_3}{\underset{|}{C}}-CH_3\rightarrow CH_3-\overset{\displaystyle CH_3}{\overset{|}{\underset{\displaystyle CH_3}{\underset{|}{C}}}}-CH_2-\underset{\displaystyle CH_3}{\underset{|}{CH}}-CH_3$$

$$CH_3-\overset{\displaystyle CH_3}{\overset{|}{\underset{\displaystyle CH_2}{\underset{\|}{C}}}}+CH_3-\underset{\displaystyle CH_3}{\underset{|}{C}}{=}CH_2\rightarrow CH_3-\overset{\displaystyle CH_3}{\overset{|}{\underset{\displaystyle CH_3}{\underset{|}{C}}}}-CH_2-\underset{\displaystyle CH_2}{\underset{|}{C}}{=}CH_2$$

(2)工艺流程:烷基化的工艺流程如图1-7所示。

①预分馏:将液化气在压力下分馏出丙烷等馏分,取异丁烷等作为原料。

②反应:原料和硫酸同时进入反应器,在4~10℃下进行反应,反应压力为0.3MPa,以便原料处于液态。反应过程中,应注意控制硫酸的浓度不要降低到过低的限度(一般为85%)。

③产品分馏:烷基化产物经沉降可与硫酸分离,分离出的硫酸可循环使用。产品经碱洗和水洗后进入脱异丁烷塔,分出来的异丁烷重新进入反应器,再经脱丁烷塔和产品分馏塔,分出正丁烷、轻烷基化油和重烷基化油。

烷基化的产物主要是工业异辛烷,辛烷值(MON)在90以上,可作为汽油的组分。

3. 延迟焦化

焦化的方法很多,延迟焦化使原料油受热后的生焦现象不在加热炉管内而延迟到焦炭塔内出现。

延迟焦化所用原料,一般为减压渣油。

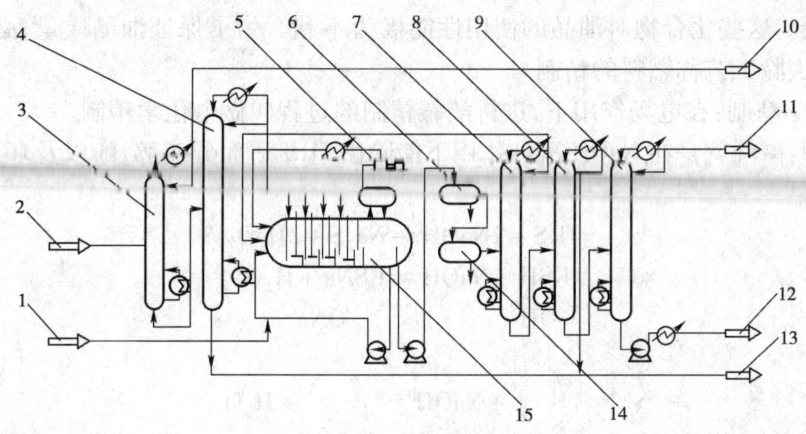

图 1-7　烷基化(硫酸法)原理流程图

1-新鲜硫酸;2-液化气;3-脱丙烷塔;4-异丁烷塔;5-循环压缩机;6-碱洗;7-脱异丁烷塔;8-脱正丁烷塔;9-再蒸馏塔;10-丙烷-丙烯馏分;11-轻烷基化油;12-重烷基化油;13-正丁烷-丁烯馏分;14-水洗;15-阶梯式反应器

延迟焦化原理流程如图 1-8 所示。

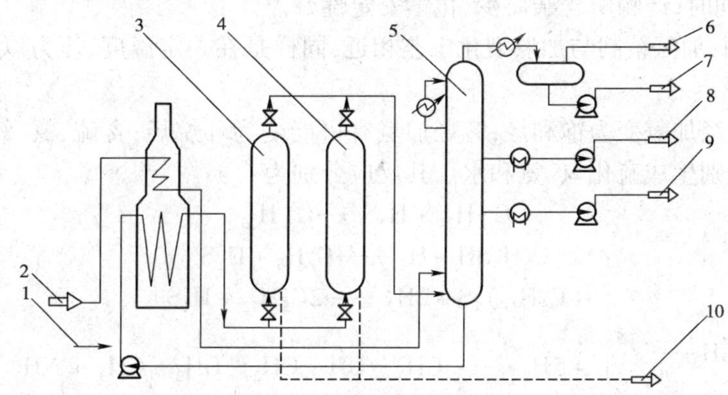

图 1-8　延迟焦化原理流程图

1-水;2-原料;3、4-焦炭塔;5-分馏塔;6-气体;7-汽油;8-柴油;9-蜡油;10-石油焦

原料经预热后进入焦化分馏塔下部,和焦化生成的气相产物进行热交换。为了防止炉管内结焦,向炉管注水,以便加快流速。

重质油在焦炭塔内,在高温作用下,停留足够时间进行反应。

从焦炭塔顶部引出高温油气进入分馏塔底部,在分馏塔内分离出焦化气、汽油、柴油和焦化蜡油。余下的重质油和原料油一起重新循环去进行焦化。焦炭塔至少需两个,当一个塔中焦炭积存多了后,便需进行切换,以便装置连续运转。

延迟焦化产物有汽油、柴油、裂化原料和石油焦等。汽油产率可达 10% ~20%,柴油产率可达 25% ~35%,裂化原料油产率可达 25% ~35%,石油焦为 15% ~20%。焦化汽油化学安定性差,辛烷值低(MON =60 ~65)。焦化柴油安定性也差,十六烷值视原料而定。用石蜡基原油的减压渣油作为原料则十六烷值较高。

六、石油产品精制

1. 燃料的精制

经蒸馏或裂化、焦化等二次加工所得轻质燃料产品中,除常含少量杂质外,还含有极不安定的不饱和烃。这些化合物对油品的使用性能极为不利。为了保证油品质量,必须设法将它们除去,这一去除工艺称燃料的精制。

(1)电化学精制:在电场作用下,进行酸碱精制的过程叫做电化学精制。

基本原理:碱洗就是在NaOH溶液作用下能除去H_2S和部分硫醇、酚以及环烷酸等,其反应为:

$$H_2S + 2NaOH \rightleftharpoons Na_2S + 2H_2O$$

$$RSH + NaOH \rightleftharpoons RSNa + H_2O$$

$$C_6H_5OH + NaOH \rightleftharpoons C_6H_5ONa + H_2O$$

酸洗就是在浓硫酸作用下,非烃类化合物多数被溶解并进行磺化反应,大部被除去。烯烃和二烯烃进行酯化和叠合反应,且其产物大部溶于酸中并被除去。

电化学精制原料可以是直馏或二次加工的各种汽油、煤油、柴油等馏分,也可以是含硫原油的各种馏分。同时,产物所含杂质少,化学安定性好。

(2)加氢精制:加氢精制与加氢裂化工艺相近,同样是在一定温度、压力以及催化剂、氢气的条件下进行的。

基本原理:烯烃加氢变为饱和烃;芳烃加氢有可能变为环烷烃;含硫、氮、氧等非烃类有机化合物,加氢后分别生成硫化氢、氨和水。其反应分别为:

$$C_{12}H_{24} + H_2 \longrightarrow C_{12}H_{26}$$

$$C_2H_5SH + H_2 \longrightarrow C_2H_6 + H_2S$$

$$(C_5H_{11})_2S + 2H_2 \longrightarrow 2C_5H_{12} + H_2S$$

$$CH_3\text{-}C_5H_4N + 5H_2 \longrightarrow CH_3—CH(CH_3)—CH_2—CH_2—CH_3 + NH_3$$

$$C_6H_5OH + H_2 \longrightarrow C_6H_6 + H_2O$$

加氢精制的原料可以是直馏或二次加工的各种馏分,其中包括汽油、煤油、柴油。加氢精制与其他方法相比,其产品质量高,收率也高;但投资较大,技术条件要求较严格。

2. 润滑油的精制

减压蒸馏得到的润滑油馏分,要经过精制去掉润滑油中的不良成分,如环烷酸、胶质等。

精制的方法主要有硫酸精制和溶剂精制。

(1)硫酸精制:硫酸精制的原理是硫酸能溶解润滑油中的不良成分或与不良成分起作用。硫酸与胶质、沥青质、烯烃等作用后,使这些物质变成高分子聚合物,然后同酸渣一起从润滑油中除去。氮化物与硫酸作用变为硫酸盐,沉淀在酸渣中。硫酸还能溶解部分硫化物和环烷酸。

酸洗后的润滑油,残留有酸性物质,还需用碱或白土进一步精制。

(2)溶剂精制:溶剂精制的原理是选择一种溶剂能溶解润滑油中的胶质、沥青质等不良成分,而不溶解或少溶解润滑油中的理想成分,使不良成分溶于溶剂中,随溶剂一同除去。目前常用的溶剂有酚、硝基苯等。

(3)润滑油脱蜡:酸碱精制和溶剂精制等方法,不能除去润滑油中的蜡。蜡在润滑油中容易使润滑油在低温下凝固,影响润滑油的流动性。

①冷榨脱蜡:将含蜡润滑油冷冻,使油中的蜡形成固体结晶,然后过滤,从而使润滑油和蜡分开。

②溶剂脱蜡:对于一些重质润滑油因为其黏度大,不好过滤,所以要采用溶剂脱蜡。溶剂脱蜡就是利用溶剂将润滑油稀释,然后再冷却,使蜡结晶析出,最后过滤,使蜡与润滑油分开。

③微生物脱蜡:某种微生物,以石油中正构烷烃为营养,能有选择性地把正构烷烃转化为蛋白质。利用这种方法脱蜡,既可得到低凝点润滑油,还能得到蛋白质。

④尿素脱蜡:尿素能和正构烷烃形成固体络合物,过滤后固体络合物就从油品中分离出来。正构烷烃分离后,油品的凝点随之降低。

第四节　石油产品和润滑剂的分类

一、总分类

随着科学技术水平的提高,石油产品的新品种不断增加以及国际交往的增多,要求石油产品和润滑剂的分类标准不断修订。近年来,国际标准化组织(ISO)发布了许多关于石油产品分类的标准。为了与国际标准化组织的标准相一致,我国参照国际标准 ISO/DIS 8681—1985,制定了 GB 498—1987《石油产品及润滑剂的总分类》,GB 7631—2008《润滑剂和有关产品(L类)的分类》等国家标准,为规范石油产品的生产打下了良好的基础。

石油产品和润滑剂的总分类见表 1-6。

石油产品的总分类　　表 1-6

类　别	各类别的含义	类　别	各类别的含义
F	燃料	W	蜡
S	溶剂和化工原料	B	沥青
L	润滑剂和有关产品	C	焦

该标准适用于制定石油产品和润滑剂的总分类体系和确定产品的类别及其名称。

本分类体系中的产品是用统一的格式命名的,产品的整体名称组成(一组符号)如下:

类—品种　数字

类——石油产品和有关产品的类别用一个字母表示(表 1-6),该字母与其他符号用短线相隔。

品种——由一组英文字母所组成,其首字总是表示组别,任何后面所跟的字母单独存在时有无含义,应在有关组或品种的详细分类标准中给予明确规定。

数字——位于产品名称最后,其含义也应规定在有关标准中。

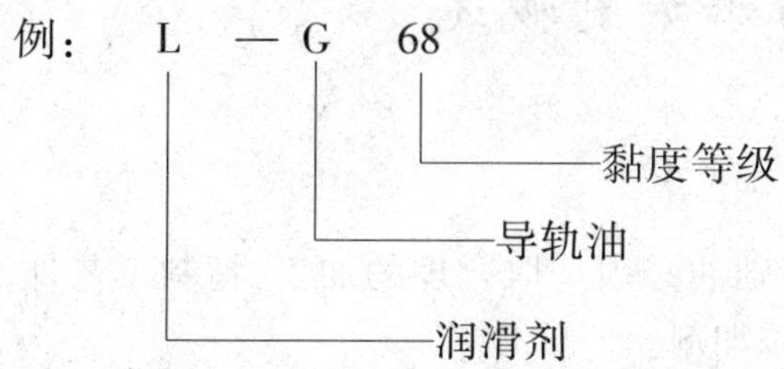

二、润滑剂和有关产品(L类)的分类

在此分类中,根据尽可能包括所使用的润滑剂和有关产品的应用场合这一原则把产品分成19个组。如还要制定每组产品的详细分类体系,可以制定各组产品的分类标准。

润滑剂和有关产品(L类)的分类见表1-7。

润滑剂和有关产品(L类)的分类　　表1-7

组别	应用场合	待制定的各组分类标准
A	全耗损系统(Total loss systems)	GB/T 7631.13
B	脱模(Mould release)	
C	齿轮(Gears)	GB/T 7631.7
D	压缩机(包括冷冻机和真空泵)[Compressors (including refrigeration and vacuum pumps)]	
E	内燃机(Internal combustion engine)	GB/T 7631.3
F	主轴、轴承和离合器(Spindle bearings, bearings and associated clutches)	GB/T 7631.4
G	导轨(Slideways)	GB/T 7631.11
H	液压系统(Hydraulic systems)	GB/T 7631.2
M	金属加工(Metal working)	GB/T 7631.5
N	电器绝缘(Electrical insulation)	
P	风动工具(Pneumatic tools)	
Q	热传导(Heat transfer)	GB/T 7631.12
R	暂时保护防腐蚀(Temporary protection against corrosion)	GB/T 7631.6
T	汽轮机(Turbines)	
U	热处理(Heat treatment)	
X	用润滑脂的场合(Applications requiring grease)	GB/T 7631.8
Y	其他应用场合(Other applications)	
Z	蒸汽汽缸(Steam cylinders)	
S	特殊润滑剂应用场合(Applications of particular lubricants)	

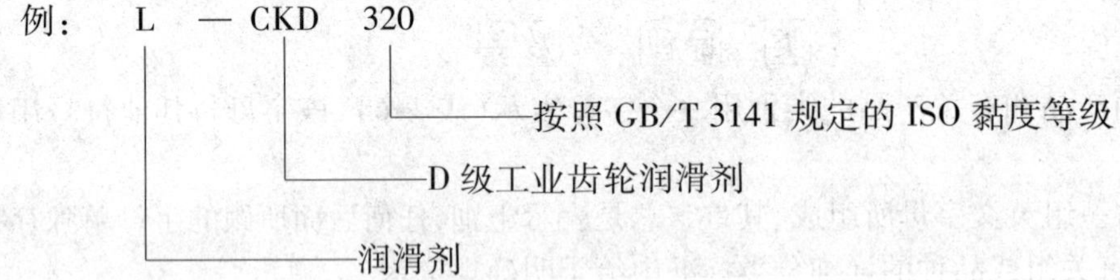

第五节　石油添加剂概述

一、石油添加剂分类和代号

提高石油产品的质量和性能水平,除了对基础油必须采取合理的加工、精制工艺外,一个很重要的方法就是加入能改善油品各种性能的添加剂。

石油添加剂按应用场合可分为润滑剂添加剂、燃料添加剂、复合添加剂和其他添加剂四部分。

润滑剂添加剂按照作用分为清净分散剂、抗氧抗腐剂、极压抗磨剂等9组。

燃料添加剂按作用分为抗爆剂、防冰剂、抗静电剂、染色剂等15组。

复合添加剂按油品分为汽油机油复合剂、柴油机油复合剂、通用汽车发动机润滑油复合剂、车辆齿轮油复合剂等12组。

石油添加剂按照相同作用分为一个组，同一组内根据其组成或特性不同又分为若干品种。

石油添加剂的分组和组号见表1-8。

添加剂的分组和组号　　表1-8

名　称	组　别	组　号
润滑剂添加剂	清净剂和分散剂	1
	抗氧抗腐剂	2
	极压抗磨剂	3
	油性剂和摩擦改进剂	4
	抗氧剂和金属减活剂	5
	黏度指数改进剂	6
	防锈剂	7
	降凝剂	8
	抗泡沫剂	9
燃料添加剂	抗爆剂	11
	金属钝化剂	12
	防冰剂	13
	抗氧防胶剂	14
	抗静电剂	15
	抗磨剂	16
	抗烧蚀剂	17
	流动改进剂	18
	防腐蚀剂	19
	消烟剂	20
	助燃剂	21
	十六烷值改进剂	22
	清净分散剂	23
	热安定剂	24
	染色剂	25
复合添加剂	汽油机油复合剂	30
	柴油机油复合剂	31
	通用汽车发动机润滑油复合剂	32
	二冲程汽油机油复合剂	33
	铁路机车润滑油复合剂	34
	船用发动机润滑油复合剂	35

续上表

名　称	组　别	组　号
复合添加剂	工业齿轮油复合剂	40
	车辆齿轮油复合剂	41
	通用齿轮油复合剂	42
	液压油复合剂	50
	工业润滑油复合剂	60
	防锈油复合剂	70
其他添加剂	—	80

石油添加剂分类的新旧代号对照见表1-9。

石油添加剂分类的新旧代号对照　　表1-9

名　称	组号	组　别	统 一 命 名	新代号	原 代 号
润滑剂添加剂	1	清净剂和分散剂	102 清净剂	T 102	T 102
			108 清净剂	T 108	T 108
			109 清净剂	T 109	T 109
			111 清净剂	T 111	T 111
			151 清净剂	T 151	T 113
			152 分散剂	T 152	T 113B
	2	抗氧抗腐剂	201 抗氧抗腐剂	T 201	T 201
			202 抗氧抗腐剂	T 202	T 202
	3	极压抗磨剂	301 极压抗磨剂	T 301	T 301
			304 极压抗磨剂	T 304	T 304
			305 极压抗磨剂	T 305	T 305
			321 极压抗磨剂	T 321	T 308
			322 极压抗磨剂	T 322	T 302
			341 极压抗磨剂	T 341	T 307
	4	油性剂和摩擦改进剂	401 油性剂	T 401	T 401
			402 油性剂	T 402	T 402
			404 油性剂	T 404	T 404
			405 油性剂	T 405	T 405
			406 油性剂	T 406	T 406
	5	抗氧剂和金属减活剂	501 抗氧剂	T 501	T 501
	6	黏度指数改进剂	601 黏度指数改进剂	T 601	T 601
			602 黏度指数改进剂	T 602	T 602
			603 黏度指数改进剂	T 603	T 603
	7	防锈剂	701 防锈剂	T 701	T 701
			702 防锈剂	T 702	T 702
			703 防锈剂	T 703	T 703
			704 防锈剂	T 704	T 704
			705 防锈剂	T 705	T 705

续上表

名　称	组号	组　　别	统 一 命 名	新代号	原 代 号
润滑剂添加剂	7	防锈剂	706 防锈剂	T 706	T 706
			708 防锈剂	T 708	T 708
			743 防锈剂	T 743	T 743
			746 防锈剂	T 746	T 746
	8	降凝剂	801 降凝剂	T 801	T 801
			803 降凝剂	T 803	T 803
燃料添加剂	11	抗爆剂	1101 抗爆剂	T 1101	T 1101
	12	金属钝化剂	1201 金属钝化剂	T 1201	T 1201
	13	防冰剂	1301 防冰剂	T 1301	T 1301
	15	抗静电剂	1501 抗静电剂	T 1501	T 1501
	16	抗磨剂	1601 抗磨剂	T 1601	T 306
	18	流动改进剂	1804 流动改进剂	T 1804	T 804

注：对于本标准中尚未规定的添加剂新品种，必须先上报中国石油化工总公司标准主管部门，经批准后方可使用其规定的产品符号。

二、润滑剂添加剂

1. 清净剂和分散剂

1）作用

清净剂和分散剂是油溶性表面活性剂，通过将无机酸、氧化中间产物和含氧酸中和及增溶，以阻止进一步缩合而生成漆膜和积炭；同时，将已经生成的漆膜分散在油中，阻止其黏附在活塞上，或将开始黏附在活塞上的漆膜和积炭洗下来并防止不溶于油的胶体、漆膜、积炭等凝聚和淤积。从而保证发动机活塞表面、汽缸内表面等清洁干净。

2）作用机理

（1）酸中和作用：多数清净分散剂呈碱性，它们可以中和润滑油或燃料氧化生成的酸性物质，阻止进一步氧化缩合，因而减少漆膜的生成。同时还可以中和含硫燃料产生的氧化硫，以阻止其磺化润滑油。

（2）增溶作用：清净分散剂都是油溶性的表面活性剂，在油中常以 5 ~ 20 个分子集中成胶束，它可以将一些油溶或油不溶的固体和液体溶解到胶束中去，这叫增溶作用。在使用过程中，它可以溶解含有羟基、碳基、羧基的含氧化合物、含硝基化合物和水分等。这些都是生成漆膜与积炭的中间体，它们被增溶到胶束中心去，外面包围了形成此胶束的添加剂分子，因而阻止了进一步的氧化与缩合，减少了漆膜与积炭的生成。

（3）分散作用：清净分散剂能将已经生成的漆膜、积炭等固体小颗粒加以吸附、分散在油中，防止聚积形成大颗粒沉积物。吸附方式有物理吸附、氢键吸附等。

（4）洗涤作用：清净分散剂对漆膜和积炭有很强的吸附能力，因此当无外力或有外力时，它均能将已经黏附在金属表面上的漆膜、积炭洗涤下来而分散在油中。

2. 抗氧抗腐添加剂

1）作用

抗氧抗腐添加剂的作用在于抑制润滑油的氧化过程，钝化金属的催化作用，减少油品氧化变质,延长使用寿命,同时保护零件金属表面不受酸的腐蚀等。

2)作用机理

抗氧抗腐添加剂就其本身来说应该易于被氧化,并能与氧化过程中的过氧化物作用,使油品氧化链中断,减少油品被氧化的程度,从而避免了润滑油的氧化反应,提高了润滑油的安定性。而且抗氧抗腐剂本身的氧化产物,又不致影响到石油产品的使用性能。

抗氧抗腐添加剂的作用机理可以归纳为:

(1)在金属表面上形成了防止腐蚀性介质渗透的保护膜。

(2)减缓润滑油的氧化过程,并还原氧化产物。

(3)中和润滑油的氧化产物和燃料的燃烧产物。

3. 极压抗磨剂

1)作用

极压抗磨剂的作用是使机械在重负荷下操作时,摩擦部件由于受到高压作用,经常处于边界润滑状态,在摩擦副温度和压力都较高的情况下,极压抗磨添加剂与金属发生化学反应,生成稳定性高的边界膜,以改善润滑状态减低摩擦、磨损,防止产生卡住、擦伤、烧结,保证机械在苛刻条件下良好的润滑。

2)作用机理

极压抗磨添加剂是含硫、磷或氯等元素的极性化合物,这些化合物从润滑油中附着到金属摩擦表面上,生成硫化物、磷化物或氯化物的极压薄膜,作为固体润滑剂,降低金属的摩擦和磨损。

极压薄膜的强度,以磷化膜为最大,可以承受很高的负荷;硫化膜的强度居中;氯化膜的强度较小。

4. 油性剂和摩擦改进剂

1)作用

油性剂和摩擦改进剂的作用就是利用其分子之间及其分子与金属表面的吸附力,使油性剂和摩擦改进剂形成牢固的、抗剪切的、耐磨的油膜。

2)作用机理

油性剂和摩擦改进剂的分子是极性分子,它在金属表面有选择吸附性,从而能形成牢固而又连续的油膜,以减少运动部件的摩擦,防止在边界润滑条件下的金属磨损。

5. 黏度指数改进剂

1)作用

黏度指数改进剂的作用就是改变润滑油的黏温特性,适应宽温度范围对黏度的要求。使润滑油的黏度在温度变化时其变化量不大,有利于机械的低温起动和高温润滑。

2)作用机理

黏度指数改进剂多是高分子化合物,高分子化合物随溶剂的种类、溶液的浓度和温度的不同,其分子具有不同的形态,从缠绕的蜷曲状直至近似的棒状。在不良溶剂中,高分子物凝集为蜷曲状;在良好的溶剂中则扩展伸长。与此相似,添加剂在烃类基础油中,不同温度下,其溶解性不同。在高温下,高分子溶胀,流体力学体积和表面积增大,溶剂的内摩擦显著增加,导致溶液的黏度显著增高;相反,在较低温度下,高分子收缩蜷曲,对溶液的内摩擦影响不大,因此对黏度影响较小。增黏剂正是基于不同温度下、不同形态对黏度影响的差异,达到增加黏度和改善黏温性能的作用。

6. 防锈剂

1)作用

阻止润滑油的氧化和形成酸性氧化物。防锈剂一般选用有机的极性化合物,这些化合物由于其极性基吸附在金属体表面上,能够起到隔水的作用;或是能与金属发生化学反应而生成盐。很多的防锈添加剂有碱性元素或基团,因此能中和大气中常有的酸性气体和润滑油中的氧化生成物,从而可以增强吸附膜的保护作用,防止金属的生锈。

2)作用机理

作为防锈剂,首先必须具有适当结构的极性基因,使极性分子牢固地吸附在金属表面上,并且要形成致密而稳定的吸附膜以阻止水分和空气等渗透到金属表面上去。

防锈剂分子中亲油性的链越长,分子量越大,在金属表面上的吸附力也越强,其防锈效果就越好。但是,链如果太长,在油中的溶解度就会变小,影响防锈剂的加入浓度。

7. 降凝剂

1)作用

在润滑油中加入适量降凝剂,可以降低其凝点,提高油品的低温流动性,从而使其机械的低温起动性改善。

2)作用机理

降凝剂能将油中析出的蜡吸附在其分子上,阻止了蜡晶体的增大,使蜡的结晶仅形成微小的颗粒状,而不能形成网状结构;或者,降凝剂结构中的长链烷基与蜡共结晶,也不致使蜡结晶构成树枝状结构将油包住以阻碍油品的正常流动。由于降凝剂显著地改变着蜡晶体的大小和形状,这样润滑油便保持了它的流动性,从而降低了凝点。

8. 抗泡沫剂

1)作用

抗泡沫剂的作用是防止油品在工作中因空气的渗入而起泡,同时使已起的泡沫迅速破裂,从而保持油品不起泡或少有泡沫。

2)作用机理

抗泡沫剂作用机理就是降低油的表面张力或者当泡沫上升至油的表面时,增大气泡半径,使其破裂。由于抗泡沫添加剂的表面张力比油小,因此给周围的油膜以足够的冲击,从而使气泡破裂,或者使小气泡组成大气泡浮出液面而破裂。

第二章 车用汽油

当前,汽油仍是汽车的主要燃料,在我国民用汽车保有量中,汽油车约占75%。汽油质量升级一般要经过三个阶段,一是辛烷值升级,二是无铅化,三是组分优化。

第一节 汽油的使用性能

汽油机在汽缸外部形成混合气,点燃着火,爆燃是汽油机的一种不正常燃烧。新型轿车等采用电控多点喷射燃料供给系统,采用三效催化转化器等汽车排放污染物净化装置,并采用闭环控制。因此,当代汽车汽油机要求的汽油使用性能越来越多,越来越严格。

一、蒸发性

汽油由液态转化为气态的性质,叫做汽油的蒸发性。

汽油蒸发性不好,则混合气形成不良,低温时发动机起动困难,燃烧不完全,使发动机预热时间加长,使油耗增加,使碳氢化合物(HC)排放浓度增加;未蒸发的汽油冲刷发动机汽缸润滑油油膜,流入曲轴箱后稀释发动机润滑油,加剧发动机润滑油变质,影响正常润滑。因此,要求汽油应具有良好的蒸发性。但是,汽油的蒸发性过好也会发生许多问题:一是使汽油机供给系易产生气阻,即汽油蒸气滞留于汽油机供给系中,阻碍汽油流动的现象,气阻会导致发动机不能正常工作或停机后不能起动;二是使汽油在保管和使用中的蒸发损失增加,增加汽油蒸气的排放浓度;三是使电子控制汽油喷射发动机中的炭罐容易过载,且由于油路中气泡增多,影响喷油器流量的稳定,直接影响发动机的闭环控制,进而影响发动机排放污染物的治理。从不同角度对汽油蒸发性的要求是矛盾的,综合考虑的结果是要求汽油具有适当的蒸发性。为了保证在不同气温条件下对汽油蒸发性的不同要求,世界燃料规范把汽油的蒸发性分为A、B、C、D、E五级,用户可根据不同季节和地区采用不同蒸发性的汽油。

汽油蒸发性的评定指标是馏程和饱和蒸气压。

二、抗爆性

抗爆性是指汽油在汽油机内燃烧时不产生爆燃的性能。

汽油机在燃烧过程中,由于末端混合气完成焰前反应,在火焰前锋面到达之前,引起自燃,并以极高速传播火焰,产生带爆炸性质的冲击压力波,发出尖锐的金属敲击声,这种现象叫做爆燃。爆燃的危害是:使发动机功率下降;使油耗增加;使活塞、汽缸垫、气门、火花塞、轴承等零件损坏,还会造成汽缸的异常磨损。因此,要求汽油具有良好的抗爆性。

要提高汽油的抗爆性,一是采用先进的炼制工艺,生产抗爆性好的基础油,二是添加抗爆剂。1921年,美国的米奇利、凯特林和彼得发现在汽油中加四乙基铅[$Pb(C_2H_5)_4$]可明显提高汽油的抗爆性,从而出现了含铅汽油。随着对汽车排放污染物日益严格的限制,车用汽油从含铅汽油发展到无铅汽油。使用含铅汽油,随发动机排气排放的铅微料是对人体非常有害的污染物。另外，为了达到不断从严的汽车排放标准，当代轿车必须安装三效催化转化器，并采用闭环控制保持严格的混合气空燃比，但铅会使三效催化转化器和氧传感器中毒，要求必须使用无铅汽油。无铅汽油不以四乙基铅为抗爆剂，而是添加抗爆性好的含氧化合物[甲基叔丁醚(MTBE)等]，使铅含量不可察觉或严格限制(目前我国无铅汽油铅含量不大于0.005g/L)。

汽油抗爆性的评定指标是辛烷值和抗爆指数。

三、氧化安定性

汽油的氧化安定性是指热稳定性，即防止生成高温沉积物的能力。

从化油器(或喷油器)、进气门到燃烧室，汽油所处的温度越来越高，汽油烃类的氧化深度也随温度升高而增加，生成燃烧室沉积物和进气门沉积物等，使化油器变脏，使电喷发动机喷油器结胶堵塞，使进气门黏着关闭不严等，因此使化油器或电喷系统不能正常工作，排气污染物浓度增加。

影响汽油氧化安定性的因素就汽油本身而言，主要是汽油的烃组成和性质，沉积物一般随烯烃含量、芳烃含量、胶质90%蒸发温度的升高而增加。

汽油氧化安定性的评定指标一般是实际胶质和诱导期。

四、腐蚀性

汽油在运输、储存和使用过程中，不可避免地要与各种金属接触。如果汽油具有腐蚀作用，就会腐蚀运输设备、储油容器和发动机零部件，因此要求汽油无腐蚀性。

如果汽油中有元素硫、活性或非活性硫化物、水溶性酸或碱等存在时，就具有腐蚀性。

硫元素对金属腐蚀作用很强，在常温下，元素硫就能与铜和铜合金发生化学反应，生成硫化铜，积累在铜或铜合金表面，逐渐形成黑色的硫化铜层。由于硫化铜层不坚固，经过一段时间便会破裂脱落，使零件损坏。在较高温度下，元素硫能与铁发生反应生成硫化铁，其结果也会使容器或零件过早报废。如果超过150℃时，硫还能与烷烃和环烷烃发生反应，生成具有强烈腐蚀性的硫化氢。

凡是能够直接腐蚀金属的硫化物，统称为活性硫化物。它的种类较多，如硫化氢、硫醇、二氧化硫、三氧化硫等。硫化氢能严重腐蚀铜、铜合金、铁和铝等金属。硫醇(RSH)除了腐蚀金属外，还会促进胶质生成。二氧化硫和三氧化硫对金属有强烈的腐蚀作用，如果有水存在时，就会生成亚硫酸和硫酸，腐蚀作用就更加强烈。

凡是不直接对金属起腐蚀作用的硫化物，统称为非活性硫化物，如硫醚、二硫化物等。由于它们化学性质不活泼，所以不能直接腐蚀金属。但它们在汽油机中燃烧后，都会生成二氧化硫和三氧化硫，不仅污染大气、腐蚀汽缸和活塞，并增加磨损，而且窜入曲轴箱遇冷凝水后会生成亚硫酸和硫酸，既腐蚀零件，又会加剧发动机润滑油的变质。

水溶性酸或碱对金属都有腐蚀作用。

汽油腐蚀性的评定指标是硫含量、博士试验、硫醇硫含量、铜片腐蚀试验和水溶性酸或碱。

五、无害性

汽油的成分一方面直接影响汽车的排放污染，同时还关系到汽车排放污染控制装置的作用。所以，在生产无铅汽油的过程中，对无铅汽油的其他有害物的含量也应当控制。

六、机械杂质和水分

汽油中不应含有机械杂质和水分。

机械杂质会使化油器的量孔、喷嘴和汽油喷射系统的喷油器堵塞，机械杂质进入燃烧室会使燃烧室沉积物增加，加速汽缸、活塞环的磨损。

水分混入汽油中，会加速汽油的氧化，能与汽油中的低分子有机酸生成酸性水溶液，腐蚀零件，且水分本身就对金属零件有锈蚀作用。汽油中含有水分，低温时易结冰成为冰粒而堵塞油路。

第二节 汽油蒸发性的评定指标

一、馏程

用石油产品馏程测定仪对100mL油品蒸馏时，从初馏点到终馏点的温度范围和残留量，叫做该油品的馏程。对车用汽油、车用柴油，是以一定馏出量(百分比)的蒸发温度等表示馏程的。汽油用10%蒸发温度、50%蒸发温度、90%蒸发温度、终馏点和残留量来表示。

1.典型馏分的蒸发温度和残留量

对100mL汽油在规定条件下蒸馏时，得到第一滴汽油时的温度，叫做初馏点；接着馏出10mL、50mL、90mL的温度分别称为10%蒸发温度、50%蒸发温度、90%蒸发温度；蒸馏结束时的温度称为终馏点。

对100mL汽油在规定条件下蒸馏时，在蒸馏烧瓶内所测得残留物质占试油的体积百分比，叫做残留量。

2.典型馏分蒸发温度对发动机工作的影响

(1)10%蒸发温度的影响

汽油的10%蒸发温度表示汽油中轻质馏分含量的多少，它对发动机的低温起动性和供油系统产生气阻的可能性影响很大(图2-1)。汽油的10%蒸发温度越低，含轻质馏分越多，发动机在低温条件下容易起动。可能起动的最低气温与汽油的10%蒸发温度之间的关系一般用下式表示：

$$t_B = t_{10}/2 - 50.5\ (℃)$$

式中：t_B——发动机可能起动的最低气温，℃；

t_{10}——汽油的10%蒸发温度，℃。

但是，汽油的10%蒸发温度越低，汽车在高温条件下使用时容易使燃油供给系产生气阻，造成供油不畅，甚至中断。而汽油规格的国家标准中对汽油的10%蒸发温度的下限没有规定，这是因为在汽油规格的国家标准中对汽油的蒸气压最高值规定了限值。

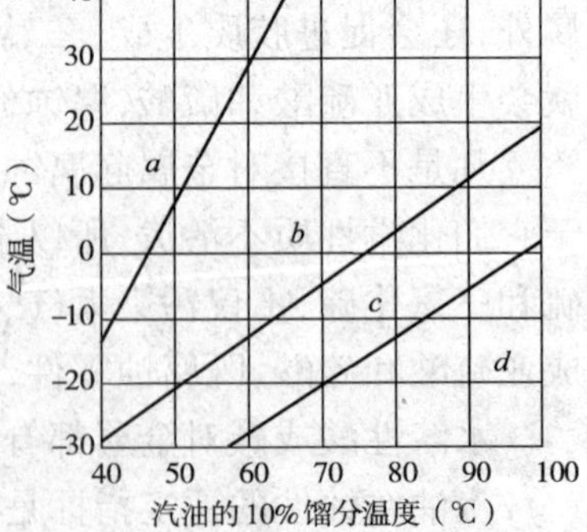

图2-1 汽油的10%蒸发温度对汽油机的起动性和高温气阻性的影响

a-产生气阻；*b*-起动容易；*c*-起动困难；*d*-不能起动

(2)50%蒸发温度的影响

汽油的50%蒸发温度表示汽油中中间馏分(位于轻质和重质之间的汽油馏分)的多少，它表示汽油的平均蒸发性，影响汽油机的预热时间、加速性和运转稳定性。

发动机起动后要进行预热,温度上升到50℃左右时汽车才宜起步。如果汽油的50%蒸发温度低,易蒸发成气体燃烧,发出的热量多,因此能使发动机的预热时间缩短。

若汽油的50%蒸发温度低,则发动机加速灵敏,运行稳定。反之,若该温度高,当发动机加速需突然开大节气门时,供油量急剧增加,大部分汽油来不及汽化,因而燃烧不完全,加速性不好,运转不稳定(图2-2)。

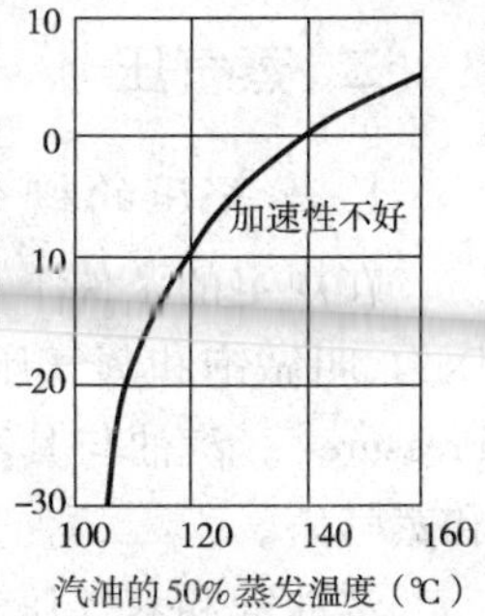

图2-2 汽油的50%蒸发性对汽油机加速性的影响

(3)90%蒸发温度和终馏点的影响

汽油的90%蒸发温度和终馏点表示汽油中重质馏分含量的多少。如果汽油的90%蒸发温过高,汽油燃烧不完全,没有完全燃烧的汽油会冲刷掉汽缸壁上发动机润滑油油膜,并使油底壳内发动机润滑油被稀释(图2-3)。因此,汽油消耗量增加,发动机主要零件磨损增加(图2-4)。

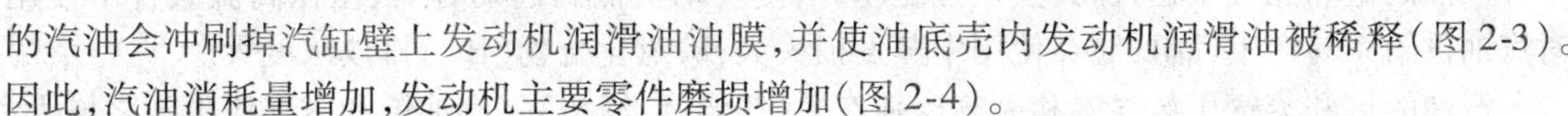

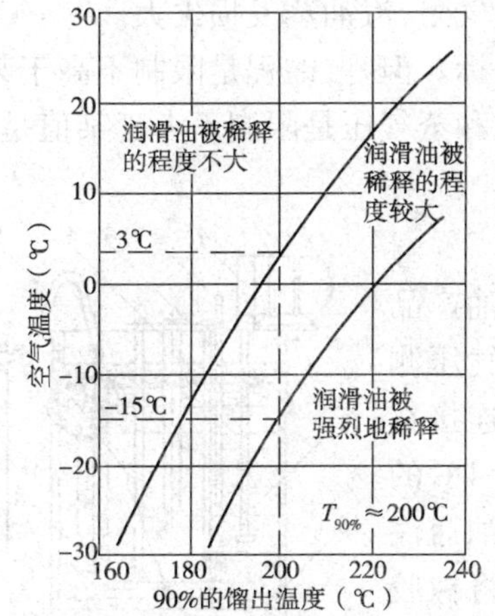

图2-3 汽油的90%蒸发温度对发动机润滑油稀释程度的影响

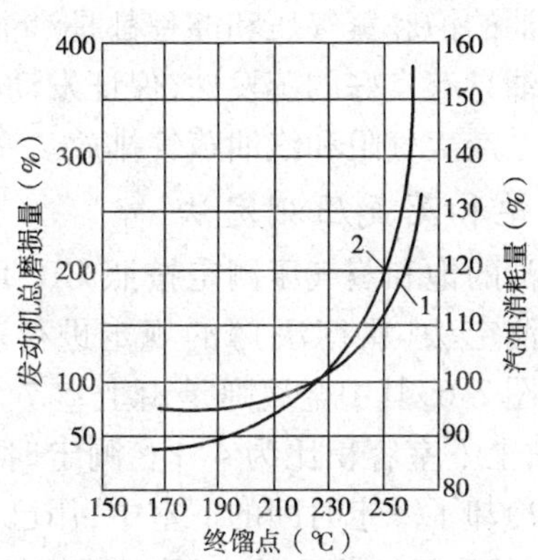

图2-4 汽油终馏点对汽油消耗量和发动机总磨损量的影响

1-汽油消耗量;2-发动机总磨损量

(4)残留量的影响

汽油的残留量表示汽油中最不易蒸发的重质成分。汽油残留量过多,使发动机燃烧室积炭增加,使进气门、化油器量孔和喷嘴、汽油喷射系统的喷油器结胶严重,从而影响发动机的正常工作。

3. 石油产品馏程测定法

石油产品馏程的测定按照GB/T 6536—1997《石油产品蒸馏测定法》的规定进行。石油产品馏程测定仪见图2-5,用量筒5量取100mL被试车用汽油或车用柴油,倒入带有支管的烧瓶1中,把温度计2插入烧瓶口中,然后按照要求用喷灯对烧瓶中的油品加热,油品受热蒸发成气体,通过蒸馏烧瓶的支管4进入冷凝器3,经冷却后又变成液态,流入量筒5中,按照要求记录一定馏出量的蒸发温度和终馏点,称量求出残留物的体积,并计算残留量的体积百分数。

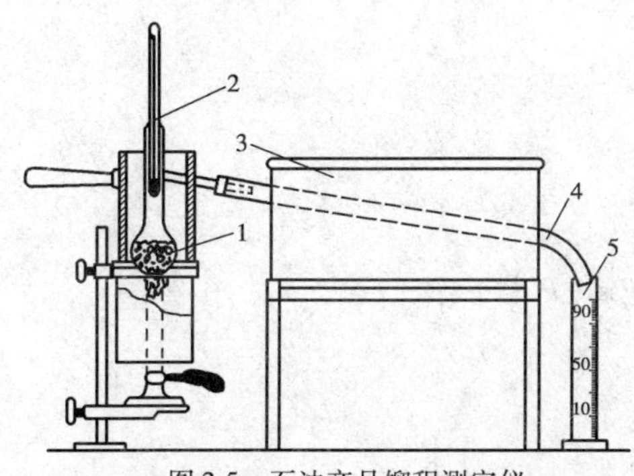

图2-5 石油产品馏程测定仪

1-蒸馏烧瓶;2-温度计;3-冷凝器;4-冷凝管;5-量筒

二、蒸气压

1. 蒸气压的概念及其对使用的影响

在规定的条件下，油品在要求的试验仪器中气液两相达到平衡时，液面蒸气所产生的最大压力，叫做饱和蒸气压。对汽油国内外均采用雷德饱和蒸气压，缩写为 RVP[Roid Vapo(u)r Pressure]。汽油与其蒸气的体积比为 1:4以及在 38℃时所测得的汽油最大压力，叫做雷德饱和蒸气压。

汽油饱和蒸气压对发动机的低温起动性、汽油供给系产生气阻的倾向、储存中的蒸发损耗，汽油蒸气的排放等有直接关系。

汽油的饱和蒸气压越大，其蒸发性能越好，使发动机低温起动容易，但在高温条件下使用时汽油供给系易产生气阻，储存使用中蒸发损失大，碳氢化合物(HC)排放浓度大。

汽油的饱和蒸气压与气温和大气压强有关，气温高，海拔高，汽油饱和蒸气压也随之增大。所以，汽车在高温和高原条件下使用，汽油供给系易产生气阻，汽油蒸发损失大。

汽油的饱和蒸气压和馏程都是汽油蒸发性的评定指标。但是，馏程是限制不高于某温度，保证汽油具有良好的蒸发性，保证发动机正常工作，而饱和蒸气压是限制不大于某值是防止汽油供给系产生气阻和汽油蒸气排放。

2. 饱和蒸气压测定法

汽油的饱和蒸气压测定按照 GB/T 8017—1987《石油产品蒸气压测定法(雷德法)》的规定进行。汽油的饱和蒸气压测定仪见图 2-6，其中金属弹是由上室 7 和下室 8 用卡口连接在一起的，上下室容积比为 4:1。测定时，首先向已在 0～4℃的冰槽内冷却了一定时间的下室中，用已冷却了的专用注油瓶注满试油，然后迅速把上室与下室紧密连接在一起，随即将橡胶管 5 一端连接在水银压力计 6 上，另一端连接在上室的排气嘴上。装好后，颠倒金属弹，并猛烈摇动，摇动后置金属弹于水浴中，水浴温度保持在 38±0.3℃。金属弹置于水浴后，打开排气阀 5min，并记录压力计读数。然后关闭排气阀，自水浴中取出金属弹，按照上述方法猛烈摇动，摇动后再置于水中，以后每隔 2min，此项操作重复一次，直至压力计读数不变为止。此时压力计读数作为所试汽油未校正的饱和蒸气压。然后按照下式进行校正，即得到试油的饱和蒸气压。

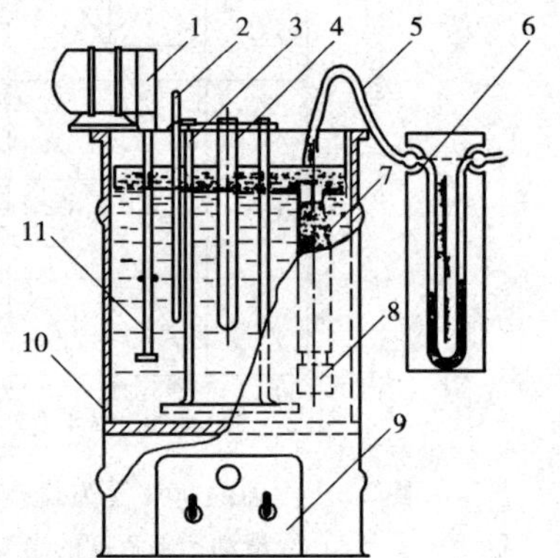

图 2-6 汽油饱和蒸气压测定仪

1-电动机；2-温度计；3-电热器；4-温度计；5-橡胶管；6-水银压力计；7-金属弹上室；8-金属弹下室；9-继电器；10-水浴；11-搅拌器

$$p = p' + \Delta p$$

式中：p——试油的饱和蒸气压，kPa；

p'——汽油未校正的饱和蒸气压，kPa。

$$\Delta p = \frac{(p_a - p_t)(t-38)}{273+t} - (p_{38} - p_t)$$

式中：p_a——测定时实际大气压，kPa；

p_t——水温在 t℃时的饱和蒸气压，kPa；

p_{38}——水温在 38℃时的饱和蒸气压，kPa；

t——金属弹上室的开始温度，即上下室连接前上室的温度。

第三节　汽油抗爆性的评定指标

一、辛烷值

1. 辛烷值的概念

辛烷值是表示点燃式发动机燃料抗爆性的一个约定数。在规定条件下的标准发动机试验中,通过和标准燃料进行比较来测定,采用和被测定燃料具有相同抗爆性的标准燃料中异辛烷的体积百分数表示。

测定辛烷值的标准燃料,是用两种抗爆性相差悬殊的烷烃掺配而成的。一种是抗爆性良好的异辛烷(2,2,4－三甲基戊烷,C_8H_{18}),规定其辛烷值为100;另一种是抗爆性极差的正庚烷(C_7H_{16}),规定其辛烷值为0。它们按不同比例掺和,便得到辛烷值从0~100之间各号标准燃料。辛烷值缩写为ON(Octane Number)。

2. 辛烷值的分类

按照试验条件,辛烷值分为马达法辛烷值和研究法辛烷值两种。测定辛烷值的试验条件不同,所得值也不一样。因此,引用辛烷值时应指明所采用的测定方法。

马达法辛烷值是在苛刻试验条件下所测得的辛烷值。例如,发动机转速较高,混合气温度较高,点火提前角较大等。马达法辛烷值缩写为MON(Motor Octane Number)。

研究法辛烷值是在缓和条件下所测得的辛烷值。例如,发动机转速较低,对混合气温度不限值,点火提前角较小等。研究法辛烷值缩写为RON(Research Octane Number)。

二、抗爆指数

抗爆指数是汽油研究法辛烷值与马达法辛烷值之和的1/2。

$$抗爆指数 = \frac{RON + MON}{2}$$

抗爆指数能全面反映车辆运行中汽油的抗爆性。

如果已知汽油的研究法辛烷值和抗爆指数,便可求出其马达法辛烷值。例如,90号汽油的研究法辛烷值为90,抗爆指数为85,则马达法辛烷值为80。

三、辛烷值测定法

汽油辛烷值的测定按照GB/T 503—1996《汽油辛烷值测定法(马达法)》和GB/T 5487—1995《汽油辛烷值测定法(研究法)》的规定进行。

试验装置是为美国制造的ASTM-CFR试验机,包括一台连续可变化压缩比的单缸发动机,附带相应的负载设备、辅助设备和仪表,它们都装在一个固定的底座上。

一种燃料的辛烷值是在标准操作条件下,把燃料与已知辛烷值的参数燃料混合物的爆燃倾向相比较而确定的。具体的做法为借助于改变压缩比,并用一个电子爆燃表测量爆燃强度而获得标准爆燃强度。

汽油辛烷值的主要试验规范见表2-1。

辛烷值的主要试验规范　　表 2-1

主要指示	马达法	研究法
压缩比	4 ~ 10	4 ~ 10
发动机转速(r/min)	900 ± 10	600 ± 6
冷却液温度(℃)	100 ± 1	100 ± 1.5
进气温度(℃)	40 ~ 50	—
混合气温度(℃)	149 ± 1	—
曲轴箱发动机润滑油温度(℃)	50 ~ 75	57 ± 8.5
点火提前角(°)	14 ~ 26	13

四、汽油机的压缩比与辛烷值

汽油机工作循环过程接近于理想等容加热循环，理想等容加热循环热机的热效率与压缩比之间的关系是：

$$\eta_t = 1 - \frac{1}{\varepsilon^{(k-1)}}$$

式中：η_t——汽油机的热效率；

ε——压缩比；

k——绝热指数。

由上式可知，增加汽油机压缩比可提高热效率，从而可提高汽油机的动力性和经济性。然而提高发动机的压缩比，增加了发动机的爆燃倾向，应选择高辛烷值的汽油。汽油辛烷值与发动机压缩比、油耗和功率间的关系见图 2-7。

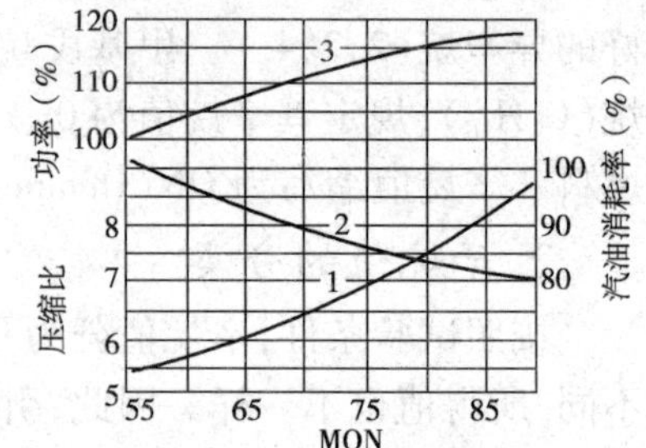

图 2-7　汽油辛烷值与发动机压缩比、油耗和功率间的关系

1-压缩比；2-油耗变化率；3-功率

第四节　汽油氧化安定性的评价指标

一、实际胶质

1. 实际胶质的概念及其对使用的影响

实际胶质是在规定的条件下，对汽油进行快速蒸发后所测得的汽油蒸发残渣中的正庚烷不溶物，以 mg/100mL 表示。

实际胶质能促进发动机沉积物的生成(图 2-8)。

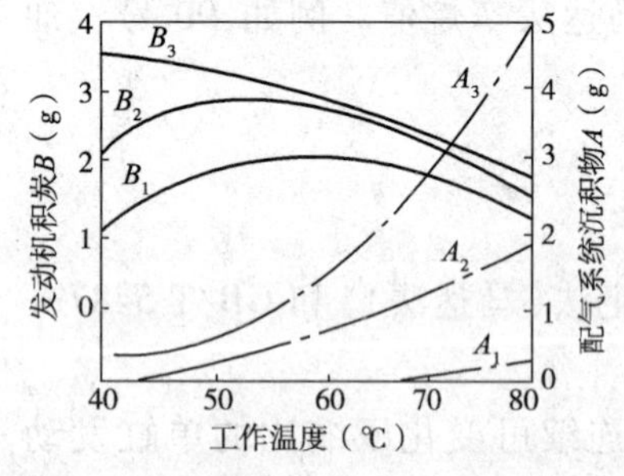

图 2-8　汽油实际胶质对发动机沉积物生成的影响

A_1、B_1-实际胶质为 3mg/100mL；A_2、B_2-实际胶质为 18mg/100mL；A_3、B_3-实际胶质为 35mg/100mL

2. 实际胶质测定法

汽油的实际胶质测定按照 GB/T 8019—2008《车用汽油和航空燃料实际胶质测定法（喷射蒸发法）》的规定进行。

喷射蒸发法实际胶质测定仪见图 2-9。方法概要是，对已知量的汽油在控制温度和控制空气或蒸气流的条件下蒸发，把正庚烷抽提前和抽提后的残渣分别称其质量，所得结果以 mg/100mL 报告。

二、诱导期

1. 诱导期的概念及其对使用的影响

诱导期是在规定的加速氧化条件下，油品处于稳定状态

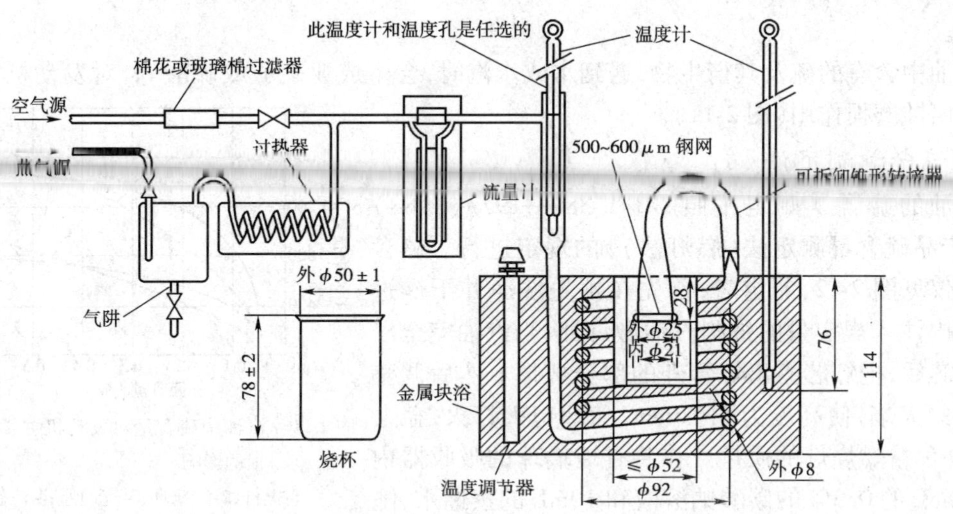

图 2-9　喷射蒸发法实际胶质测定仪

所经历的时间周期,以 min 表示。

对于形成胶质过程是以吸氧的氧化反应为主的汽油来说,诱导期可以代表其储存安定性的相对数值。

2. 诱导期测定法

汽油的诱导期测定按照 GB/T 8018—1987《汽油氧化安定性测定法(诱导期法)》的规定进行。诱导期测定仪见图 2-10,测定时,把滤过的 100mL 被测汽油注入仔细洗净并干燥过的特种玻璃杯 8 内,然后将玻璃杯置于金属氧弹中并盖上表面皿。把金属氧弹用弹盖严密盖紧并充入氧气至压力为 0.7MPa,然后把金属氧弹置入 100℃水浴中。此时金属氧弹内的压力开始升高,在一般情况下,压力达最高之后在一段时间内保持不变,然后开始连续下降。但在个别情况下,压力稍微下降(约降低 0.02MPa)后,在一段时间内保持不变,然后开始连续下降。在上述一般情况下,以压力曲线连续下降的拐点作为诱导期的终点。在上述个别情况下,以压力连续下降的第二拐点作为诱导期的终点。把金属氧弹开始放入 100℃水浴到诱导期的终点时间,作为被测汽油的氧化期,将这一时间减去修正数,即为被测汽油的诱导期。

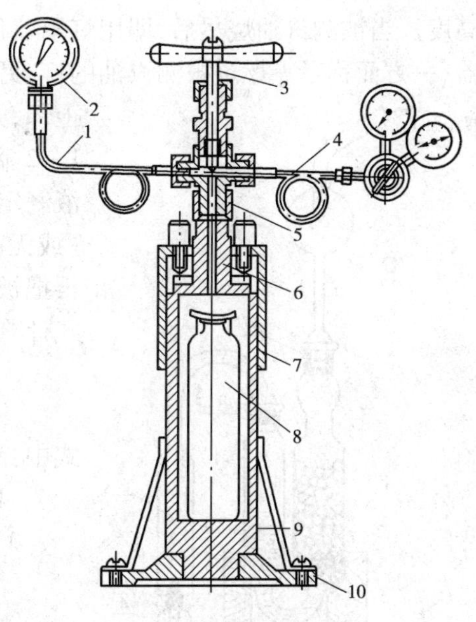

图 2-10　诱导期测定仪

1、4-氧气表管;2-压力表;3-针阀;5-十字接头;6-菌形瓶;7-弹盖;8-玻璃油杯;9-金属氧弹;10-底座

第五节　汽油腐蚀性的评定指标

一、硫含量

1. 硫含量的概念及其对使用的影响

硫含量是指存在于油品中的硫及其衍生物(硫化氢、硫醇、二硫化物)的含量,以质量百分

比表示。

汽油中含有的硫及其衍生物,遇到水或水汽时,会生成亚硫酸或硫酸等,对发动机零件有强烈的腐蚀磨损作用(图 2-11)。

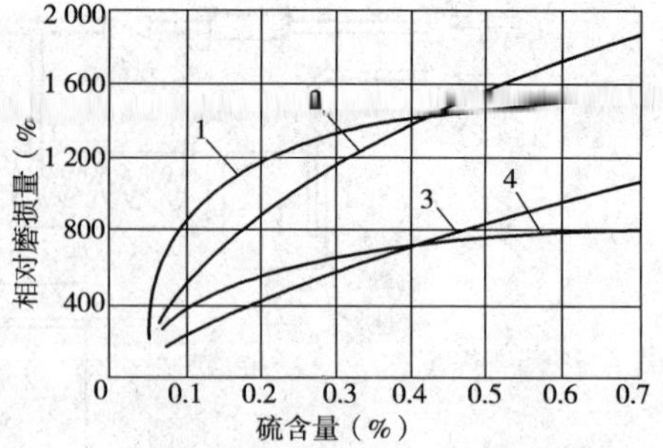

图 2-11 汽油中硫含量对发动机主要零件磨损的影响

1-挺杆;2-活塞环;3-气门座;4-汽缸

2. 硫含量测定法

汽油的硫含量测定按照 GB/T 380—1977(1988)《石油产品硫含量测定法(燃灯法)》的规定进行。硫含量测定仪见图 2-12,测定时,首先在预先洗净并干燥过的焰灯内注入规定量的被测汽油做灯油,当汽油完全浸透了灯芯后,把灯芯露出灯管外的部分剪掉。然后调整燃烧灯的火焰,使高度为 5 ~ 6mm,随即熄灭灯火,盖上灯罩,并称量燃烧灯的质量。在装有玻璃珠的吸收器内注入 10mL 的 0.3% 的碳酸钠溶液和 10mL 的蒸馏水,随即装好液滴收集器和烟道。实际测定中,为了取平行测定两个结果的算术平均值,应与上述同法装好另一套仪器。同样准备好第三套仪器,但其灯油改用正庚烷或乙醇(或无硫汽油),做空白滴定用,燃烧灯不必称量。然后把前两套仪器均连接在抽气泵上,开动泵使空气均匀而缓和地通过吸收器。这时把两灯同时点燃(不允许用火柴点燃),置入各自烟道下,并调整火焰高度。当被测汽油烧尽后,即用灯罩盖住灯芯管,经过 3 ~ 5min 后,关闭抽气机。这时拆开仪器,一方面称量点燃过被测汽油的灯,另一方面用洗瓶喷射蒸馏水洗涤收集器、烟道和吸收器上部,并使洗液集中到吸收器中。随后向每个吸收器中滴入 1 ~ 2 滴溴甲酚绿和甲基橙的混合指示剂。用 0.05N 盐酸溶液滴定,此时辅以吹气办法搅拌溶液。把用正庚烷或乙醇(或无硫汽油)做灯油的吸收液(空白溶液)滴定至呈红色。再把被测汽油做灯油的吸收液滴定至同样红色,最后按照下式计算被测汽油的硫含量:

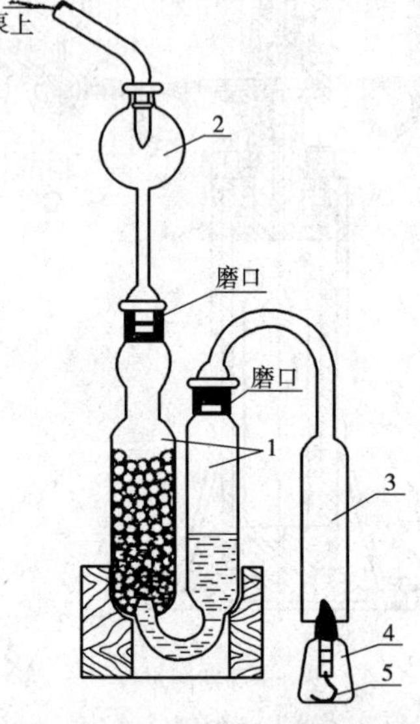

图 2-12 硫含量测定仪

1-吸收器;2-液滴收集器;3-烟道;4-带有灯芯的燃烧灯;5-灯芯

$$X = \frac{(V - V_1)K \times 0.000\,8}{G} \times 100\%$$

式中:X——被测汽油的硫含量,%;

V——滴定空白液所消耗的盐酸溶液,mL;

V_1——滴定被测汽油吸收器中的吸收液所消耗的盐酸溶液,mL;

K——换算为 0.05N 盐酸溶液的修正系数(是盐酸的实际当量浓度与 0.05N 之比值);

0.000 8——单位体积 0.05N 盐酸溶液所相当的硫含量,g/mL;

G——被测汽油的燃烧量,通过燃烧灯前后两次称量差确定,g。

二、硫醇

1. 博士试验

在升华硫存在下,用亚铅酸钠与轻质石油产品作用,以检查油中的硫化氢或硫醇的试验,叫做博士试验。

博士试验按照 SH/T 0174—1992《芳烃和轻质石油产品定性试验法(博士试验法)》的规定进行。把 10mL 试油与 5mL 亚铅酸钠溶液放入带磨口塞的 25mL 量筒内用力摇动。如果试油中含硫化氢，则生成黑色的硫化铅，即：

$$Na_2PbO_2 + H_2S \longrightarrow PbS\downarrow + 2NaOH$$

如无上述反应，再加入少许纯净、干燥的粉状升华硫，并再次摇动。若试油中含有硫醇，经一系列反应，会引起油层和硫黄膜颜色的变化，反应如下：

$$Na_2PbO_2 + 2RSH \longrightarrow (RS)_2Pb + 2NaOH$$

$$(RS)_2Pb + S \longrightarrow RSSR + PbS\downarrow$$

加升华硫的目的是加速生成硫化铅，有利于对结果进行正确判断。

2. 硫醇硫测定

汽油中的硫醇硫用其在汽油中所占质量百分数表示。

硫醇硫含量的测定按照 GB/T 1792—1988《馏分燃料中硫醇硫测定法(电位滴定法)》的规定进行。其测定原理是应用电位滴定的银量法测定燃料中所含硫醇硫的原理，基于硫醇官能团巯基与硝酸银反应，生成难溶的硫醇银沉淀的溶量测定法(即溶量沉淀法)。反应如下：

$$RSH + AgNO_3 \longrightarrow RSAg\downarrow + HNO_3$$

此方法滴定终点用甘汞参比电极和银-硫比银指示电极之间的电位突跃(电位法)确定。

三、铜片腐蚀试验

铜片腐蚀试验是在规定的条件下，测试油品对铜的腐蚀趋向的试验。它是用来检查汽油中是否含有游离硫和活性硫化物的。

铜片腐蚀试验按照 GB/T 5096—1985(1991)《石油产品铜片腐蚀试验法》的规定进行。把一片已磨光好的铜片浸没在定量的试油中，并按照不同的油品加热到指定的温度(燃油为 50℃，车辆齿轮油为 12℃)，保持一定时间(多为 3h)。待试验结束时，取出铜片，经洗涤后与腐蚀标准色板比较，确定腐蚀级别。腐蚀标准色板分为 4 级，1 级为轻度变色；2 级为中度变色；3 级为深度变色；4 级为腐蚀(表 2-2)。

腐蚀标准色板的分级　　表 2-2

分级名称	说明
1 级　轻度变色	a. 淡橙色，几乎与新磨光的铜片一样 b. 深橙色
2 级　中度变色	a. 紫红色 b. 淡黄色 c. 带有淡紫蓝色或银色，或两种都有，并分别覆盖在紫红色上的多彩色 d. 银色 e. 黄铜色或金黄色
3 级　深度变色	a. 洋红色覆盖黄铜色的多彩色 b. 有红或绿显示的多彩色(孔雀绿)，但不带灰色
4 级　腐蚀	a. 透明的黑色、深灰色或仅带有孔雀绿的棕色 b. 石墨黑或无光泽的黑色 c. 有光泽的黑色或乌黑发亮的黑色

四、水溶性酸或碱

水溶性酸或碱是存在于油品中可溶于水的酸性或碱性物质。主要是油品中存在的无机酸、低分子有机酸和能溶于水的矿物碱,例如硫酸、盐酸和氢氧化钠等。原油及其馏分中是不含水溶性酸或碱的。由于酸精制和用化学方法清洗盛油容器后,未把酸碱清除干净,就可能使成品油中残留水溶性酸或碱,也可能成品油储存时间较长或保管不善,烃类被氧化则生成低分子有机酸。

水溶性酸或碱的测定按照 GB/T 259—1988《石油产品水溶性酸及碱测定方法》的规定进行。测定时,把 50mL 中性蒸馏水注入分液漏斗中,并摇荡 5min。然后澄清,待澄清后从分液漏斗下层(水层)于两支试管中各放入 10mL。在一支试管中加入两滴甲基橙溶液,并把它与装有相同体积蒸馏水和甲基橙溶液的第三支试管相比较,如果呈玫瑰红色则表示有水溶性酸存在。在第二支试管中加入三滴酚酞试液,如果呈玫瑰红或红色,则表示有水溶性碱存在。

第六节 车用汽油规范或标准

一、世界燃料规范——无铅汽油

世界燃料规范于 1998 年首次制定,是由世界燃油规范委员会组织世界范围的有关专家,在欧、美、日实施的汽车燃料研究计划的基础上,听取了世界范围内汽车厂商的建议,经过长期调研和反复讨论后提出来的。其主要目的是进一步促进人们理解汽车技术进步对燃油质量的要求,充分反映了汽车排放污染物减少取决于汽车技术的进步和燃油质量的提高这两个条件。

该规范把车用汽油和车用柴油分为 3 类,第 1 类主要考虑汽车发动机基本性能,适用于对汽车排放没有或无严格要求的国家和地区;第 2 类适用于有严格排放要求的国家和地区,例如实施欧洲Ⅰ号或Ⅱ号等标准水平的法规;第 3 类适用于对汽车排放要求更严格的国家和地区,例如实施欧洲Ⅲ号或Ⅳ号等标准水平的法规。

世界燃料规范——无铅汽油部分见表 2-3 ~ 表 2-7。

1 类无铅汽油规范 表 2-3

项目	限制	
	最小	最大
91 号 研究法辛烷值(RON)	91	
马达法辛烷值(MON)	82	
95 号 研究法辛烷值(RON)	95	
马达法辛烷值(MON)	85	
98 号 研究法辛烷值(RON)	98	
马达法辛烷值(MON)	88	
氧化安定性(min)	360	
硫含量(%)(m/m)		0.10①
铅含量(g/L)		0.013②
锰含量②(g/L)		

续上表

项　　目	限　　制	
	最小	最大
氧含量(%)(m/m)		2.7③
芳烃含量(%)(V/V)		30
苯含量(%)(V/V)		5
蒸发性	见表 2-6	
未洗胶质(mg/100mL)		70
实际胶质(mg/100mL)		5
密度(kg/m^3)	715	780
铜片腐蚀(级)	1 级	
外观	清澈透明	
化油器清洁度(佳度)		8④
燃油喷油器清洁度(%)(流量损失)		10④
进气门清洁度(佳度)	9④	

注:①装有三效催化转化器的汽车最好采用较低的硫含量。

②无人为添加。

③当考虑采用氧化物时,首先是醚类。但使用按照预先混合法则混合的最大体积为10%的乙醇(符合 ASTM D 4806 和 PH7—9)也是允许的,掺和燃料必须符合1类油的技术要求。浓度更高的醇最大限值在0.1%(V/V),不允许使用甲醇。

④对该指标的验证,可以通过在同类可比的汽油中加入清净分散剂来进行。

2 类无铅汽油规范　　表 2-4

项　　目	限　　制	
	最小	最大
91 号　研究法辛烷值(RON) 马达法辛烷值(MON)	91 82.5	
95 号　研究法辛烷值(RON) 马达法辛烷值(MON)	95 85	
98 号　研究法辛烷值(RON) 马达法辛烷值(MON)	98 88	
氧化安定性(min)	480	
硫含量(%)(m/m)		0.02
铅含量(g/L)	不可察觉①	
磷含量(g/L)	不可察觉①	
锰含量(g/L)	不可察觉①	
硅含量(g/kg)	不可察觉①	
氧含量(%)(m/m)		2.7②
烯烃含量(%)(V/V)		20
芳烃含量(%)(V/V)		40
苯含量(%)(V/V)		2.5

续上表

项　目	限　制	
	最小	最大
蒸发性	见表 2-7	
沉淀物(mg/L)		1
未洗胶质(mg/100mL)		70
实际胶质(mg/100mL)		5
密度(kg/m^3)	715	770
铜片腐蚀(级)	1 级	
外观	清澈透明	
燃油喷油器清洁度(%)(流量损失)		5
进气门清洁度		
方法 1(CEC F-05-A-93)　平均(mg/气门)		50
方法 2(ASTM D5500)　平均(mg/气门)		100
方法 3(ASTM D6210)　平均(mg/气门)		90
燃烧室沉积		
方法 1(ASTM D6021)(%)		140
方法 2(CEC F-20-A-98)(mg/单机)		3 500

注:①达到或低于所采用试验方法的检验界限,无人为添加。

②当考虑采用氧化物时,首先是醚类。但使用按照预先混合法则的最大体积为10%的乙醇(符合 ASTM D 4806 和 PH7—9)也是允许的,掺和燃料必须符合 2 类油的技术要求。浓度更高的醇最大限值在 0.1%(V/V),不允许使用甲醇。

3 类无铅汽油规范　　表 2-5

项　目	限　制	
	最小	最大
91 号　研究法辛烷值(RON)	91	
马达法辛烷值(MON)	82.5	
95 号　研究法辛烷值(RON)	95	
马达法辛烷值(MON)	85	
98 号　研究法辛烷值(RON)	98	
马达法辛烷值(MON)	88	
氧化安定性(min)	480	
硫含量(%)(m/m)		0.003
铅含量(g/L)	不可察觉①	
磷含量(g/L)	不可察觉①	
锰含量(g/L)	不可察觉①	
硅含量(g/kg)	不可察觉①	
氧含量(%)(m/m)		2.7②
烯烃含量(%)(V/V)		10

续上表

项　　目	限　　制	
	最小	最大
芳烃含量(%)(V/V)		35
苯含量(%)(V/V)		1
蒸发性	见表2-7	
沉淀物(mg/L)		1
未洗胶质(mg/100mL)		30
实际胶质(mg/100mL)		5
密度(kg/m^3)	715	770
铜片腐蚀(级)	1级	
外观	清澈透明	
燃油喷油器清洁度(%)(流量损失)		5
进气门黏滞	通过	
进气门清洁度		
方法1(CEC F-05-A-93)　平均(mg/气门)		30
方法2(ASTM D5500)　平均(mg/气门)		50
方法3(ASTM D6210)　平均(mg/气门)		50
燃烧室沉积		
方法1(ASTM D6201)(%)		140
方法2(CEC F-20-A-98)(mg/单机)		2 500

注:①达到或低于所采用试验方法的检验界限,无人为添加。

②当考虑采用氧化物时,首先是醚类。但使用按照预先混合法则的最大体积为10%的乙醇(符合ASTM D 4806和PH7－9)也是允许的,掺和燃料必须符合3类油的技术要求,浓度更高的醇最大限值在0.1%(V/V),不允许使用甲醇。

汽油协调规范蒸发性分级(1类无铅汽油)　表2-6

项　　目	级　　别				
	A	B	C	D	E
温度范围(℃)	>15	5~15	－5~5	－5~－15	<－15
蒸汽压(kPa)	45~60	55~70	65~80	75~90	85~105
10%蒸发温度(℃)不高于	70	70	65	60	55
50%蒸发温度(℃)	77~110	77~110	77~110	77~110	77~110
90%蒸发温度(℃)	130~190	130~190	130~190	130~190	130~190
终馏点(℃)不高于	215	215	215	215	215
70℃馏出量(%)	15~45	15~45	25~45	25~47	25~47
100℃馏出量(%)	50~60	50~65	50~65	55~70	55~70
180℃馏出量(%)不小于	85	85	85	85	85

汽油协调规范蒸发性分级(2类和3类无铅汽油)　　表2-7

项　目	级　别				
	A	B	C	D	E
温度范围(℃)	>15	5~15	-5~5	-5~-15	<-15
蒸汽压(kPa)	45~60	55~70	65~80	75~90	85~105
10%蒸发温度(℃)不高于	65	60	55	50	45
50%蒸发温度(℃)	77~100	77~100	77~100	77~100	77~100
90%蒸发温度(℃)	130~175	130~175	130~175	130~175	130~175
终馏点(℃)不高于	195	195	195	195	195
70℃馏出量(%)	15~45	20~45	25~45	25~47	25~47
100℃馏出量(%)	50~65	50~65	50~65	55~70	55~70
180℃馏出量(%)不小于	90	90	90	90	90

二、CEC基准优质无铅汽油标准

GB 14761—1999《汽车排放污染物限值及测试方法》"附录H 基准燃料的技术要求"规定,用于试验装点燃式发动机车辆的基准燃料(优质无铅汽油)的技术要求,等同采用CEC(欧洲润滑油和发动机燃料试验性能研究协调理事会)基准燃料RF—08—A—85标准(表2-8)。

CEC基准优质无铅汽油　　表2-8

项　目	限　制	
	最小	最大
研究法辛烷值(RON)	95.0	
马达法辛烷值(MON)	85.0	
密度(15℃)(kg/L)	0.748	0.762
蒸汽压(kPa)	56	64
馏程:		
初馏点(℃)	24	40
10%蒸发温度(℃)	42	58
50%蒸发温度(℃)	90	110
90%蒸发温度(℃)	155	189
终馏点(℃)	190	215
残留量(%)(V/V)		2
烃组成(%)(V/V)		
烯烃		20
芳烃	(包括最大5%容积的苯)	45
诱导期(min)	480	
实际胶质(mg/100mL)		4
硫含量(%)(m/m)		0.04
铜片腐蚀(50℃)(级)		1
铅含量(g/L)		0.005
磷含量(g/L)		0.001 3

三、我国车用汽油标准

国家质量监督检验总局于2006年12月6日发布了GB 17930—2006《车用汽油》。

车用汽油按研究法辛烷值分为90号、93号和97号三种牌号,并按着轻型汽车排放污染物阶段要求，分为Ⅱ、Ⅲ两类（表2-9、表2-10）。

车用汽油（Ⅱ）的技术要求 表2-9

项目		质量指标			试验方法
		90号	93号	97号	
抗爆性：					
研究法辛烷值（RON）	不小于	90	93	97	GB/T 5487
抗爆指数（RON + MON）/2	不小于	85	88	报告	GB/T 503、GB/T 5487
铅含量[①]/（g/L）	不大于	0.005			GB/T 8020
馏程：					GB/T 6536
10%蒸发温度/℃	不高于	70			
50%蒸发温度/℃	不高于	120			
90%蒸发温度/℃	不高于	190			
终馏点/℃	不高于	205			
残留量/%（体积分数）	不大于	2			
蒸汽压/kPa					GB/T 8017
11月1日至4月30日	不大于	88			
5月1日至10月31日	不大于	74			
实际胶质/（mg/100mL）	不大于	5			GB/T 8019
诱导期/min	不小于	480			GB/T 8018
硫含量[②]/%（质量分数）	不大于	0.05			GB/T 380、GB/T 11140、GB/T 17040、SH/T 0253、SH/T 0689、SH/T 0742
硫醇（需要满足下列要求之一）：					
博士试验		通过			SH/T 0174
硫醇硫含量/%（质量分数）	不大于	0.001			GB/T 1792
铜片腐蚀（50℃，3h）/级	不大于	1			GB/T 5096
水溶性酸或碱		无			GB/T 259
机械杂质及水分		无			目测[③]
苯含量[④]/%（体积分数）	不大于	2.5			SH/T 0693、SH/T 0713
芳烃含量[⑤]/%（体积分数）	不大于	40			GB/T 11132、SH/T 0741
烯烃含量[⑤]/%（体积分数）	不大于	35			GB/T 11132、SH/T 0741
氧含量/%（质量分数）	不大于	2.7			SH/T 0663
甲醇含量[①]/%（质量分数）	不大于	0.3			SH/T 0663
锰含量[⑥]/（g/L）	不大于	0.018			SH/T 0711
铁含量[①]/（g/L）	不大于	0.01			SH/T 0712

注：①车用汽油中，不得人为加入甲醇以及含铅或含铁的添加剂。

②在有异议时，以GB/T 380方法测定结果为准。

③将试样注入100mL玻璃量筒中观察，应当透明，没有悬浮和沉降的机械杂质和水分。在有异议时，以GB/T 511和GB/T 260方法测定结果为准。

④在有异议时，以SH/T 0713方法测定结果为准。

⑤对于97号车用汽油，在烯烃、芳烃总含量控制不变的前提下，可允许芳烃的最大值为42%（体积分数）。在含量测定有异议时，以GB/T 11132方法测定结果为准。

⑥锰含量是指汽油中以甲基环戊二烯三羰基锰形式存在的总锰含量，不得加入其他类型的含锰添加剂。

车用汽油(Ⅲ)的技术要求　　表 2-10

项　目		质量指标			试验方法
		90 号	93 号	97 号	
抗爆性:					
研究法辛烷值(RON)	不小于	90	93	97	GB/T 5487
抗爆指数(RON + MON)/2	不小于	85	88	报告	GB/T 503、GB/T 5487
铅含量[①]/(g/L)	不大于	0.005			GB/T 8020
馏程:					GB/T 6536
10% 蒸发温度/℃	不高于	70			
50% 蒸发温度/℃	不高于	120			
90% 蒸发温度/℃	不高于	190			
终馏点/℃	不高于	205			
残留量/%(体积分数)	不大于	2			
蒸汽压/kPa					GB/T 8017
11 月 1 日至 4 月 30 日	不大于	88			
5 月 1 日至 10 月 31 日	不大于	72			
实际胶质/(mg/100mL)	不大于	5			GB/T 8019
诱导期/min	不小于	480			GB/T 8018
硫含量[②]/%(质量分数)	不大于	0.015			GB/T 380、GB/T 11140、SH/T 0253、SH/T 0689、SH/T 0742
硫醇(需要满足下列要求之一):					
博士试验		通过			SH/T 0174
硫醇硫含量/%(质量分数)	不大于	0.001			GB/T 1792
铜片腐蚀(50℃,3h)/级	不大于	1			GB/T 5096
水溶性酸或碱		无			GB/T 259
机械杂质及水分		无			目测[③]
苯含量[④]/%(体积分数)	不大于	1.0			SH/T 0693、SH/T 0713
芳烃含量[⑤]/%(体积分数)	不大于	40			GB/T 11132、SH/T 0741
烯烃含量[⑤]/%(体积分数)	不大于	30			GB/T 11132、SH/T 0741
氧含量/%(质量分数)	不大于	2.7			SH/T 0663
甲醇含量[①]/%(质量分数)	不大于	0.3			SH/T 0663
锰含量[⑥]/(g/L)	不大于	0.016			SH/T 0711
铁含量[①]/(g/L)	不大于	0.01			SH/T 0712

注:①车用汽油中,不得人为加入甲醇以及含铅或含铁的添加剂。

②在有异议时,以 SH/T 0689 方法测定结果为准。

③将试样注入 100mL 玻璃量筒中观察,应当透明,没有悬浮和沉降的机械杂质和水分。在有异议时,以 GB/T 511 和 GB/T 260 方法测定结果为准。

④在有异议时,以 SH/T 0713 方法测定结果为准。

⑤对于 97 号车用汽油,在烯烃、芳烃总含量控制不变的前提下,可允许芳烃的最大值为 42%(体积分数)。在含量测定有异议时,以 GB/T 11132 方法测定结果为准。

⑥锰含量是指汽油中以甲基环戊二烯三羰基锰形式存在的总锰含量,不得加入其他类型的含锰添加剂。

四、我国车用乙醇汽油标准

国家质量技术监督局于2004年4月30日发布并实施了GB 18351—2004《车用乙醇汽油》代替GB 18351—2001《车用乙醇汽油》。本标准适用于作车用点燃式内燃机的燃料。乙醇汽油是指在不添加含氧化合物的液体烃类中加入一定量变性燃料乙醇后作点燃式内燃机的燃料,加入量(V/V)为10%。变性燃料乙醇是指加入变性剂后不能饮用,只作燃料用的乙醇。

车用乙醇汽油按研究法辛烷值分为90号、93号、95号和97号四个牌号。

GB 18351—2004《车用乙醇汽油》与GB 18351—2001《车用乙醇汽油》的主要差异是:

(1)牌号增加97号,抗爆指数定为"报告"。

(2)乙醇含量(体积分数)为10.0% ±2.0%。

(3)其他含氧化合物含量(质量分数)不大于0.1%。

(4)水含量(质量分数)由0.15%修订为不大于0.20%。

本标准包括的产品只允许加入符合GB 18350的变性燃料乙醇,加入量(体积分数)为10.0% ±0.5%。

GB 18351—2004《车用乙醇汽油》的其他技术要求见表2-11。

车用乙醇汽油技术要求　表2-11

项　目		质量指标				试验方法
		90号	93号	95号	97号	
抗爆性:						
研究法辛烷值(RON)	不小于	90	93	95	97	GB/T 5487
抗爆指数(RON + MON)/2	不小于	85	88	90	报告	GB/T 503
铅含量[①]/(g/L)	不大于	0.005				GB/T 8020
馏程:						GB/T 6536
10%蒸发温度/℃	不高于	70				
50%蒸发温度/℃	不高于	120				
90%蒸发温度/℃	不高于	190				
终馏点/℃	不高于	205				
残留量/%(体积分数)	不大于	2				
蒸汽压/kPa						GB/T 8017
从9月16日至3月15日	不大于	88				
从3月16日至9月15日	不大于	74				
实际胶质/(mg/100mL)	不大于	5				GB/T 8019
诱导期[②]/min	不小于	480				GB/T 8018
硫含量(质量分数)[③]/%	不大于	0.08				GB/T 380、GB/T 11140、GB/T 17040、SH/T 0253、SH/T 0689、SH/T 0742
硫醇(需满足下列要求之一):						
博士试验		通过				SH/T 0174
硫醇硫含量(质量分数)/%	不大于	0.001				GB/T 1792

续上表

项　　目		质量指标				试验方法
		90号	93号	95号	97号	
铜片腐蚀(50℃,3h)/级	不大于	1				GB/T 5096
水溶性酸或碱		无				GB/T 259
机械杂质		无				目测④
水分(质量分数)/%	不大于	0.20				SH/T 0246
乙醇含量(体积分数)/%		10.0±2.0				SH/T 0663
其他含氧化合物(质量分数)/%	不大于	0.1⑤				SH/T 0663
苯含量(体积分数)⑥/%	不大于	2.5				SH/T 0693、SH/T 0713
芳烃含量(体积分数)⑦/%	不大于	40				GB/T 11132、SH/T 0741
烯烃含量(体积分数)⑦/%	不大于	35				GB/T 11132、SH/T 0741
锰含量⑧/(g/L)	不大于	0.018				SH/T 0711
铁含量⑨/(g/L)	不大于	0.010				SH/T 0712

注:①本标准规定了铅含量最大限值,但不允许故意加铅。

②诱导期允许用GB/T 256方法测定,仲裁试验以GB/T 8018方法测定结果为准。

③硫含量允许用GB/T 11140、GB/T17040、SH/T 0253、SH/T 0689、SH/T 0742方法测定,仲裁试验以GB/T380方法测定结果为准。

④将试样注入100mL玻璃量筒中观察,应当透明,没有悬浮和沉降的机械杂质及分层。在有异议时,以GB/T 511方法测定结果为准。

⑤不得人为加入甲醇。

⑥苯含量允许用SH/T 0713方法测定,仲裁试验以SH/T 0693方法测定结果为准。

⑦芳烃含量和烯烃含量允许用SH/T 0741测定,仲裁试验以GB/T11132方法测定结果为准。

⑧锰含量是指汽油中以甲基环戊二烯三羰基锰(MMT)形式存在的总锰含量。含锰汽油在储存、运输和取样时应避光。

⑨不得人为加入铁。

第七节　车用汽油的选用

一、汽油的选择

车用汽油的选择原则应遵循以下原则:

(1)根据发动机压缩比进行抗爆性的选择,压缩比越大,汽油的牌号越高。

(2)装有三效催化转化器和氧传感器的汽车尽量选择含铅量低的汽油。

(3)推广使用加入有效的汽油清净剂的汽油。

(4)注意汽油低硫含量、低烯烃含量的发展趋势。

(5)注意汽油质量是影响汽车技术状况和汽车排放的重要因素。

(6)区分季节选择汽油的蒸发性,冬季应选择蒸气压较大的汽油,夏季应选择蒸气压较小的汽油。

部分汽车汽油发动机主要技术特性和原厂要求的汽油牌号见表2-12。

部分汽车汽油发动机主要技术特性和原厂要求的汽油牌号 表 2-12

汽车型号	发动机型号 结构特征	功率 (kW/r/min)	排量 (L)	压缩比	汽油牌号(RON)
解放 CA1046L	CA448	65/4500	2.21	8.1	90
解放 CA1092	CA6102	99/3000	5.56	7.2	90
东风 EQ1092	EQ6100—1 改进型	99/3000	5.42	7.0	90
北京 BJ2020SG	BY492QS	62.5/3800	2.45	9.2	90
上海桑塔纳 LX	JV	66/5200	1.80	8.5	>91
上海桑塔纳 2000	闭环电控多点喷射	72/5200	1.80	9.0	>91
奥迪 100 2.2E	五缸,单点喷射	95/5500	2.226	10.0	92
奥迪 200(C3V6FL)	V6,电控多点喷射	102/5500	2.598	9.0	92
奥迪 A6	配备三效催化转化器的电控多点喷射 配备三效催化转化器的电控多点喷射 配备三效催化转化器的电控多点喷射 无催化转化器的电控多点喷射	95/5800 121/6000 140/6000 140/6000	1.781 2.393 2.771 2.771		95 号优质无铅汽油或 91 号普通无铅汽油 95 号优质无铅汽油或 91 号普通无铅汽油 95 号优质无铅汽油或 91 号普通无铅汽油 95 号优质无铅汽油或 91 号普通无铅汽油
捷达 CL	EA133 Motronic 电控多点喷射	74/5800	1.595	8.5	90
红旗 CA7220E	CA448 电控多点喷射	73.5/5200	2.194	9.0	90
富康	JU5JP/K1.6L,电控多点喷射	65/5600	1.587	9.6	90
夏利 TJ7100 夏利 2000(TJ7136U)	TJ376Q—E,电控多点喷射 8A—FE 改进型,闭环电控多点喷射	40.5/6000 63.4/6000	0.993 1.342	9.5 9.3	>90 >90
雅阁(2.0Exi)	F20B1	108/6000	2.0	9.1	91
别克新世纪 GL、GLX	V6,电控多点喷射	126/5200	2.98	9.0	93

二、燃料管理和安全使用

本部分所阐述内容,原则上适合汽油。

1.燃料质量变化及其影响因素

燃料质量的变化表现为蒸发、氧化和脏污。

影响蒸发损失的因素首先与汽油的物理安定性有关。汽油的物理安定性是指汽油在储存、运输和加注时,保持汽油不被蒸发损失的性能。它主要由汽油中所含的低沸点馏分所决定。为了改善汽油的低温起动性,汽油中含有一定量的低沸点馏分是必要的,但低沸点馏分容易蒸发逸散,导致蒸发损失增加。另外,温度、表面积、空气流速和充满程度也影响蒸发损失。温度高、面积大、流速快、充不满会加剧汽油蒸发损失。

氧化安定性不好的汽油,在储存、运输过程中容易氧化,使汽油实际胶质增加,诱导期缩短。影响汽油氧化安定性的因素主要是化学组成、温度、充满程度、容器密封性、金属和水分等。一般来说,饱和烃安定性好,不饱和烃安定性差。温度升高时,汽油氧化速度加快。空气与油面接触量大小以及液面上空气变换的强度对汽油的氧化安定性也有很大影响。储油容器中汽油装满的程度,决定汽油与空气的接触量。储油容器盖是否密封,决定汽油液面空气的变换强度。金属也能对汽油的氧化速度起催化作用,但不同的金属所起的催化作用有很大差别,其中铜的催化作用最强,其次是铅。水分存在对实际胶质的增长影响很大。

燃油脏污是指混入机械杂质或其他油品。

2. 预防燃料蒸发和变质的措施

针对影响燃料质量变化的因素,主要预防措施如下:

(1)采用合理的储存方式和正确选择储油容器。尽可能采用地下油库,用油罐储油。储油容器要清洁,封闭严密,防止水和杂质混入。

(2)采用正确的灌装方式。应采用浸没的灌装方式。

(3)在保证预留的膨胀空间的前提下尽量充满。

3. 燃料的安全保管

汽车燃料(尤其是汽油)易蒸发,易燃烧,易爆炸,易产生静电,有一定毒性。保管使用中应注意防火、防爆,避免中毒,并做到以下几点:

(1)禁止烟火。易产生火种的作业区与油库距离应在50m以外,不能在油库附近检修车辆。

(2)防止电火花。油库中的电气设备应采用防爆型,储油区上空不能有电线通过,禁止在油库中使用金属工具。

(3)清洁通风。油库内要有通风设施,不能存放其他易燃、易爆品。

(4)配备消防器材。

(5)储油容器和油罐车要配备接地装置。

第三章　车用柴油

在我国民用汽车保有量中，柴油车约占25%以上，而且有继续增加的趋势。增加十六烷值和减小密度对减少排气中碳氢化合物（HC）、一氧化碳（CO）和颗粒物含量较明显，降低硫含量对减少所有污染物含量都十分明显。

第一节　柴油的使用性能

柴油的馏分较重，柴油机混合气在汽缸内形成，压燃着火，燃烧过程包括着火延迟期、速燃期、缓燃期、后燃期四个阶段，不正常燃烧主要是粗暴。这些特点，使柴油机要求的柴油使用性能与汽油有许多不同。

一、低温流动性

柴油在低温条件下所具有一定流动状态的性能，叫做柴油的低温流动性。要求柴油具有良好的低温流动性。

柴油中的烃分子一般含有16～23个碳原子，其中一部分为石蜡，通常在柴油中呈溶解状态存在。当温度降低时，石蜡开始结晶析出形成石蜡结晶网络，这种网络延展到全部柴油中，使其流动阻力增加，甚至失去流动性。

柴油的低温流动性，不仅关系到柴油机燃料供给系在低温下能否正常供油，而且与柴油在低温下的储存、运输、倒装等作业能否正常进行都有着密切的关系。

在柴油中添加流动改进剂是改进柴油低温流动性的主要途径。其作用机理是，在低温下靠与柴油中析出的石蜡发生共晶、吸附作用，抑制石蜡结晶的生长，从而改善了柴油的低温流动性。国产柴油流动改进剂代号为T1804，化学名称是聚乙烯－醋酸乙烯酯。

柴油低温流动性的评定指标是凝点、浊点和冷滤点，我国只采用凝点和冷滤点。

二、燃烧性

柴油的燃烧性主要是抗粗暴的能力。若着火延迟期过长，则在汽缸内积聚并完成燃烧准备的柴油就多，以致造成大量的柴油同时燃烧，使汽缸压力急剧升高，发动机运转不平稳，发出异响，这种不正常燃烧现象，叫做粗暴。柴油机工作粗暴的后果与汽油发动机爆燃一样，会使曲柄连杆机构承受过大的冲击力作用，产生强烈的金属敲击声，加速零件的磨损和损坏，发动机功率下降、油耗增加。柴油机的燃烧状况与喷油装置的喷油特性、燃烧室结构形式、运行条件和柴油的燃烧性有关，要求柴油具有良好的燃烧性。

燃烧性良好的柴油，其自燃点低，在着火延迟期，燃烧室的局部易于形成高密集度的过氧化物，成为着火中心，故着火延迟期短，整个燃烧过程发热均匀，气体压力升高平缓，最高压力较低。

柴油燃烧性的评定指标是十六烷值和十六烷指数。

三、雾化和蒸发性

为了保证柴油机的动力性和经济性，燃烧过程必须在活塞位于压缩行程上止点附近迅速完成，要求喷油持续时间极为短促，只有15°～30°曲轴转角，混合气形成时间只有汽油机的1/20～1/30，在既定的燃烧室和喷油设备条件下，柴油的雾化和蒸发性决定了混合气形成的速度和质量。如果柴油的雾化和蒸发性差，可能产生以下不良后果：

(1)未蒸发的柴油在高温、高压条件下分解析出炭粒，产生黑烟，与废气一同排出汽缸，使油耗和排放污染物增加。

(2)未分解和燃烧的柴油经汽缸壁渗入油底壳，稀释发动机润滑油，影响正常润滑，加剧发动机零件磨损。

(3)柴油馏分重，黏度必然大，使喷雾质量低，混合气不均匀，产生后燃现象，使发动机过热，功率下降。

(4)发动机难以起动。

但是，柴油的雾化和蒸发性过强，不仅储存和运输中蒸发损失大，而且安全性差，所以，要求柴油具有较好的雾化和蒸发性。

柴油雾化和蒸发性的评定指标是馏程、运动黏度、密度和闪点。

四、安定性

柴油的安定性是指柴油在运输、储存和使用过程中保持颜色、组成和使用性能不变的能力。柴油应有良好的安定性。

柴油的安定性不好，就会氧化结胶，会在燃烧室内生成积炭、胶状沉积物，附在活塞顶和气门上，甚至造成气门关闭不严。还会使燃油滤清器堵塞，在喷油器针阀上生成漆状沉积物，造成针阀黏滞，形成积炭，使喷雾恶化，甚至中断供油，干扰正常燃烧，从而使排放污染增加。

影响柴油安定性的主要因素是柴油中所含的不安定组分，主要是二烯烃、烯烃等不饱和烃。柴油的馏分过重，环烷芳烃和胶质含量增加，安定性也变差。

柴油安定性的评定指标是碘值、色度、氧化安定性、实际胶质、10%蒸余物残炭和喷油器清洁度。

五、腐蚀性

柴油中腐蚀性物质有硫、硫醇硫、有机酸、水溶性酸或碱。由于柴油属于中等馏分，存在于柴油中的硫、硫醇硫的含量较多，对零件的腐蚀作用强，而且会促进发动机沉积物的生成。

柴油腐蚀性的评定指标是硫含量、硫醇硫含量、酸度和铜片腐蚀试验。

六、无害性

柴油中的芳烃含量、硫含量，对柴油发动机的排放污染影响很大。

柴油中的芳烃(特别是多环芳烃)含量对柴油发动机颗粒物的排放影响最大。试验表明，柴油发动机的颗粒物排放随芳烃增加而急剧上升。因为芳烃是以苯环为基础的牢固结合体，它不仅含碳量高，而且化学结构牢固不易燃烧，故容易形成碳烟微粒。世界汽车燃油规范

(2类柴油规范、3类柴油规范)对总芳烃含量和多芳烃含量均提出了严格的限值。

柴油中的硫含量对柴油发动机颗粒物排放影响也很大。研究表明,硫含量从0.2%(*m/m*)降低到0.05%(*m/m*)柴油发动机颗粒物排放量降低8%,世界汽车燃油规范要求2类柴油的硫含量不大于0.03%(*m/m*)。

另外,柴油的十六烷值对柴油发动机的排放污染影响也很大(在下一节中阐述)。

七、清洁性

柴油机的燃料供给系有许多精密偶件,如喷油泵的柱塞副间隙仅为0.001 5~0.002 5mm。若柴油中混入坚硬的杂质,就会堵塞油路并使发动机机件产生磨料磨损。同样,水分的存在能增加硫化物对金属零件的腐蚀作用。

柴油清洁性的评定指标是水分、灰分和机械杂质。

第二节　柴油低温流动性的评定指标

一、凝点

1. 凝点的概念

石油产品在试验条件下,冷却到液面不能移动的最高温度,叫做凝点。

石油产品随温度降低会失去流动性,是因为溶在油品中的石蜡发生结晶所引起的。油品冷却到某一临界温度时,石蜡开始形成小结晶体,再进一步冷却时,油品中分出石蜡的现象加剧,并使各单位微粒的结晶聚合起来,形成所谓的石蜡结晶网络。在凝固过程中,这种网络延伸到全部油中,使油品流动阻力逐渐增加,以致最后使油品失去流动性。

我国柴油的牌号是按凝点划分的。

2. 凝点测定法

石油产品的凝点测定按照GB/T 510—1983(1991)《石油产品凝点测定法》的规定进行,凝点测定仪见图3-1。测定方法概要是,把试样装在规定的试管中,并冷却到预期的温度时,把试管倾斜45°,经过1min,观察试样液面是否能移动,从而找出其液面停止移动的最高温度,即为所测油品的凝点。

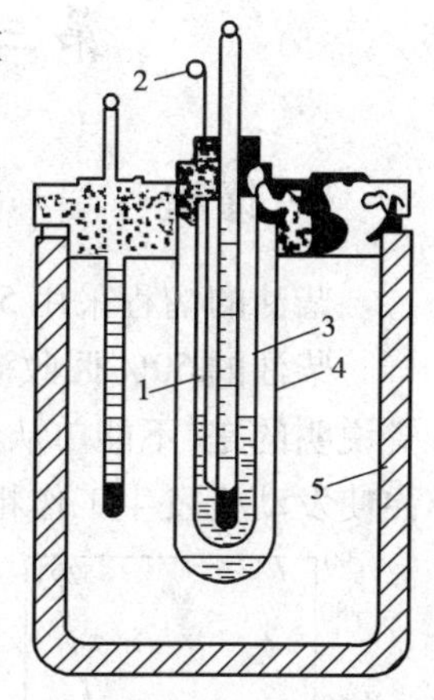

图3-1　凝点测定仪
1-试管;2-搅拌器;3-套管;4-温度计;5-冷却容器

二、冷滤点

1. 冷滤点的概念

在规定的实验条件下,试油不能以20mL/min的流量通过一定规格过滤器的最高温度,叫做冷滤点。具体地说,把试油在规定的条件下冷却,在2kPa的压力下进行抽吸使试油通过363目/in^2(平方英寸)的滤网,当试油冷却到通过过滤器流量小于20mL/min时的最高温度,就是冷滤点。

冷滤点是选择柴油低温流动性的依据,因为冷滤点的测定条件是模拟发动机工作情况确定的,近似于实际使用条件,故能较好地判断柴油可能使用的最低温度,一般来说柴油的冷滤点相当于最低使用温度。例如 -50 号柴油的冷滤点为 -44℃,则可在最低气温为 -44℃以上地区使用。

2. 冷滤点测定法

柴油的冷滤点测定按照 SH/T 0248—1992《馏分燃料、柴油冷滤点测定法》的规定进行,测定冷滤点的设置见图3-2。测定方法概要是,在玻璃管中装入 45mL 试油,在 2kPa 的抽力和规定的冷却条件下,测定在 1min 内,对 363 目/in^2(平方英寸)的滤网不能通过 20mL 试油的温度。测定的基本过程是先把三通塞通向真空系统,同时记录试油温度和通过 20mL 试油的时间。测量后,将三通阀通向大气,让试油回到试验玻璃管中冷却,然后再进行一次测量。其要求是油温每降低 1℃测量一次,一直测到 1min 内不能通过 20mL 试油为止。此刻试油温度即为冷滤点。

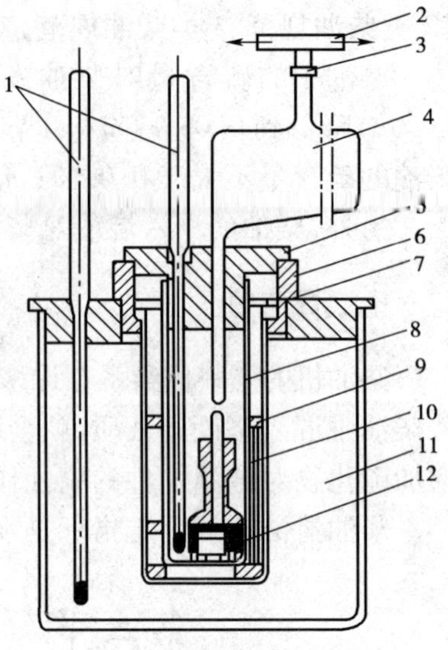

图 3-2 测定冷滤点的设备

1-温度计;2-三通阀;3-橡皮管;4-吸量管;5-橡胶塞;6-支持环;7-弹簧环;8-试环;9-固定架;10-铜套管;11-冷浴;12-过滤器

第三节 柴油雾化和蒸发性的评定指标

一、馏程

柴油的馏程采用 50%、90% 和 95% 回收温度。

柴油的 50% 回收温度越低,说明柴油中的轻质馏分越多,使发动机容易起动(图 3-3)。但要说明的是,不能单从起动难易角度来要求柴油有过轻的馏分。因为含有过轻馏分的柴油往往使发动机发生工作粗暴。

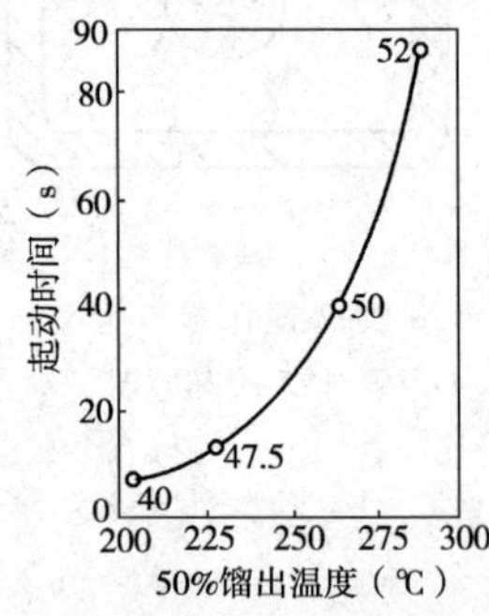

图 3-3 柴油 50% 蒸发温度与发动机起动性的关系(曲线上数字为十六烷值)

柴油的 90% 和 95% 回收温度表示柴油中重质馏分的多少,对发动机的功率、油耗、排放污染和零件磨损都有较大的影响。因为这两个蒸发温度越高,越容易产生不完全燃烧和积炭。

二、运动黏度

1. 黏度及其分类

黏度在汽车燃料和润滑剂中应用广泛,本部分集中阐述牛顿黏度的有关知识。

当流体内部发生相对运动时,阻碍其相对运动的内摩擦力,叫做黏性,对黏性的量度称为黏度。黏度分为动力黏度、运动黏度和条件黏度。

动力黏度是液体流动的内摩擦系数,其数值等于液体流动的剪应力与剪切速率之比,公式为:

$$\eta = \tau / \frac{dV}{dx}$$

式中：η——动力黏度；

τ——液体流动的剪应力；

V——流动速度；

$\frac{dV}{dx}$——剪切速率。

在国际单位制（SI）中，动力黏度单位为 Pa · s；在物理单位制（CGS）中，动力黏度单位为泊（P）或厘泊（cP）。

运动黏度是在同一温度下液体的动力黏度和该液体密度的比值，公式为：

$$\nu = \frac{\eta}{\rho}$$

式中：ν——运动黏度；

η——动力黏度；

ρ——液体密度。

在国际单位制（SI）中，运动黏度单位为 m^2/s，对汽车燃料和润滑剂多采用 mm^2/s；在物理单位制（CGS）中，运动黏度的单位为斯（St）或厘斯（cSt）。

在柴油规格中规定测定规定温度的运动黏度。

2. 黏度对发动机工作的影响

1）影响供油量

如果柴油运动黏度过小，在供油系中，柴油漏失量增加，使供油量减小（图 3-4）；如果柴油运动黏度过大，油耗增加，排气冒黑烟。

2）影响喷油器喷出油束特性

柴油机喷油器喷出油束特性（图 3-5）用喷雾锥角 β、射程 L 和雾化质量表示。如果柴油运动黏度大，则射程远，喷雾锥角小、油滴直径大，油滴蒸发面积减小，混合气形成不良，燃烧不完全，油耗大。如果柴油运动黏度小，则射程近，喷雾锥角大，油滴直径小，但其油束形状与燃烧室形状不适应，同样造成混合气形成不良。

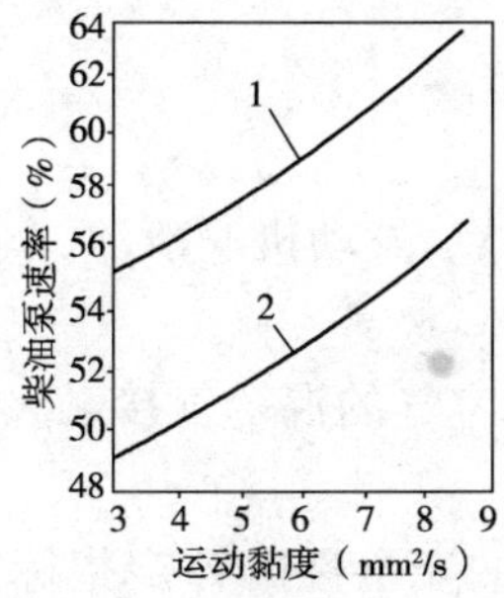

图 3-4　柴油运动黏度对泵送性的影响

1-发动机转速为 1000r/min；2-发动机转速为 400r/min

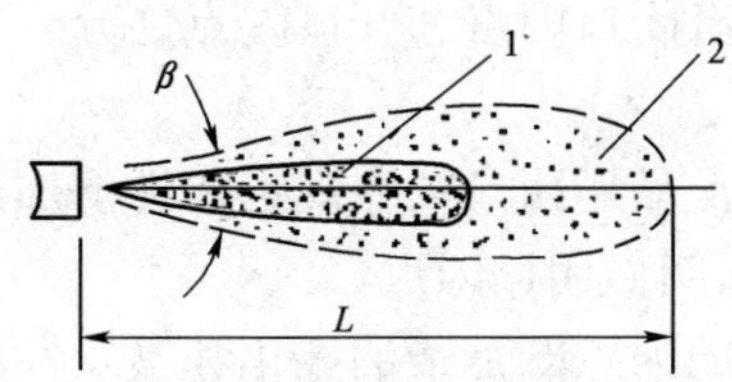

图 3-5　油束特性

1-油粒区；2-油雾区；β-喷雾锥角；L-射程

3）影响供油系精密偶件的润滑

在柴油发动机的供油系中，喷油泵和喷油器有一些精密偶件，例如柱塞和柱塞套筒、针阀和针阀体等。这些偶件在工作时，经常处于摩擦状态，而摩擦面的润滑是靠柴油实现的，从这一角度要求柴油应具有较大的运动黏度。

综上所述柴油的运动黏度要适宜。

3. 运动黏度测定法

石油产品的运动黏度测定按照 GB/T 265—1988《石油产品运动黏度测定法和动力黏度计算法》的规定进行。仪器有黏度计(图 3-6)、恒温器、玻璃水银温度计和秒表。测定方法概要是,在某一恒定的温度下,测定一定体积的液体在重力下流过一个标定好的玻璃毛细管黏度计的时间,黏度计的毛细管常数与流动时间的乘积即为该温度下测定液体的运动黏度。毛细管黏度计一组共 13 支,毛细管内径依次由 0.4 ~6.0mm,每支黏度计必须有毛细管常数。测定时,根据测定的运动黏度范围,选用适当内径的毛细管。用毛细管黏度计管身 A 处所套着的橡皮管把试样吸入扩张部分 2,使试样液面稍高于标线 a,把装好试样的黏度计浸在规定温度的恒温浴内,观察试样在管身的流动情况,液面正好达到标线 a 时,开动秒表,液面正好达到标线 b 时,停止秒表。在温度 t 时,试样的运动黏度 v_t(mm²/s)按照下式计算:

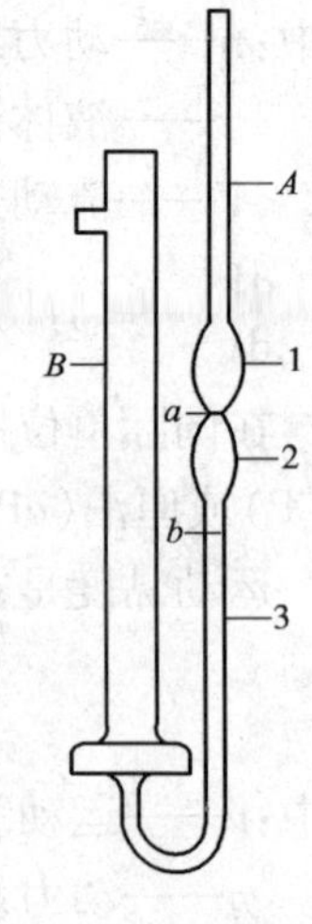

图 3-6　毛细管黏度计
1、2-扩散部分;3-毛细管;A、B-管身;a、b-刻线

$$v_t = C\tau_t$$

式中:C——黏度计常数,mm²/s;

τ_t——试样的平均流动时间,s。

三、密度

柴油密度增大,会影响柴油机喷油器喷出油束的射程。试验表明,使用密度为 878kg/m³ 的柴油,比使用密度为 848kg/m³ 的柴油,油束射程增加 20%。随着柴油密度的增大,其黏度也增大,也影响柴油的雾化和蒸发性。柴油密度大,还会提高柴油机在一个工作循环内的供油量,表面上看,可提高柴油机的功率,但由于雾化和蒸发性差,不能形成良好的混合气,使燃烧条件变坏,排气冒黑烟,反而使发动机的经济性下降。柴油密度大也是柴油中芳烃多的标志,将促进粗暴的发生。

柴油的密度测定按照 GB/T 1884—2000《原油和液体石油产品密度实验室测定法(密度计法)》的规定进行。

四、闭口闪点

1. 闪点的概念

闪点有闭口闪点和开口闪点之分。柴油采用闭口闪点,发动机润滑油、车辆齿轮油采用开口闪点。

石油产品用闭口杯在规定条件下加热到它的蒸气与空气的混合气接触火焰发生闪火时的最低温度,叫做闭口闪点。

柴油的闪点既是柴油雾化和蒸发性的指标,也是柴油安全性的评定指标。如果柴油的雾化和蒸发性过强,将使柴油机工作粗暴,而且在储存、运输和使用中不安全。油品的危险等级就是根据闪点划分的。闪点在 45℃以下的为易燃品,45℃以上的为可燃品。在储存运输中禁止将油品达到它的闪点温度,加热的最高温度,一般应低于闪点 20 ~30℃。

2. 闭口闪点测定法

柴油的闭口闪点测定按照 GB/T 261—2008《闪点的测定　宾斯基-马丁闭口杯法》的规定进行,闭口闪点测定器见图 3-7。测定方法概要是,试样在规定的速率连续搅拌下,并以恒定的速率加热,在规定的温度间隔,同时中断搅拌的情况下,将火源引入杯口处,使样品蒸气发生瞬间闪火,且蔓延至液体表面的最低温度,此温度为环境大气压下的闪点,再用公式修正到标准大气压下的闪点。测定的一般过程是把脱水后的试样注入油杯的环形标志,盖上杯盖,然后放入加热室,确保试验杯就位或锁定装置连接好后插入温度计。点燃试验火源按规定要求加温。在整个试验期间,试样以5(℃/min)~6(℃/min)的速率升温,且搅拌速率为90(r/min)~120(r/min)。

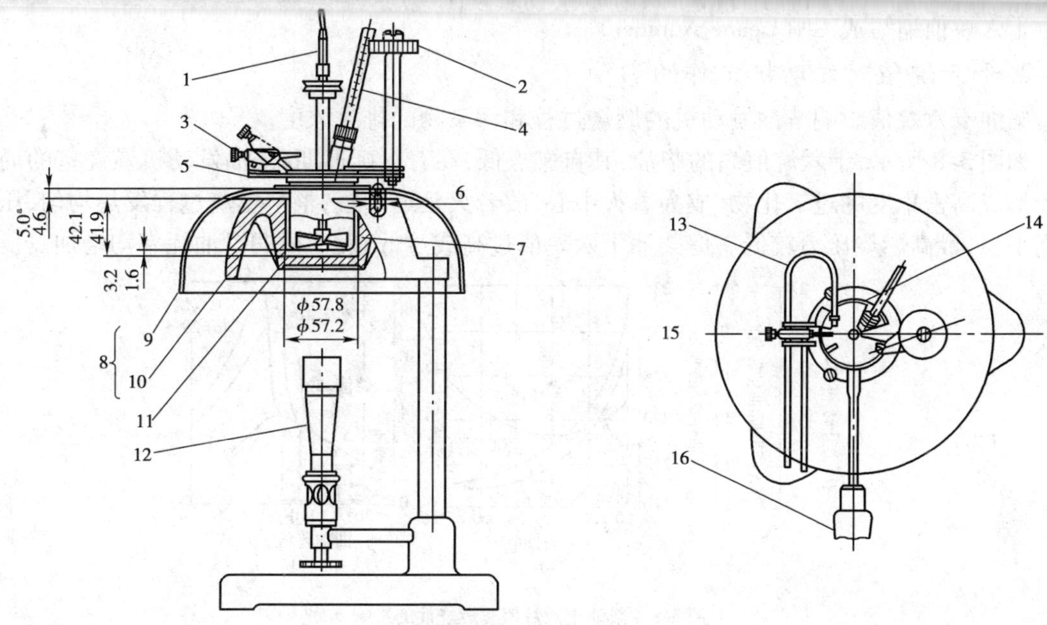

图3-7 宾斯基-马丁闭口闪点试验仪

1-柔性轴;2-快门操作旋钮;3-点火器;4-温度计;5-盖子;6-片间最大距离 ϕ9.5mm;7-试验杯;8-加热室;9-顶板;10-空气浴;11-杯表面厚度最小6.5mm,即杯周围的金属;12-火焰加热型或电阻元件加热型(图示为火焰加热型);13-导向器;14-快门;15-表面;16-手柄(可选择)

注:①盖子的装配可以是左手,也可以是右手。

②a 为空隙。

当试样的预期闪点为不高于110℃时,从预期闪点以下23℃ ±5℃开始点火,试样每升高1℃点火一次,点火时停止搅拌。点火为0.5s,停止为1s,然后迅速升高回至原位置。在试样液面上方出现蓝色火焰时,立即从温度计读出温度作为闪点的测定结果。

观察和记录环境大气压,将观察闪点修正到标准大气压101.3kPa时的闪点,Tc:

$$\mathrm{Tc} = \mathrm{To} + 0.25(101.3 - P)$$

式中:Tc——标准大气压下的闪点,℃;

To——环境大气压下的观察闪点,℃;

P——环境大气压,kPa。

第四节 柴油燃烧性的评定指标

一、十六烷值

1. 十六烷值的概念

十六烷值是表示压燃式发动机燃料燃烧性的一个约定值。在规定条件下的标准发动机试验中,通过和标准燃料进行比较来测定,采用和被测定燃料具有相同着火延迟期的标准燃料中正十六烷的体积百分数表示。

测定十六烷值的标准燃料是用两种燃烧性能相差悬殊的烃掺配而成的。一种是燃烧性良好的正十六烷($C_{16}H_{34}$),规定其十六烷值为100;另一种是燃烧性很差的α-甲基萘($C_{11}H_{10}$),规定其十六烷值为0,它们按不同比例掺和,便得到0~100之间各号标准燃料。

十六烷值缩写成CN(Ceane Number)。

2. 十六烷值对发动机工作的影响

柴油十六烷值影响柴油发动机的燃烧过程和污染物的排放浓度。

如图3-8所示,十六烷值高的柴油,其自燃点低,在着火延迟期,柴油发动机燃烧室的局部易于形成高密集度的过氧化物,成为着火中心,故着火延迟期短,整个燃烧过程发热均匀,压力升高平稳,最高燃烧压力较低。但柴油十六烷值过高或过低,发动机润滑油耗率均增加。

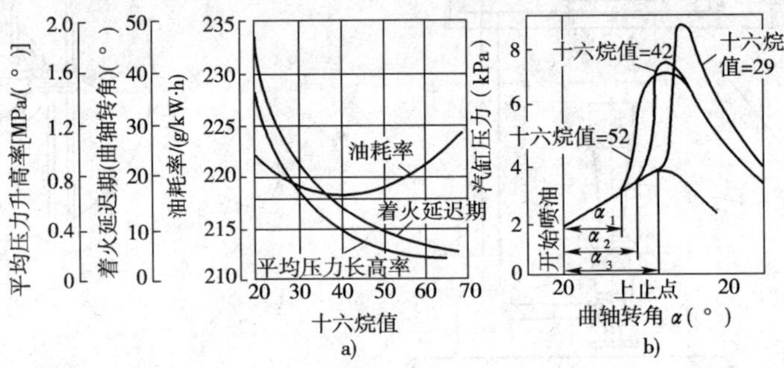

图3-8 柴油十六烷值对燃烧性的影响

a)十六烷值对发动机平均压力升高率、着火延迟期、油耗率的影响;b)十六烷值对发动机最高燃烧压力的影响

α-着火延迟角

十六烷值对柴油机碳氢化合物(HC)、一氧化碳(CO)和氮氧化物(NOx)排放浓度的影响一般取决于芳烃含量。芳烃含量越高,十六烷值越低,柴油机碳氢化合物(HC)、一氧化碳(CO)和氮氧化物(NO_x)的排放浓度也就越高。图3-9是发动机在不同转速和喷油提前角θ的情况下,十六烷值对柴油发动机碳氢化合物(HC)排放和着火延迟角的影响。由图3-9可知,碳氢化合物(HC)排放浓度随着十六烷值的增加而降低,这是因为十六烷值越高,芳烃含量越少,柴油燃烧性越好,延迟期就越短,因而未燃的碳氢化合物(HC)和裂解的碳氢化合物(HC)均较少。图3-10为不同芳烃含量(十六烷值)对柴油机一氧化碳(CO)排放浓度的影响。

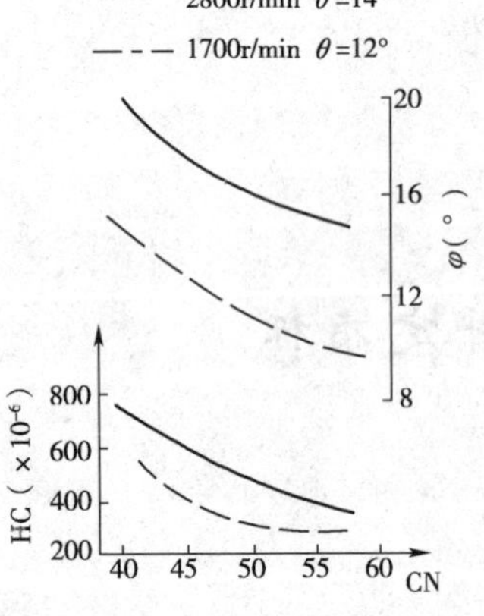

图3-9 柴油十六烷值对碳氢化合物(HC)排放浓度和着火延迟角φ的影响

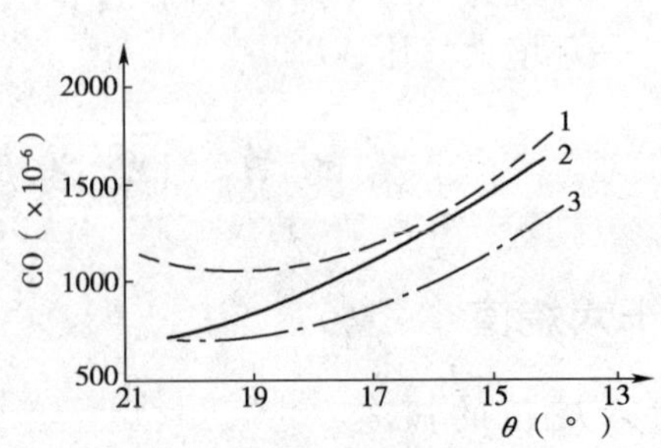

图3-10 柴油十六烷值对一氧化碳(CO)排放浓度的影响

1-芳烃含量为34.12%;2-芳烃含量为23.63%;3-芳烃含量为14.22%

图中1、2、3三条曲线是不同芳烃含量柴油的试验结果，试验机机型为110型单缸试验机，压缩比$\varepsilon=16$，转速$n=1\ 500$ r/min，ω形燃烧室。由图3-10可知，柴油的芳烃含量越高（曲线1），亦即十六烷值越低，则一氧化碳（CO）排放浓度越高，且在相当大的喷油提前角范围内都较高。柴油十六烷值对氮氧化物（NO_x）排放的影响也取决于芳烃含量。其原因是，芳烃含量越高，十六烷值越低，在喷油提前角一定时，由于其燃烧困难，使着火延迟期长，这时汽缸内在燃烧初期积聚的柴油较多，使初始燃烧温度较高，从而导致氮氧化物（NO_x）排放浓度高。

世界主要国家都在提高柴油的十六烷值，世界汽车燃油规范对柴油十六烷值的规定，第1类柴油最小为48，第2类柴油最小为53，第3类柴油最小为55。

3. 十六烷值测定法

柴油的十六烷值按照GB/T 386—1991《柴油着火性质测定法（十六烷值法）》的规定进行。方法概要是，主要设备为一台可调压缩比（7～23）的供试验用的标准单缸柴油机。试验时调节柴油机压缩比，确定被试验燃料的闪火时间。如果被试燃料和某一标准燃料在同样条件下同期闪火，所选用的压缩比又相同，则它们的十六值相同，标准燃料中正十六烷的体积百分比含量即为被测柴油的十六烷值。

二、十六烷指数

十六烷指数是表示柴油在发动机中燃烧性的一个计算值。

GB/T 11139—1989《馏分燃料十六烷值计算法》适用于计算直馏馏分、催化裂化馏分和这两种混合燃料的十六烷指数。

$$\text{十六烷指数}=431.29-1\ 586.88\rho_{20}+730.97(\rho_{20})^2+12.392(\rho_{20})^3+0.051\ 5(\rho_{20})^4-0.554B+97.803(\lg B)^2$$

式中：ρ_{20}——柴油在20℃时的密度，g/cm^3；

B——柴油的沸点，℃。

第五节　柴油安定性的评定指标

一、氧化安定性

氧化安定性是指一定量的过滤试油，在规定的条件下氧化后所测得的总不溶物的量。总不溶物是黏附性不溶物和可过滤的不溶物之和。黏附性不溶物是在规定的试验条件下，试油在氧化过程中产生并在试油放出后黏附在氧化管壁上的不溶于异辛烷的物质。可过滤不溶物是在规定的试验条件下，试油在氧化过程中产生并通过过滤从试油中能分离出来的物质；它包括两部分，一部分是氧化后在试油中悬浮的物质，另一部分是在管壁上易于用异辛烷洗下来的物质。

柴油氧化安定性的测定按照SH/T 0175—2004《馏分燃料油氧化安定性测定法（加速法）》的规定进行。方法概要是，将已过滤的350mL试油，注入氧化管，通入氧气，速率为50mL/min，在95℃温度下氧化16h。然后把氧化后的试油冷却至室温，过滤，得到可滤出不溶物。用三合剂把黏附性不溶物从氧化管壁和通氧管壁上洗下来，把三合剂蒸发除去，得到黏附性的不溶物。可滤出不溶物的量和黏附性不溶物的量之和为总不溶物的量，以mg/100mL表示。

二、10%蒸余物残炭

把测定馏程中馏出90%以后的蒸余物作为试样，所测得的试样在裂解中所形成的残留物，叫做10%蒸余物残炭。

10%蒸余物残炭值是柴油馏程和精制程度的函数。柴油的馏分越轻，精制程度越深，则残炭越小。如馏分越重，精制程度越浅，则残炭值越大。残炭值大，柴油在燃烧室中生成积炭的倾向就大，喷油器孔也易结胶堵塞，影响柴油发动机的正常工作。

柴油的10%蒸余物残炭测定按照GB/T 268—1987《石油产品残炭测定法(康氏法)》的规定进行。方法概要是，把已称重的试样放在坩埚内进行分解蒸馏。残余物经强烈加热一定时间即进行裂化和焦化反应。在规定的加热时间结束后，把盛有炭值残余物的坩埚置于干燥器内冷却并称重，计算残炭值(以原试样的质量百分数表示)。残炭测定按照加热方法不同分为康氏残炭和兰氏残炭。康氏残炭用喷灯加热，兰氏残炭用高温电炉加热。

第六节　柴油其他的评定指标

一、腐蚀性评定指标

柴油腐蚀性评定指标的项目、概念和测定方法都与汽油基本相同。值得强调的是硫含量、硫醇硫含量和酸度。

柴油中的硫含量不仅影响柴油发动机的排放污染，而且对发动机的工作还有其他影响。

试验证明，柴油发动机磨损随柴油中硫含量增加而增加，呈线性关系(图3-11)。柴油中的硫化物不管是活性的，还是非活性的，燃烧后都生成SO_2和SO_3。酸性氧化物在汽缸温度不高时，与水蒸气作用生成H_2SO_3和H_2SO_4强烈腐蚀发动机零件，而且还会使发动机润滑油的某些成分变成磺酸或胶质等，加速发动机润滑油老化。酸性氧化物还会对汽缸壁上的发动机润滑油和尚未燃烧的柴油起反应，加速烃类聚合反应，使燃烧室、活塞顶和排气门的沉积物增多。

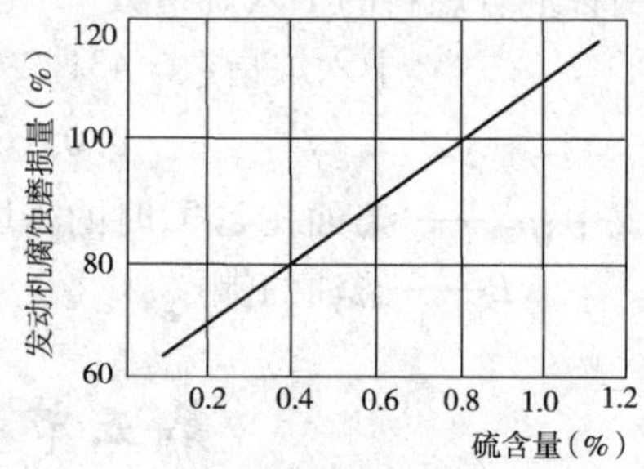

图3-11　柴油硫含量对柴油发动机磨损的影响

二、清洁性的评定指标

1. 水分

在柴油规格中要求水分不大于痕迹，痕迹表示水分为0.03%。

柴油水分测定可以目测，如果需要精确测定，则按照GB/T 260—1977(1988)《石油产品水分测定法》的规定进行。

2. 灰分

溶于柴油中的无机盐类和有机盐类以及不能燃烧的机械杂质经过灼烧后所剩余的不燃物质，叫做灰分。

灰分间接表示上述物质的含量，这些物质能侵蚀金属，在摩擦副中起磨粒作用，是造成汽缸壁与活塞环以及喷油泵柱塞副偶件磨损的重要原因之一。

柴油的灰分测定按照 GB/T 508—1985(1991)《石油产品灰分测定法》的规定进行。

第七节　车用柴油规范或标准

一、世界燃料规范——柴油

世界燃料规范——柴油部分见表 3-1 ~ 表 3-3。

1 类柴油规范　　表 3-1

项　目	限　值	
	最小	最大
十六烷值①	48②	
十六烷指数①	45③	
密度(15℃)(kg/m^3)	820④	860
粘贴(40℃)(mm^2/s)	2.0⑤	4.5
硫含量(%)(m/m)		0.5
95%蒸发温度(℃)		370
闪点(℃)	55⑥	
残炭(%)(m/m)		0.3
冷滤点⑦或低温流动实验或浊点(℃)		最大值应等于或低于最低气温预期值
水分(mg/kg)		500
氧化安全性(g/m^3)		25
铜片腐蚀(级)		1
灰分(%)(m/m)		0.01
外观	清澈透明	
润滑性(HFRR 斑痕直径 60℃)(μm)		400

注:①符合十六烷值或十六烷指数之一即可。
②当气温低于 -30℃时,最小限值可放宽到 45。
③当气温低于 -30℃时,最小限值可放宽到 42。
④气温低于 -30℃时,最小限值可放宽到 800kg/m^3。
⑤气温低于 -30℃时,最小限值可放宽到 15mm/s;当气温低于 -40℃时,最小限值可放宽到 1.3mm/s。
⑥气温低于 -30℃时,最小限值可降低到 38℃。
⑦证明冷滤点和浊点有相关性,那么也不能低于浊点 10℃。

2 类柴油规范　　表 3-2

项　目	限　值	
	最小	最大
十六烷值	53①	
十六烷指数	50②	
密度(15℃)(kg/m^3)	820③	850
粘贴(40℃)(mm^2/s)	2④	4
硫含量(%)(m/m)		0.03

续上表

项　　目	限　　值	
	最小	最大
总芳烃含量(%)(*m/m*)		[illegible]
多芳烃含量(%)(*m/m*)		5
90%蒸发温度⑤(℃)		340
95%蒸发温度⑤(℃)		355
终馏点(℃)		365
闪点(℃)	55	
残炭(%)(*m/m*)		0.3
冷滤点⑥或低温流动实验或浊点(℃)		最低值应等于或低于最低气温预期值
水分(mg/kg)		200
氧化安全性(g/m³)		25
生物增长量	零含量	
植物衍生脂类(%)(*m/m*)	见注⑦	
总酸值(mg KOH/g)		0.08
腐蚀性		轻锈或微量
铜片腐蚀(级)	1级	
灰分(%)(*m/m*)		0.01
颗粒(mg/L)		24
燃油喷油器清洁度(%)(流量损失)		85
润滑性(HFRR斑痕,直径,60℃)(μm)		400

注:①当气温低于-30℃时,最小值可放宽到48。

②当气温低于-30℃时,最小值可放宽到45。

③当气温低于-30℃时,最小值可放宽到800kg/m³,为保护环境,最小限值815 kg/m³ 也是可接受的。

④当气温低于-30℃时,最小限值可放宽到1.5mm²/s,当气温低于-40℃时,最小限值可放宽到1.3 mm²/s。

⑤符合90%蒸发温度或95%蒸发温度之一即可。

⑥证明冷滤点和浊点有相关性,那么也不能低于浊点10℃。

⑦按照预先混溶法则,满足DIN V51606或等同标准的VDE可以使用,其加入量也可多达5%以上,在使用VDE时,建议燃料油应做相应标记。

3类柴油规范　　表3-3

项　　目	限　　值	
	最小	最大
十六烷值	55①	
十六烷指数	52②	
密度(15℃)(kg/m³)	820③	840
粘贴(40℃)(mm²/s)	2④	4
硫含量(%)(*m/m*)		0.03
总芳烃含量(%)(*m/m*)		15

续上表

项　　目	限　　值	
	最小	最大
多芳烃含量(%)(m/m)		2
90%蒸发温度⑤(℃)		320
95%蒸发温度⑤(℃)		340
终馏点(℃)		350
闪点(℃)	55	
残炭(%)(m/m)		0.2
冷滤点⑥或低温流动实验或浊点(℃)		最低值应等于或低于最低气温预期值
水分(mg/kg)		200
氧化安全性(g/m³)		25
泡沫体积(m/L)		100
泡沫消失时间(min)		15
生物增长量	零含量	
植物衍生脂类(%)(m/m)	不可察觉	
总酸值(mg KOH/g)		0.08
腐蚀性		轻锈或微量
铜片腐蚀(级)	1级	
灰分(%)(m/m)		0.01
颗粒(mg/L)		24
燃油喷油器清洁度(%)(流量损失)		85
润滑性(HFRR 斑痕直径,60℃)(μm)		400

注:①当气温低于-30℃时,小限值可放宽到50。

②当气温低于-30℃时,最小限值可放宽到47。

③气温低于-30℃时,最小限值可放宽到800kg/m³,为保护环境,最小限值815kg/m³ 也是可接受的。

④当气温低于-30℃时,最小限值可放宽到1.5mm²/s,当环境温度低于-40℃时,最小限值可放宽到1.3mm²/s。

⑤符合90%蒸发温度或95%蒸发温度之一即可。

⑥如证明冷滤点和浊点有相关性,那么也不能低于浊点10℃。

二、基准柴油的技术要求

GB 18352.3—2005《轻型汽车污染物排放限值及测量方法(中国Ⅲ、Ⅳ阶段)》"附录J基准燃料的技术要求"规定,用于试验装压燃式发动机汽车的基准燃料(柴油)的技术要求(表3-4)。

基准柴油的技术要求　　表3-4

参　　数	单　　位	限值①		试验方法
		最小	最大	
十六烷值②		52.0	54.0	GB/T 386
15℃下密度	kg/m³	833	837	GB/T 1884 GB/T 1885
馏程				
-50%点	℃	245	—	GB/T 6536

续上表

参　数	单　位	限值①		试验方法
		最小	最大	
-95%点	℃	345	360	GB/T 6536
-终馏点	℃	—	370	GB/T 6536
闪点	℃	55	—	GB/T 261
冷滤点	℃	—	-5	SH/T 0248
40℃下黏度	mm^2/s	2.3	3.3	GB/T 265
多环芳香烃	质量分数(%)	3	6.0	SH/T 0606
硫含量③	mg/kg	—	50	GB/T 380
铜腐蚀		—	1级	GB/T 5096
10%蒸余物残炭	质量分数(%)	—	0.2	GB/T 268
灰分	质量分数(%)	—	0.01	GB/T 508
水分	质量分数(%)	—	0.02	GB/T 260
中和数(强酸)	mg KOH/g	—	0.02	GB/T 258
氧化安定性④	mg/mL	—	0.025	SH/T 0175
润滑性(60℃下HFRR磨损扫描直径)	μm	—	400	CEC F-06-A-96
FAME	不允许			

注:①技术要求所引用的是“真值”。在确定它们的限值时,运用了ISO 4259“石油品-与试验方法有关的精密数据的确定和运用”的条款,在确定最小值时,考虑了零以上2R的最小差别;在确定最大和最小值时,最小差别为4R(R=再现性)。

尽管有了这个为了统计原因采取的必要措施,然而燃料制造厂应该在现定的最大值2R时,瞄准零值,而在以最大和最小限值表示的情况下,瞄准平均值。一旦需要澄清燃油是否满足了技术要求的规定,应该运用ISO 4259的条款。

②十六烷数的范围没有符合最小4R范围的要求。然而,如果出现了燃油供应商和用户之间的争论,可以运用ISO 4259的条款来解决这些争论,只要不作简单决定,而进行了足够多测定,达到了必需的精密度。

③应报告Ⅰ型试验用燃油的实际硫含量。

④尽管氧安定性得到了控制,但保存期可能将加以限制。应从供应商那里征求储存条件和寿命的建议。

三、我国车用柴油标准

GB/T 19147—2003《车用柴油》根据欧盟标准EN 590—1998《车用柴油》制定。

根据我国气温的实际情况,按照低流动性的凝点和冷滤点指标划分为7个牌号,即:10号、5号、0号、-10号、-20号、-35号和-50号。

车用柴油的技术要求见表3-5。

车用柴油技术要求　　表3-5

项　目		10号	5号	0号	-10号	-20号	-35号	-50号	试验方法
氧化安定性 总不容物①/(mg/100mL)	不大于	2.5							SH/T 0175
硫(质量分数)②/%	不大于	0.05							GB/T 380
10%蒸余物残炭(质量分数)③/%	不大于	0.3							GB/T 268
灰分(质量分数)/%	不大于	0.01							GB/T 508

续上表

项　目		10号	5号	0号	-10号	-20号	-35号	-50号	试验方法
铜片腐蚀(50℃,3h)/级	不大于	1							GB/T 5096
水分(体积分数)/%	不大于	痕迹							GB/T 260
机械杂质④		无							GB/T 511
润滑性 磨痕直径(60℃)⑤/μm	不大于	460							ISO 12156-1
运动黏度(20℃)/(mm^2/s)		3.0~8.0				2.5~8.0	1.8~7.0		GB/T 265
凝点/℃	不高于	10	5	0	-10	-20	-35	-50	GB/T 510
冷滤点/℃	不高于	12	8	4	-5	-14	-29	-44	HS/T 0248
闪点(闭口)/℃	不低于	55				50	45		GB/T 261
着火性(需满足下列要求之一) 十六烷值 或十六烷指数	 不小于 不小于	 49 46				 46 46	 45 43		GB/T 386 GB/T 11139 SH/T 0694
馏程 50%回收温度/℃ 90%回收温度/℃ 95%回收温度/℃	 不高于 不高于 不高于	 300 355 365							GB/T 6536
密度(20℃)/(kg/m^3)		820~860					800~840		GB/T 1884 GB/T 1885

注:①为出厂保证项目,每月应检测一次。在原油性质变化,加工工艺条件改变,调和比例变化及检修开工后等情况下应及时检验。对特殊要求用户,按双方合同要求进行检验。

②可用GB/T 11131、GB/T 11140、GB/T 12700、GB/T 17040和SH/T 0689方法测定。结果有争议时,以GB/T 380方法仲裁。

③可用GB/T 17144方法测定。结果有争议时,以GB/T 268方法为准。若柴油中含有硝酸酯型十六烷值改进剂及其他性能添加剂时,10%蒸余物残炭的测定,必须用不加硝酸酯和其他性能添加剂的基础燃料进行。柴油中是否含有硝酸酯型十六烷值改进剂的检测方法见附录A。

④可用目测法,即将试样注入100mL玻璃量筒中,在室温(20℃±5℃)下观察,应当透明,没有悬浮和沉降的水分及机械杂质。结果有争议时,按GB/T 260或GB/T 511测定。

⑤为出厂保证项目,对特殊要求用户,按双方合同要求进行检验。

第八节　车用柴油的选用

车用柴油的选择就是按照风险率为10%的最低气温进行牌号的选择。

各地区风险率为10%的最低气温见表3-6。某月风险率为10%的最低气温值,表示该月中最低气温低于该值的概率为0.1,或者说该月中最低气温高于该值的概率为0.9。掌握本地区风险率为10%的最低气温不仅是选择车用柴油牌号的依据,也是选择发动机润滑油、车辆齿轮油和制动液的依据。

各地区风险率为**10%**的最低气温(℃) 表3-6

日　　期	一月份	二月份	三月份	四月份	五月份	六月份	七月份	八月份	九月份	十月份	十一月份	十二月份
河北省	-14	-13	-5	1	8	14	19	17	9	1	6	12
山西省	-17	-16	-8	-1	5	11	15	13	6	-2	-9	-16
内蒙古自治区	-43	-42	-35	-21	-7	1	4	1	-8	-19	-32	-41
黑龙江省	-44	-42	-35	-20	-6	1	7	4	-6	-20	-35	-43
吉林省	-29	-27	-17	-6	1	8	14	12	2	-6	-17	-26
辽宁省	-23	-21	-12	-1	6	12	18	15	6	-2	-12	-20
山东省	-12	-12	-5	2	8	14	19	18	11	4	-4	-10
江苏省	-10	-9	-3	3	11	15	20	20	12	5	-2	-8
安徽省	-7	-7	-1	5	12	18	20	20	14	7	0	-6
浙江省	-4	-3	1	6	13	17	22	21	15	8	2	-3
江西省	-2	-2	3	9	15	20	23	23	18	12	4	0
福建省	-4	-2	3	8	14	18	21	20	15	8	1	-3
台湾省①	3	0	2	8	10	16	19	19	13	10	1	2
广东省	1	2	7	12	18	21	23	23	20	13	7	2
海南省	9	10	15	19	22	24	24	23	23	19	15	12
广西壮族自治区	3	3	8	12	18	21	23	23	19	15	9	4
湖南省	-2	-2	3	9	14	18	22	21	16	10	1	-1
湖北省	-6	-4	0	6	12	17	21	20	14	8	1	-4
河南省	-10	-9	-2	4	10	15	20	18	11	4	-3	-8
四川省	-21	-17	-11	-7	-2	1	2	1	0	-7	-14	-19
贵州省	-6	-6	-1	3	7	9	12	11	8	4	-1	-4
云南省	-9	-8	-6	-3	1	5	7	7	5	-1	-5	-8
西藏自治区	-29	-25	-21	-15	-9	-3	-1	0	-6	-14	-22	-29
新疆维吾尔自治区	-40	-38	-28	-12	-5	-2	0	-2	-6	-14	-25	-34
青海省	-33	-30	-25	-18	-10	-6	-3	-4	-6	-16	-28	-33
甘肃省	-23	-23	-16	-9	-1	3	5	5	0	-8	-16	-22
陕西省	-17	-15	-6	-1	5	10	15	12	6	-1	-9	-15
宁夏回族自治区	-21	-20	-10	-4	2	6	9	8	3	-4	-12	-19

注:①台湾省所列的温度是绝对最低气温,即风险率为0%的最低气温。

车用柴油牌号的选择一般应使最低使用温度等于或略高于柴油的冷滤点。具体是:

a. 10 号车用柴油:适用于有预热设备的柴油机;

b. 5 号车用柴油:适用于风险率为10%的最低气温在8℃以上的地区使用;

c. 0 号车用柴油:适用于风险率为10%的最低气温在4℃以上的地区使用;

d. -10 号车用柴油:适用于风险率为10%的最低气温在-5℃以上的地区使用;

e. -20 号车用柴油:适用于风险率为10%的最低气温在-14℃以上的地区使用;

f. -35 号车用柴油:适用于风险率为10%的最低气温在-29℃以上的地区使用;

g. -50 号车用柴油:适用于风险率为10%的最低气温在-44℃以上的地区使用。

车用柴油使用前要进行沉淀和滤清。

第四章　汽车石油代用燃料

随着机械工业的飞速发展,属非再生能源的石油资源将日趋紧张。寻找石油代用燃料,开发新能源,使汽车能源过渡并符合新时代对能源的要求的研究,将是现代科技,也是汽车工业发展的一个重要问题。

第一节　汽车石油代用能源概述

一、开发汽车石油代用能源的必要性

能源与交通运输是保证国民经济迅速发展的重要条件,也是国民经济发展中的一个重要环节。

交通运输中的公路运输在以后的交通运输内部结构调整中将占有突出地位。这样公路运输业就更需要大量的优质燃料。从我国的能源结构来看,因为尽管具有丰富而又多样的能源,但石油资源相对较少;从目前已探明的煤炭与石油比较,石油地质储量仅为煤炭的1%;原油偏重,轻质馏分含量较低;能源分布不均衡,煤炭分布在华北,石油在东北、新疆和沿海地区,在互相调运中消耗大量能源。所以,在我国研究开发汽车石油代用能源具有非常重大的现代意义及战略意义。

我国在汽车石油代用燃料方面的研究也取得了重大成果。表4-1所示为目前已经投入使用的或正在研究中的石油主要代用燃料。

主要代用燃料　　表4-1

<table>
<tr><th>原料或能源</th><th>制造方法</th><th>代用燃料</th></tr>
<tr><td>天然气</td><td>(液化)合成</td><td>LNG[①]、LPG[②]、NGL[③]甲醇</td></tr>
<tr><td>煤</td><td>气化
液化(抽出、干馏、加氢)</td><td rowspan="3">高能气(城市用)
低能气(发电用)
合成原料气→氨、甲烷合成碳氢燃料
液化油
合成油
页岩原油
(合成原油)
（液化油、合成油、页岩原油（合成原油））→各种液体碳氢燃料</td></tr>
<tr><td>油砂</td><td>采掘　抽出
油层内回收</td></tr>
<tr><td>油母页岩</td><td>采掘-干馏
地层内回收</td></tr>
<tr><td>生物能(树木、农作物等)</td><td>发酵</td><td>甲烷乙醇</td></tr>
<tr><td>由原子能、太阳能等得到的电力、热能</td><td>水的电解和热化学分解等</td><td>氢</td></tr>
</table>

注:①Liquified Natural Gas 液化天然气。

②Liquified Petroleum Gas 液化石油气。

③Natural Gas Liquid 天然气液体。

从煤直接液化的油和从油母页岩、油砂制成的合成油经二次加工后,则几乎可得到和石油系一样的汽油、柴油燃料。

利用天然气和煤化工得到的原料合成甲醇,或利用生物发酵生成甲醇或乙醇。甲醇是目

前发展较快的一项石油代用燃料,国内外都在研究更高的掺烧比(一般是汽油与甲醇掺烧使用)和掺烧工艺。乙醇与汽油混合掺烧,在解决了冷起动和相分离特性后,也可推广使用。

乳化燃料不仅能减少排气中的氮氧化合物等有害物质外,还可降低烟度和其他污染物的含量,并能有效降低油耗。国内外都在柴、汽油机方面进行了长期的研究。试验证明,使用乳化燃料是节能和降低污染的良好措施之一。

二、汽车能源应具备的条件

为了满足汽车的需要,汽车能源应具备以下条件:

(1)资源丰富,能长期可靠地供应。

(2)能量密度大,使汽车有足够的续驶里程。

(3)低毒(或无毒),污染小。

(4)价格低廉。

(5)易于输送、储存和使用。

三、主要燃料及代用燃料特性比较

表 4-2 所列为主要液体燃料和烃的特性。

液体燃料和烃的特性 表 4-2

名称	密度(kg/L)	主要成分(%)(wt)	沸点(℃)	蒸发潜热(kJ/kg)①	比热值(MJ/kg)①	点火温度(℃)	理论空气需要量(kg/kg)	点火极限 低限	点火极限 高限
								空气中气体体积(%)	
火花点火式发动机									
普通汽油	0.715~0.765	86C,14H	25~215	380~500	42.7	≈300	14.8	≈0.6	≈8
高级汽油	0.730~0.780	86C,14H	25~215	—	43.5	≈40	14.7	—	—
航空汽油	0.720	85C,15H	40~180	—	43.5	≈500	—	≈0.7	≈8
煤油	0.77~0.83	87C,13H	170~260	—	43	≈250	14.5	≈0.6	≈7.5
柴油	0.815~0.855	86C,13H	180~360	≈250	42.5	≈250	14.5	≈0.6	≈6.5
原油	0.70~1.0	80~83C 10~14H	25~360	222~352	39.8~46.1	≈220	—	≈0.6	≈6.5
褐煤焦油	0.850~0.90	84C,11H	200~360	—	40.2~41.9	—	13.5	—	—
烟煤油	1.0~1.10	89C,7H	170~330	—	36.4~38.5	—	—	—	—
戊烷 C_5H_{12}	0.63	83C,17H	36	352	45.4	285	15.4	1.4	7.8
己烷 C_6H_{14}	0.66	84C,16H	69	331	44.7	240	15.2	1.2	7.4
n—庚烷 C_7H_{16}	0.68	84C,16H	98	310	44.4	220	15.2	1.1	6.7
异辛烷 C_8H_{18}	0.69	84C,16H	99	297	44.6	410	15.2	1	6
苯 C_6H_6	0.88	92C,8H	80	394	40.2	550	13.3	1.2	8
甲苯 C_7H_8	0.87	91C,9H	110	364	40.6	530	13.4	1.2	7
二甲苯 C_8H_{11}	0.88	91C,9H	144	339	40.6	460	13.7	1	7.6
乙醚 $(C_2H_5)_2O$	0.72	64C,14H,22O	35	377	34.3	170	7.7	1.7	36
丙酮 $(CH_8)_2CO$	0.79	62C,10H,28O	56	523	28.5	540	9.4	2.5	13
乙醇 C_2H_5OH	0.79	52C,13H,35O	78	904	26.8	420	9	3.5	15
甲醇 CH_3OH	0.79	38C,12H,50O	65	1 110	19.7	450	6.4	5.5	26

注:黏度(20℃时),单位:mm^2/s(≈cSt),汽油≈0.6;柴油≈4;乙醇≈1.5;甲醇≈0.75。

①每升的数值=每千克的数值×密度(kg/L)。

表 4-3 所列为部分车用代用气体燃料的特性。

部分车用代用燃料的特性　　表 4-3

名称	在0℃和1013mbar时的密度 (kg/m^3)	主要组成(%)(wt)	在1013mbar时的沸点(℃)	比热值		点火温度(℃)	理论空气需要量(kg/kg)	点火极限	
				燃料 (MJ/kg^3)	空气燃料混合气 (MJ/m^3)①			低限	高限
								(%)(空气中气体体积)	
液化气	2.25②	C_3H_8,C_4H_{10}	-30	46.1	3.39	≈400	15.5	1.5	15
城市煤气	0.56~0.61	50H,8CO,30CH_4	-210	≈30	≈3.25	≈560	10	4	40
天然气	≈0.83	76C,24H	-162	47.7	—	—	—	—	—
水煤气	0.71	50H,38CO	—	15.1	3.10	≈600	4.3	6	72
高炉气	1.28	28CO,59N,12CO_2	-170	3.20	1.88	≈600	0.75	≈30	≈75
沼气③	—	46CH_4,54CO_2	—	27.2③	3.22	—	—	—	—
氢 H_2	0.090	100H	-253	120.0	2.97	560	34	4	77
一氧化碳 CO	1.25	100CO	-191	10.05	3.48	605	2.5	12.5	75
甲烷 CH_4	0.72	75C,25H	-162	50.0	3.22	650	17.2	5	15
乙炔 C_2H_2	1.17	93C,7H	-81	48.1	4.38	305	13.25	1.5	80
乙烷 C_2H_6	1.36	80C,20H	-88	47.5	—	515	17.3	3	14
乙烯 C_2H_4	1.26	86C,14H	-102	47.1	—	425	14.7	2.75	34
丙烷 C_3H_8	2.0②	82C,18H	-43	46.3	3.35	470	15.6	1.9	9.5
丙烯 C_3H_6	1.92	86C,14H	-47	45.8	—	450	14.7	2	11
丁烷 C_4H_{10}	2.7②	83C,17H	-10;+1④	45.6	3.39	365	15.4	15.5	8.5
丁烯 C_4H_8	2.5	86C,14H	-5;+1④	45.2	—	—	14.8	1.7	9

注:①每立方米的数值=每千克的数值×密度(kg/m^3)。

②液化煤气的密度为 0.54 kg/L,液化丙烷的密度为 0.51kg/L,液化丁烷的密度为 0.58kg/L。

③提纯过的沼气含有 95% CH_4(甲烷),其热值为 37.7MJ/kg。

④第一个数据为异丁烷,第二个数据为 n 丁烷或 n 丁烯。

第二节　甲醇汽油混合燃料

一、甲醇作为代用燃料的可能性

甲醇是煤或天然气的产品,性能与汽油相似,在不用对发动机进行改造的前提下,可以使用甲醇与汽油混合燃料。所以,它是一种较为理想的汽车代用燃料。

甲醇是一种无色、透明的液体,基本无味,其分子含氢氧根,能与水按照任何比例互溶。其与汽油的主要性质比较如表 4-4 所示。

甲醇与汽油的主要性质比较 表4-4

性　　质	甲醇(CH_3OH)	汽油(C_4～C_{12}类)
密度(g/cm^3)	0.796	0.730
理论空燃比(kg空气/kg燃料)	6.4	14.2～15.1
蒸气压(Reid)(kPa)	32	66～90
沸点(℃)	64.8	30～200
凝点(℃)	-98	-57
低热值(MJ/kg)	19.66	43.5
高热值(MJ/kg)	22.34	46.5
汽化潜热(MJ/kg)	1 099	271～367
辛烷值(MON)	92	70～92
着火极限(空气中容积比)	6.7～36	1.4～7.6
理论空燃比下的混合气热值(MJ/kg)	3.07	2.99

因甲醇分子中含氧,所以燃烧速度快,燃烧后所造成的污染程度较汽油轻。甲醇在空气中燃烧方程是:

$$2CH_3OH + 3O_2 \rightarrow 2CO_2 + 4H_2O$$

甲醇燃烧后的体积增大率比汽油高,因此有利于发动机功率的提高。

甲醇除了热值低、辛烷值高外,因其分子中含有氧原子,所以还具有一些其他的特殊性质。

1. 蒸气压

汽油是由不同的碳氢化合物所组成,因此汽油的馏程范围很宽,约为30～200℃。甲醇为纯净物,是单沸点化合物,其沸点为64.8℃。

相对于汽油的高沸点组分来说,醇的沸点低,混合使用有助于汽油与空气的混合,而缺少低沸点高挥发性的组分,对发动机起动不利。此外,由于甲醇的汽化潜热大而产生的冷却效应,也妨碍在运转温度下的完全汽化。但甲醇与汽油混合后,其混合液蒸气压比纯汽油高得多。例如,用于比较的基础汽油的蒸气压为66kPa,甲醇的蒸气压为32kPa,而在基础汽油中的某些烃类能形成低沸点的共沸物。当汽油中掺入约16%(V/V)甲醇时,蒸气压最高,如再增加甲醇含量时,则蒸气压下降。

2. 辛烷值

如前所述,汽油发动机燃料的抗爆性是非常重要的性能之一。表4-5所示为醇类燃料及汽油的辛烷值比较。从表中所列数值可以明确看出,醇类燃料的辛烷值比汽油高,但值得注意的是他们的灵敏度数值却很大,这点在使用中应特别注意。因为灵敏度反映了汽油(或其他液体燃料)抗爆性随发动机工况激烈程度增加而降低的现象。

醇类燃料的辛烷值 表4-5

品　名	MON	RON	灵　敏　度
甲醇	92	110	18
乙醇	89	100	11
异丙醇	101.9	118.0	16.1
90号汽油	80	90	10

3. 汽化潜热

甲醇的汽化潜热比汽油大,在混合气形成时,汽化潜热对混合气起冷却作用的效果。对于理论空燃比混合气在完全绝热蒸发时,混合气温度下降。实际上由于温度较高的周围管壁向混合气传热，混合气温度下降得不会太多。

从另一方面看，甲醇燃料汽化潜热大，可以降低进气温度，从而提高充气效率。还有汽化潜热大，可改善燃烧后发动机内部冷却条件，因而改善发动机的动力性。

4. 着火极限

可燃混合气的着火极限是指混合气可以着火的最低浓度与最高浓度之间的范围，浓度是以空气中可燃气的容积百分比表示。

甲醇的着火极限范围很宽，且能在较稀的混合气状态下工作，这就使选择运转工况有较大的自由度，这对排气净化及降低油耗的优化工作有利。

5. 热值

一般醇类代用燃料的热值比石油类燃料热值低，但由于醇类含氧，混合燃料燃烧时所需的理论空气量少，且燃料的有效输出功率不仅取决于燃料的热值，还与可燃混合气的热值有关，甲醇汽油在理论空燃比下形成的混合气的热值大体上与汽油燃料在相同条件下一样。所以，只要供给质量合适的混合气，并不会影响发动机功率的输出变化。

二、甲醇与汽油的混合

1. 化学方法混合

汽油与甲醇的互溶性较差，其互溶性受甲醇与汽油的混合比例，助溶剂的品种和加入量及混合温度等的影响。其互溶曲线如图 4-1 所示。

若混合比参数选择不当，就会出现混合燃料分层现象，其分层后的上层是以汽油为主的混合液，下层则是以甲醇为主的混合液，这就导致混合燃料不能被使用。从图 4-1 可看出，28℃为甲醇与汽油混合的临界温度，环境温度在 28℃以上时，任何比例的甲醇与汽油混合液都可以完全互溶。另外，如加入助溶剂后，可明显提高互溶性。但助溶剂加入后将使混合燃料成本增大，经济效益下降。目前常用的助溶剂有 MTBE（甲基叔丁基醚）、TBA（叔丁醇）、IBA（异丁醇）、正丁醇等。

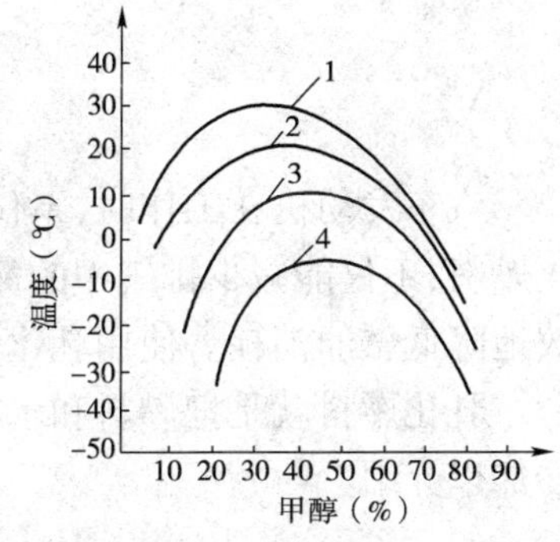

图 4-1　汽油与甲醇的互溶曲线

甲醇与汽油混合时，因甲醇的吸水性，使甲醇汽油互溶性受到严重影响。所以为提高甲醇汽油的互溶性，必须使用含水量低的甲醇（含水量低于 0.05%）。

甲醇与汽油混合可分为三种状态：

（1）绝对分层状态：在这种状态下无论用多强的搅拌使之混合均匀，只要停止搅拌，混合液静止后，可清楚地看出甲醇与汽油很快分层。这种混合液不存在均质状态，不能使用。

（2）临界混合状态：这种状态一般要加少量助溶剂。混合燃料在停止搅拌后形成乳化液状态，待混合燃料静止后约 60s 开始变为澄清透明，仔细观察能看见细小甲醇液珠下沉，但沉积速度很慢。如使用这种状态的混合燃料会使发动机冷起动困难，热机工作不稳及排放污染较大等。

（3）绝对混合状态：这种状态的混合液在强制搅拌开始为乳状液，很快变为澄清透明再不形成乳状液。这种状态均质不易分层，但一般要足够的助溶剂才能达到。在混合燃料中应使用此状态。

2. 量孔掺配

此法的原理是使用一支三通管路,在管道中安装了选好的量孔。一只是量甲醇的流量,一只是量汽油的流量。经过量孔的汽油和甲醇在三通管路中掺配后再送入化油器。

此法的优点是可不用或少用助溶剂,提高了燃料的经济性,并减少了加油站供应装置。但由于甲醇与汽油的密度不同,在燃料供给系统中供甲醇和供汽油的压力也有差异。所以,经过量孔掺配后的混合燃料其比例不易稳定,掺配好的混合液在管道中仍存在分层现象,这都使发动机工作不稳定。

三、甲醇汽油混合燃料存在的问题

(1)混合燃料的分层。甲醇与汽油混合后的稳定性与甲醇含量、混合温度、大气湿度等有关。

(2)合理调整发动机的有关系统以适应甲醇的性能。

(3)要进一步解决低温起动性问题。

(4)关于排放污染。尽管甲醇汽油的非污染性较好,但受空燃比影响较大,要细心调节。另外,甲醇燃烧后的废气中醛的含量较高,对人的眼、鼻有刺激。

(5)重视对发动机的腐蚀和磨损问题。甲醇是单沸点,汽化潜热高,容易成液态落在汽缸壁上。甲醇易吸水,与水结合和发动机润滑油易形成乳化液。这些都妨碍润滑油的润滑作用,造成磨损增加。另外,甲醇对非金属有溶胀作用。

第三节　乳化燃料

汽车发动机在工作时,不仅消耗石油燃料,同时还排放出有害物质,污染环境。若采用乳化燃料,不仅能减少排气中的氮氧化合物(NO_x)等有害成分,降低烟度,减少污染,而且还能有效地降低燃油消耗。使用乳化燃料是节能和降低污染的良好措施之一。

乳化燃料就是把燃料和水在乳化剂的作用下使其乳化且使乳化液稳定。本节只对乳化汽油加以介绍。

一、乳化汽油节油机理

关于乳化汽油节油的机理,目前尚在研究之中,一般分为两种理论解释。

1. 微爆理论

燃料中掺入水分,水在高温下迅速蒸发,能促进燃料的蒸发,提高雾化质量,改善燃烧效果,达到节油目的。

微爆理论认为,水滴被油包围后,油处于未燃烧或未完全燃烧的状态。当水滴因受热产生爆发性汽化时,包在它外面的油膜就会破裂,使燃料进一步细化,改善了燃料的雾化质量,促进了完全燃烧。

2. 燃烧化学反应动力学理论

水能促进燃烧时化学反应,水蒸气参与了一氧化碳的燃烧反应。水蒸气的存在,在化学反应中形成许多活性中心(OH 根),即:

$$H_2O \rightarrow H^+ + OH^-$$

而烃类在燃烧过程中;形成许多中间产物或不完全燃烧产物,其中包括 CO。OH 根是相当活泼的活性中心,它可与中间产物结合:

$$CO + OH \rightarrow CO_2 + H$$

这就是说 OH 根等活性中心会使 CO 的燃烧速度加快。

另外,在密闭容器中,CO 和 O_2 的混合气最大火焰传播速度与水分的关系是随含水量的增加而增大,也促进了 CO 的燃烧速度。

由于 CO 的燃烧速度加快,因而热能放出及时,且在活塞压缩上止点附近。所以能量的质量好,作功能力强。

还有,由于水比热大,水蒸发时吸热,引起内部冷却,不仅减少了 NO_x 的生成,且可使发动机不易产生爆燃。从而使点火提前角增大,以达到节能的效果。

二、燃油乳化措施

燃油乳化的方法主要有以下三种。

1. 超声波法

超声波法设备简单,耗能少,乳化液颗粒细小均匀、节油效果也较好。工艺流程为(图 4-2)。

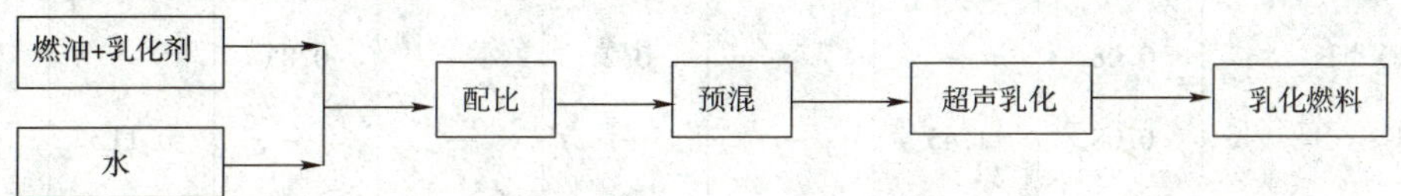

图 4-2 超声波法工艺流程图

2. 机械混合法

机械混合法设备简单,如齿轮泵、高压动力泵、静态混合器等设备。但乳化燃料效果差,不稳定,耗能大。

3. 化学添加剂法

化学添加剂法处理简单,成本高。

三、乳化燃料需进一步研究的问题

(1)选择最佳的乳化工艺参数。掺水量、乳化处理时间及次数、乳化剂类型、剂量及处理温度等,都需要作大量试验研究。

必须进一步讨论、探讨其乳化节能的机理及技术。

(2)考察乳化燃料对发动机的影响。

(3)对发动机进行怎样的调整和改造。

(4)研究更好的乳化设备、乳化剂类型。

第四节 天然气燃料

一、天然气的组分和特性

表 4-6 所列为我国的部分天然气的烃族组成和主要物化特性。从表中可以看出:

我国部分天然气和石油伴生气的组分和标准状态下的性质 表4-6

项目	天然气				石油伴生气			
	泸州	四川	四川	某地	某地	大港	松辽	大庆
组分(%)(体)								
甲烷	95	98.15	98	95.8	94.6	83.18	82.9	77.5
乙烷	1.76	—	—	2	4.1	—	4.778	1.76
丙烷	0.58	—	0.3	0.9	0.9	3.25	6.175	7.57
丁烷	0.41	—	0.3	0.5	0.3	2.19	—	4.20
戊烷	0.06	—	C_nH_m0.4	—	—	C_nH_m6.74	C_nH_m4.13	1.70
H_2S	0.04	—	—	—	—	—	0.537	—
N_2	1.55	—	1	0.5	—	3.81	1.36	1.06
CO	0.15	0.40	—	—	—	—	—	—
O_2	—	—	—	0.1	—	—	—	—
CO	0.08	—	—	0.2	—	0.83	—	1.36
H_2	0.08	1.45	—	—	—	—	0.112	—
其他	0.29	—	—	—	0.1	—	0.008	4.85
低热值($MJ \cdot m^{-3}$)	34.331	35.590	35.80	37.05	—	40.53	—	44.380
密度($kg \cdot m^{-3}$)	—	0.71	0.72	0.75	—	0.89	—	—
理论空燃比($m^3 \cdot m^{-3}$)	—	9.40	9.53	9.81	—	—	—	—
理论混合气热值($MJ \cdot m^{-3}$)	—	3.42	3.40	3.42	—	—	—	—
气体常数[$J \cdot (kg \cdot K)^{-1}$]	—	524.59	—	—	—	—	—	372.02

(1)天然气的主要组分是甲烷。甲烷在多数天然气中占90%以上,有的高达95%~98%。天然气中含其他的正构烷烃(甲烷除外)约占总量1%~13%。天然气中还含有N_2、CO_2等气体,它们约占1%~3%。气田或油田的地理位置和矿床地质结构不同,造成天然气和石油的组分存在一定的差异。

(2)天然气的低热值一般在33~38MJ/m^3,也有的高达40~64MJ/m^3。低热值高的天然气,一般含乙烷至戊烷量大,因为乙烷至戊烷的密度大于甲烷,所以,按体积计的低热值大为增加。

(3)天然气的密度为0.71~0.89kg/m^3,视产地不同而异。当天然气含甲烷量高时,则密度小;含甲烷量不高(在90%以下),而含乙烷至戊烷量多时(在5%~13%),则密度大。

(4)天然气理论空燃比一般为9.4~12.3。其中下限是属于含甲烷较高的天然气;上限是属含甲烷相对较低的天然气。

(5)天然气的理论混合气热值为3.22~3.42MJ/ m^3。

另外,应注意的是,同一井口,夏季和冬季开采出来的天然气组分会有差别。

表4-7所示为GB 18047—2000《车用压缩天然气》规定的技术指标。

压缩天然气的技术指标　　表4-7

项　目	技术指标
高位发热量(MJ/m^3)	>31.4
总硫(以硫计)(mg/m^3)	≤200
硫化氢(mg/m^3)	≤15
二氧化碳 CO_2(%)	≤3.0
氧气 O_2(%)	≤0.5
水露点(℃)	在汽车驾驶的特定地理区域内,在高操作压力下,水露点不应高于 -13℃;当最低气温低于 -8℃,水露点应比最低气温低5℃

注:本标准中气体体积的标准参比条件是101.325kPa,20℃。

二、天然气发动机的燃烧

影响发动机爆燃的因素有:燃料因素、发动机结构因素、混合气因素和发动机运转因素。

从燃料因素来说,天然气中,甲烷的爆燃倾向最小,丁烷和戊烷的爆燃倾向大。所以,天然气作为发动机燃料时,丁烷含量不可过多,就是丙烷的含量也要加以限制。如使用含丙烷和丁烷,甚至戊烷过多的天然气作为发动机燃料,则发动机的压缩比不可过高,混合气浓度不能太大,发动机的强化度不能过高。所以,要根据发动机的结构,选用天然气,或根据天然气,选用适当的气体燃料。

如天然气中含有 H_2,则在汽缸中燃烧速度将明显加快。这就要求根据含 H_2 的含量多少适当地减小点火提前角。

如汽缸内残余废气较多,即新鲜可燃气受到残余废气污染严重,则不易引起爆燃。残余废气有抑制爆燃的作用。但残余废气多了,发动机的热效率下降,油耗上升。

对于天然气发动机来说,随着进气温度的升高,气体燃料的可燃浓度区扩大;随着压缩比的增加,其爆燃区扩大;随着点火提前角的加大,许用压缩比减小,爆燃倾向增加;过量空气系数在1.25左右时,爆燃倾向最大,过量空气系数大于或小于1.25时,爆燃倾向都减弱。

天然气常常还含有硫化氢(H_2S),最高可达5%左右。所以,在使用时应注意其对发动机工作的影响。

三、发动机燃用天然气时的技术问题

1.天然气在汽车上应用的形式

(1)按照点火方式,可分为电火花点火和柴油引燃式。由于天然气的着火温度高,因此要靠电火花点火;或者喷入少量柴油,首先被压燃再引燃天然气。

(2)按照供气方式,可分为缸外(进气管)预混合供气和缸内直接喷气。

(3)按照燃烧方式,可分为预混合燃烧和扩散燃烧。预混合燃烧是指在发动机点火系统点火或引燃柴油自燃前,进入汽缸内的气体燃料与空气预先混合均匀,此时缸内各处的混合比是一致的;而扩散燃烧是指气体燃料以一定提前量在点火或引燃前喷入缸内,因而在着火时,缸内燃料与空气并未混合均匀,燃料边扩散,边燃烧。

(4)按照控制方式,可分为机械控制式和电子控制式。

2. 天然气汽车技术

天然气汽车技术主要有以下几个方面:

(1)加气站技术:气体燃料在汽车上的充加要比液体燃料复杂。它需要技术含量极高的加气站设备,且投资也较高。

(2)发动机技术:气体燃料的性质决定了它不同于汽、柴油,因此在气体燃料的混合、燃烧方式、发动机燃烧室结构、点火系统等方面都需要研究开发。

(3)气瓶技术:由于汽车的移动性,气体燃料气瓶的质量是一重要的技术问题。气瓶在各种苛刻条件下的安全性问题是气体燃料汽车技术研究中不可忽视的问题。

(4)混合与控制技术:汽车的速度和负荷总是变化的,且气体燃料相对于液体燃料又难以控制,因此按照汽车运行工况要求提供合适量、质的混合气给发动机是混合与控制系统的技术问题。

四、天然气汽车的优缺点

天然气汽车在使用中的优缺点表现在以下几个方面:

(1)可替代十分短缺的汽、柴油,充分利用天然气资源。

(2)减少对大气的污染。天然气汽车排放污染物少于汽、柴油汽车的排放污染物。

(3)燃料经济性好。目前在全球范围内存在着油价高于气价的现象。

(4)使用天然气比使用汽油更安全。汽油与空气形成的混合气,着火极限是1.3%~7.6%,遇微小火花极易着火;而天然气与空气形成的混合气,着火极限是5%~15%,加之管路密封技术要求高,即使有泄漏,由于天然气比空气轻,极易被微风驱散,所以不易形成可燃混合气,故使用安全性好。

(5)使用性能好。燃烧室积炭少,燃烧产物中不含液体燃料成分,对润滑油破坏小。

(6)天然气有较好的抗爆性。天然气的辛烷值高(RON 可达130)。所以,当天然气应用于汽油机,可适当增大发动机压缩比和点火提前角,以提高发动机性能。

(7)天然气携带性差。天然气只能在低温下液化,还要求技术很高,且造价也高。目前,多采用高压存储在气瓶内,这不仅因增加导致汽车自身质量增大,空间减小,同时也限制了汽车续驶里程。

(8)使用天然气的汽车与使用液体燃料(如汽油)的汽车相比,动力性有所下降。

(9)若使用双燃料(气、液)和两种燃料并存(在原汽车汽油机上改装,原燃料供给系不变)时,需要增加供气体燃料、储存气体燃料的系统,使汽车成本提高。

第五节 液化石油气

一、液化石油气的组分和特性

液化石油气,简称LPG(Liquefied Petroleum Gas)。LPG经常是作为炼油厂的副产品出现,所以相对汽油来说,价格便宜。为了合理和充分利用石油资源,应鼓励使用液化石油气。

表4-8所示为液化石油气组分和物化特性。

液化石油气组分和物化特性　　表 4-8

指　标	丙烷	正丁烷	异丁烷	丙烯	1—丁烯	丁二烯	2—丁烯	异丁烯
气态密度($kg \cdot m^{-3}$)	1.8954	2.5379	2.301	1.8044	2.4405	2.4514	2.4511	2.4443
液态密度($kg \cdot L^{-1}$)(20℃)	0.5005	0.5788	0.5572	0.5139	0.5951	0.6213	0.6642	0.5942
气态相对密度(空气为1)	1.5496	2.0749	2.0687	1.4752	1.9953	2.0042	2.0040	1.9984
液态相对密度(水为1)	0.5076	0.5847	0.5633	0.5226	0.6014	0.6271	0.6100	0.6005
气态比热容[$kJ \cdot (kg \cdot K)^{-1}$]	1.668	1.659	1.667	1.519	1.528	1.408	1.566	1.589
液态比热容[$kJ \cdot (kg \cdot K)^{-1}$]	2.522	2.407	2.438	2.558	2.298	2.250	2.276	2.336
沸点(℃)	-42	-0.5	-11.7	-47.7	-6.3	3.7	0.88	-6.9
凝点(℃)	-187.7	-138.4	-159.6	-185.3	-185.4	-138.9	-105.5	—
临界温度(℃)	96.7	152.0	135	91.6	146.4	162.4	155.5	145
临界压力(atm)	41.94	37.47	36	45.5	39.7	41.5	40.5	39.5
临界体积($L \cdot mol^{-1}$)	0.203	0.255	0.263	0.181	0.240	0.234	0.238	0.239
热胀系数($\times 10^{-3} \cdot C^{-1}$)	2.74	2.11	2.14	3.4	2.09	1.76	1.93	2.16
汽化热($kJ \cdot kg^{-1}$)	426	385.6	366.7	438	391	416.4	405.9	352.6
燃烧界限(%)	2.1~9.5	1.8~8.4	1.8~8.4	2.01~10	1.6~9.3	1.6~	1.6~	1.6~
理论空燃比($m^3 \cdot m^{-3}$)	24.29	32.08	31.99	21.81	29.5	29.63	29.63	29.55
理论空燃比($kg \cdot kg^{-1}$)	15.68	15.46	15.46	14.78	14.78	14.78	14.78	14.78
高热值($MJ \cdot kg^{-1}$)	12.034	11.834	11.797	11.692	11.576	11.547	11.529	15.505
低热值($MJ \cdot kg^{-1}$)	11.079	10.972	10.892	10.942	10826	10.797	10.779	10.755

在液化石油气中,丙烷或丙烯为主要成分(或二者合为主要成分)者,我国用 LP 作为代号;丁烷或丁烯为主要成分(或二者合起来)者,我国用 LB 作为代号;丙烷、丙烯、丁烷、丁烯为主要成分者,则以 LC 为代号。在多数情况下,液化石油气是以丙烷为主要成分的。丙烷的辛烷值很高($RON = 111.4$)。

国家质量监督检验总局 2003 年 5 月 23 日发布、2003 年 11 月 1 日实施了 GB 19159—2003《车用液化石油气》标准。本标准参考了欧洲 EN 589:1993《车用液化石油气》和美国 ASTMD 1835—1997《液化石油气》等国外先进标准。

本标准代替了 SY 7548—1998《汽车用液化石油气》,本标准与 SY 7548—1998 主要差异是:

(1)本标准将车用液化石油气分为 1 号、2 号、3 号三个牌号。

(2)本标准将丙烯含量的质量分数不大于 5%,改为总烯烃含量的质量分数不大于 10%。

(3)本标准中增加了对丁二烯的含量控制,且规定丁二烯的含量的质量分数不大于 0.5%。

车用液化石油气技术要求见表 4-9。

车用液化石油气技术要求　　表 4-9

项　　目		质量指标			试验方法
		1号	2号	3号	
蒸汽压(37.8℃,表压)/kPa		≤1430	890~1430	660~1340	GB/T 6602①
	丙烷	>85	>65~85	40~65	SH/T 0614②
	丁烷及以上组分	≤2.5	—	—	
	戊烷及以上组分	—	≤2.0	≤2.0	
	总烯烃	≤10	≤10	≤10	
	丁二烯(1,3—丁二烯)	≤0.5	≤0.5	≤0.5	
残留物	蒸发残留物(mL/100mL)	≤0.05	≤0.05	≤0.05	SY/T 7509
	油渍观察	通过	通过	通过	
密度(20℃)/(kg/m^3)		实测	实测	实测	SH/T 0221③
铜片腐蚀/级		≤1	≤1	≤1	SH/T 0232
总硫含量/(mg/m^3)		<270	<270	<270	SH/T 0222④
硫化氢		无	无	无	SH/T 0125
游离水		无	无	无	目测

注:1. 总硫含量为0℃、101.35kPa 条件下的气态含量。

2. 可在测量密度的同时用目测法定试样是否存在游离水。

①蒸汽压可用 GB/T 12576 方法计算,但在仲裁时应用 GB/T 6602 测定。

②组分可用 SH/T 0230 法测定,但在仲裁时应用 SH/T 0614 测定。

③密度可用 GB/T 12576 方法计算,但在仲裁时应用 SH/T 0221 测定。

④总硫含量可用 SY/T 7508 法测定,但在仲裁时应用 SH/T 0222 测定。

二、液化石油气发动机的燃烧

液化石油气的着火温度较高,难以在压燃式发动机中压缩燃烧。所以,多半用于点燃式发动机,用电火花点燃。由于液化石油气的辛烷值比一般汽油的辛烷值高得多,所以可以提高发动机的压缩比,从而提高其热效率。

在汽油机中燃用液化石油气、汽油和甲醇时,其能耗率(MJ/kW·h)随车速(km/h)的变化比较是:LPG 能耗率在宽范围内低于汽油,高于甲醇。其原因是 LPG 辛烷值高,而甲醇属含氧燃料。

从排放污染方面比较,在怠速范围内,液化石油气燃后排出的 CO、HC、NO_x 均大大低于汽油的相应值。

表 4-10 所示为汽车燃用 LPG、甲醇与汽油在各种性能和费用上的比较。

汽车燃用液化石油气、甲醇与汽油时性能的比较　　表 4-10

分　类	热效率	功率	排放	驱动性	容积油耗率	材料相容	燃料费
液化石油气	持平	持平	更好	持平	较差	持平	较差
甲醇	更好	更好	较好	持平	更差	较差	较差

从表 4-10 中可知,燃用 LPG 比甲醇在排放方面要好;在驱动性方面都相当;在费用方面,目前还是汽油较便宜,但这在国家有关政策下,是可以改变的。

三、发动机燃用 LPG 时的技术问题

液化石油气在汽车上的使用形式与天然气是相同的。

液化石油气汽车技术主要有以下问题。

(1)加气站技术:LPG 加气站相对天然气加气站来说比较简单,一般分为固定式和移动式加气站两种。

(2)发动机技术:同天然气一样,LPG 燃料的混合、燃烧方式、发动机燃烧室结构、点火系统等都需要研究开发。

(3)气瓶技术:LPG 气瓶也要用特殊钢制造,要能承受很高的压力试验,具有好的可靠性。

(4)混合与控制技术:LPG 蒸发调压器是燃料系统的关键,LPG 在蒸发器中气化,再经减压,在一定的控制下,按照发动机工况供给混合比。控制技术是关键,可采用真空控制、机械控制,也可采用微机控制。控制精度越高,发动机性能越好。

液化石油气汽车的优缺点类似于天然气汽车,在此不再叙述。

第六节 沼 气

一、沼气的产生和特性

沼气是有机物经厌氧(缺氧)发酵后进行分解而产生的。在其组分中甲烷(CH_4)占 60% ~70%,CO_2 占 20% ~35%。

沼气属于一种生物质能源,是再生能源,应大力发展。生产沼气的原料十分广泛,城市污水、垃圾等,乡村各种动物养殖场粪料,植物叶杆等都可生产沼气。据资料介绍,在城市居民生活污水的发酵处理中,一般每千人每天可产 15 ~22m^3 沼气。

表 4-11 所示为沼气的组分和主要特性,由于沼气的来源不同,沼气成分也有差别,所以其特性指标也不相同。

沼气的组分和物化特性 表 4-11

组分(体积分数)(%)				体积低热值($MJ \cdot m^{-3}$)	质量低热量($MJ \cdot kg^{-1}$)
甲烷	CO_2	H_2	N_2+H_2S 等		
60 ~68	25 ~35	0 ~5	微量	20 ~23	30 ~33
辛烷值	甲烷值	着火温度(℃)	最大焰速($cm \cdot s^{-1}$)	理论混合气体积热值($MJ \cdot m^{-3}$)	理论混合气质量热值($MJ \cdot kg^{-1}$)
120 ~130	130	645 ~850	~25	1.6 ~3.35	2.42 ~2.66

沼气的着火温度为 645 ~850℃,甲烷为 632℃,这是因为沼气中除甲烷外,还有 CO_2、N_2 等气体,它们阻滞烃类与空气氧化,致使沼气的着火温度高。由于各种沼气的成分相差较大,所以其着火温度相差也较大。

表 4-11 中甲烷值是一般用来评定气体燃料抗爆性的指标。甲烷值越高,抗爆性越好。

二、沼气在内燃机中的燃烧

沼气在内燃机中的燃烧可以是烧纯沼气,用电火花点火;也可是主要烧沼气,喷柴油引燃,

属双燃料汽车。由于沼气的着火温度很高,靠压燃困难,所以多用于点燃式的汽油机上。

沼气发动机不论是用汽油机改装,还是用柴油机改装,不论是电火花点火,还是柴油引燃,都可以。如用汽油机改装,必须提高压缩比和改装进气系统。因为在工作时,沼气将占去进气管中相当一部分空间,而使空气量减少,影响充气系数。

第七节 氢 气

氢作为内燃机的燃料,自 1930 年就有科学家提出,由于石油开采和炼制技术发展迅速,油价很低,所以一直不被重视。20 世纪 70 年代后,由于石油危机及对环境保护等方面因素,氢作为内燃机燃料又被许多国家重视。

氢在内燃机中的燃烧,由于不含碳,所以排放中不含 CO、HC、炭粒等含碳化合物,也不含石油燃料中其他的金属或非金属类物质燃烧后的化合物。氢燃料燃烧产物只有 H_2O、NO_x。而 NO_x 排放在氢发动机中是较单一的,易控制。而汽、柴油机中的 CO、HC 和 NO_x 的控制因其产生机理不同而使控制非常困难。氢发动机由于没有产生颗粒、积炭、结胶、金属产物等,从而磨损大大减少,润滑油被污染的程度也减轻。所以,氢可以认为是内燃机最清洁燃料之一。

一、氢的制取

制取氢的方法有从煤、石油、天然气中制取,有用电解水制取,有用热化学法从水中制取,还有从生物中制取等。

1. 从煤中制取

煤在水蒸气下与氧反应可以生成 CO_2 和 H_2。此法要消耗煤,且成本较高。

2. 从石油中制取

以石油烃为原料,在 1300℃下与高温水蒸气及氧反应,生成 H_2 和 CO_2。反应中要提供大量热能,并消耗石油资源。

3. 以天然气为原料制取

天然气与水蒸气在 650 ~ 700℃反应,在镍基催化剂作用下产生 H_2 和 CO_2。天然气已经是发动机的洁净燃料,所以此法不可取。

4. 热化学法制取

热化学多步循环分解水制氢法示例如下:

(1)碘——碘系统

$$2H_2SO_4 \xrightarrow{870℃} 2H_2O + 2SO_2 + O_2$$

$$SO_2 + 2H_2O + I_2 \xrightarrow{97℃} H_2SO_4 + 2HI$$

$$2HI \xrightarrow{300 \sim 400℃} H_2 + I_2$$

(2)铁——氯系统

$$6FeCl_2 + 8H_2O \xrightarrow{650℃} 2Fe_3O_4 + 12HCl + 2H_2$$

$$2Fe_3O_4 + 3Cl_2 + 12HCl \xrightarrow{150 \sim 200℃} 6FeCl_3 + 6H_2O + O_2$$

$$6FeCl_3 \xrightarrow{420℃} 6FeCl_2 + 3Cl_2$$

在此方法中，所用元素、反应温度和过程各异，至今已有200种以上的方法，所用元素有近50种。

在汽车上使用氢燃料，不仅有制氢问题，还有储氢和放氢问题。经过反复研究，目前使用的有用金属氢化物做成的氢交换罐。这种罐不仅要能储氢，而且要能吸附氢和析出氢，要能可逆地进行。相应的要既能进行吸热反应，也能作放热反应。为此，这必须是同时具有耐高压和耐高温性的容器。

二、氢的物化特性

氢的物化特性与其他气体或石油系燃油相比，有十分显著的区别。表4-12所示为氢的物化特性。

氢的物化特性　　表4-12

沸点(℃)	熔点(℃)	着火温度(℃)	气态黏度(标态)(μPa·s)	液态黏度(Pa·s)
-252.8	-259.35	585	8.3~8.75	1.002

临界温度(K)	临界压力(MPa)	临界密度(kg·m⁻³)	气体常数[J·(kg·K)⁻¹]	气态热导率[J·(m·h·k)⁻¹]
33.0	1.2930	31.4	4122.9	598.4~603

气态密度		相对密度(空气为1)	液态密度(kg·m⁻³)	气化热(kJ·kg⁻¹)
(标态)(kg·m⁻³)	(15.56℃)(kg·m⁻³)			
0.0899	0.8517	0.0696	70.8	446~452

空气中可燃界限		电离能(eV)
体积分率(%)	相应 Φ_{af}	
74.2~4.2	0.146~9.575	13.54

定压比热容[KJ·(kg·K)⁻¹]	定容比热容[KJ·(kg·K)⁻¹]	空气中最大焰速(m·s⁻¹)	最大焰速温度(℃)
14.195	10.139	2.91~3.10	2110

质量低热值(MJ·kg⁻¹)	体积低热值(MJ·m⁻³)	质量高热值(MJ·kg⁻¹)	体积高热值(MJ·m⁻³)	理论混合气热值(MJ·m⁻³)
120.17	10.805	141.85	12.76	3.19

理论空燃比		最小点火能量(μJ)	火焰辐射能占总能分率(%)
体积比($m^3 \cdot m^{-3}$)	质量比(kg·kg⁻¹)		
2.38	34.30	15.1~20.0	17~25

氢的着火温度为585℃，比甲烷低，比汽油(RON=100)高。它的火焰传播速度高达291.2~310cm/s，是汽油的7倍。它的最大火焰速度下的最高火焰温度也比一般烃类的相应值高。它的最小点火能量极低，比一般烃类低一个数量级以上。它的低热值是一般烃的3倍左右。

在内燃机的燃烧中，氢的滞燃期最短，点火提前角可以减小。如果浓度合适，可以达到在上止点点火。由于燃烧速度快，其放热速度、压力升高速度和压力升高加速度都很快，因而其燃烧等容性好，过后燃烧量少，排气温度低。

氢与空气燃烧的范围最宽,可在汽缸内的燃烧浓限和稀限两侧都较汽油相应值宽。

氢燃烧后分子变更系数不是增大,而是缩小。这是汽油机改烧氢后功率下降的原因之一。

三、氢发动机和掺氢燃烧

1. 氢发动机

氢发动机目前主要是用汽油机改装,即按奥托循环,用电火花点火。因氢着火温度高,同时燃烧速度快,燃烧持续时间短,所需点火能量低(汽油机火花塞点火能量是其所需的3000多倍)。所以,点火后足以使氢立即燃烧。氢发动机适于作为高速车用发动机。

目前供氢方式有:

(1)进气管连续喷射——混合器法。

(2)进气管连续喷射——空气导流法。

(3)进气道间歇喷射——进气门座工作面吸入法。

(4)进气道间歇喷射——电磁控制法。

(5)缸内直接供氢法。

(6)预燃室喷氢法。

2. 掺氢燃烧

常见的是氢作为汽油机的部分代用燃料掺烧,其结果是可以大大改善汽油机的性能和排放污染。

汽油机掺氢燃烧后热效率明显提高;汽油机掺氢后燃烧,CO 排放率大大降低;汽油机掺氢后燃烧,NO_x 化合物也下降。

第五章 发动机润滑油

随着我国新型轿车和豪华客车的发展,我国车用发动机润滑油使用性能级别迅速提高。车用发动机润滑油使用性能要求,将围绕延长汽车发动机的使用寿命、降低成本、达到一定的燃料经济性和环保要求而发展。

第一节 发动机润滑油的使用性能

发动机润滑油的主要作用是润滑、冷却、清净、密封和防蚀。

(1)润滑作用。将发动机润滑油输送到发动机各相对运动摩擦表面,形成润滑油膜,以减少零件的摩擦阻力和磨损。

(2)冷却作用。为保证发动机的正常工作温度除冷却系的散热作用外,发动机润滑油也起冷却作用。发动机工作时,发动机润滑油不断地从汽缸、活塞、曲轴等摩擦表面吸取热量,一部分热量随着发动机润滑油的循环而消散在曲轴箱中。

(3)清净作用。燃料燃烧后生成的炭质物、发动机氧化生成的胶状物形成积炭、漆膜、油泥等发动机沉积物,摩擦副中还会存在金属磨粒。发动机润滑油具有抑制沉积物生成或对沉积物洗涤、清洗的作用。

(4)密封作用。发动机润滑油填充活塞、活塞环与汽缸壁间的间隙,形成油封,提高了汽缸的密封性,减少了漏气,从而保证了发动机的输出功率。

(5)防蚀作用。发动机润滑油还可以将零件表面与空气或其他腐蚀性物质隔开,减少或防止零件表面锈蚀或其他腐蚀。

发动机润滑油在发动机中的工作条件是非常苛刻的,主要表现在:

(1)温度变化大。发动机润滑油在发动机中工作时,接触到的各润滑部位温度很高,例如第一道活塞环处约为200~300℃,活塞裙部约为110~115℃,曲轴主轴承处约为85~100℃。而在冬季室外停车后,油底壳里发动机润滑油的温度可降至与大气温度一样低。在高温时,发动机润滑油容易氧化、裂解,产生积炭、漆膜等高温沉积物,高温还会使发动机润滑油黏度降低,不易形成流体润滑。而在低温时,发动机润滑油黏度增大,使发动机起动困难,磨损严重。

(2)压力高,活塞速度变化大。发动机工作时,燃气最高压力可达5~9MPa,活塞环对汽缸的侧压力约为2~5MPa,活塞裙部对汽缸的侧压力为1.0~1.2MPa。现代发动机的最高转速可达3000~6000r/min,由于活塞每秒要行经约100~200个行程,活塞平均速度可达10~15m/s,且活塞在上下止点时速度为0,活塞在汽缸中的速度变化大。因此摩擦表面难以形成理想的润滑状态,会产生异常磨损和擦伤。

(3)发动机零件易腐蚀。与可燃混合气和燃烧废气接触的零件(例如汽缸、汽缸盖、活塞组等)将受到化学腐蚀。

(4)发动机润滑油易变质。发动机润滑油的高温氧化、曲轴箱窜气、杂质和沉积物的混入,会促进发动机润滑油劣化变质。

(5)发动机净化装置的采用使发动机润滑油工作条件恶化。当代汽车为适应日趋严格的汽车排放法规,在传统发动机结构中增加了排气净化装置,例如 PCV(Positive Crankcase Ventilation)装置(曲轴箱强制通风装置)、EGR(Exhaust Gas Recirculation)装置(废气再循环装置)等。这些装置使发动机润滑油的工作条件恶化,并对发动机润滑油使用性能级别提出更高的要求。

为了保证发动机润滑系的使用,又要考虑发动机润滑油苛刻的工作条件,这就对发动机润滑油的使用性能提出了较高的要求。

发动机润滑油应具有以下使用性能。

一、润滑性

在各种条件下,发动机润滑油降低摩擦、减缓磨损和防止金属烧结的能力,叫做发动机润滑油的润滑性。发动机润滑油应具有良好的润滑性。

润滑油的黏度性能和化学性质对发动机零件在不同润滑状态的润滑作用有重要影响。

借助图 5-1 所示的斯苯贝克(Stribeck)曲线可分析黏度对摩擦系数的影响。摩擦系数 f 可表示为:

$$f=2\pi^2\ \frac{D}{h}\ \frac{\eta n}{P}$$

式中:D——零件直径;

h——运动副间隙;

η——润滑油的动力黏度;

n——零件转速;

P——零件承受的压力;

$\frac{\eta n}{P}$——索莫菲尔德(Sommerfeld)准数。

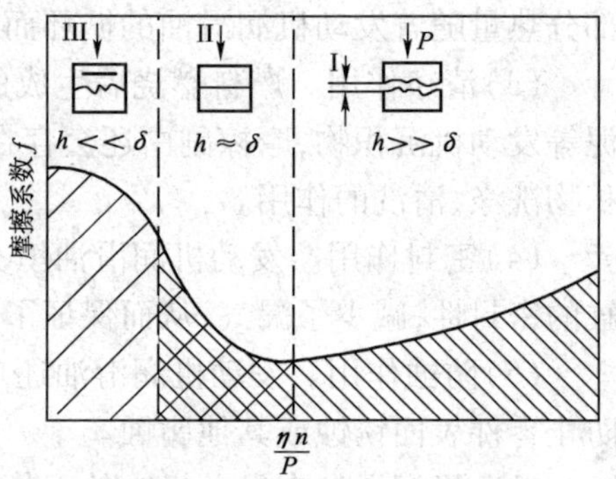

图 5-1 润滑油的黏度对润滑状态的影响

h-油膜厚度;δ-两表面的粗糙度

在索莫菲尔德准数中,唯一与润滑油性能有关的因素就是润滑油的黏度。在图 5-1 中自右至左有 3 种润滑状态,最右边的区域为液体润滑,油膜厚度比运动副表面粗糙度大得多。润滑油具有一定的黏度是形成液体润滑的基本条件之一。而黏度是液体流动时内摩擦力的量度,在液体润滑区域,摩擦系数随润滑油黏度降低而减小。当润滑油的黏度低到一定程度时,油膜厚度降低到近似等于运动副的粗糙度,该区域为混合润滑状态,这时润滑油的黏度和化学性质对摩擦系数都有影响。当润滑油膜的厚度小于运动副表面粗糙度时,便成为边界润滑状态,如图 5-1 中左面的区域。此时起润滑作用的不再是润滑油的黏度性能,而完全是润滑油的化学性质,即润滑油的油性和极压性。油性是润滑油在摩擦金属表面上的吸附性。润滑油中极性分子定向排列吸附在金属表面上形成吸附膜,这种吸附膜只能在中温、中速、中负荷或低的情况下,才能保持边界润滑。当高温、高速、高压时,吸附膜脱附,油性失效。极压性是润滑油在摩擦表面的化学反应性质。当润滑油中加入含硫、磷等化合物添加剂时,高温下这些化合物分解生成的活性元素与金属形成化学反应膜,该反应膜的熔点和剪切强度比较低,能降低摩擦和磨损。

汽车发动机摩擦副主要包括 3 部分:轴承(曲轴轴承和连杆轴承)、缸套活塞组和气门凸轮机构。这 3 部分的润滑状态各不相同。在汽车行驶中,曲轴轴承和连杆轴承主要处于流体润滑状态，不过由于它们的负荷参数经常发生变化，而且受燃烧爆发压力（低速时）和惯性力（高速时）的冲击作用，在发动机起动、停止、大负荷运行、突然加速或在一定转速突然增加负荷时，都会出现混合润滑或边界润滑状态。缸套活塞组接触面的几何形状近似滑动轴承，但为往复运动，活塞顶端接触燃烧气体，温度高，不利于实现完全的液体润滑，边界润滑主要发生在第一道活塞环和它在上止点时对应的汽缸部位。配气机构各零件间接触面积小、压力大，运动属于振动或脉冲形式，大负荷运转时摩擦面处于边界润滑状态。所以，从发动机整体看，总是同时存在液体润滑、混合润滑和边界润滑3种状态。

发动机润滑油黏度是评定润滑性的重要指标。但是，对于边界润滑，主要是油性剂和极压剂起作用，所以发动机润滑油的润滑性还通过相应的发动机试验来评定。

二、低温操作性

从发动机润滑油方面保证发动机在低温条件下容易起动和可靠供油的性能，叫做发动机润滑油的低温操作性。发动机润滑油应具有良好的低温操作性。

发动机润滑油黏度随气温降低而增加。因此，使发动机低温起动时转动曲轴的阻力矩增加，曲轴转速下降（图5-2），从而造成发动机起动困难。一般认为活塞式发动机在起动时的最大黏度约为7600mm²/s。

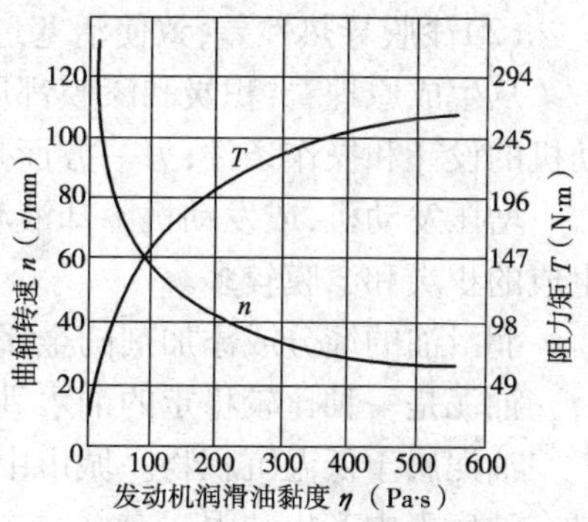

图5-2　发动机曲轴转动阻力矩（T），转速（n）与发动机润滑油动力黏度（η）的关系

发动机润滑油黏度增加后，流动困难，供油不足，造成磨损严重。从磨损量来看，发动机一次冷起动时，所产生磨损值，相当于汽车在正常使用条件下，行驶8.6～72.5km的磨损值。综上所述，发动机润滑油的低温操作性包括有利于低温起动和降低起动磨损两方面。

发动机润滑油低温操作性的评定指标主要有低温动力黏度、边界泵送温度和倾点等。

三、黏温性

温度对油品黏度的影响很大。温度升高，黏度降低；温度降低，黏度升高。润滑油这种由于温度升降而改变黏度的性质，叫做黏温性。发动机润滑油应具有良好的黏温性。良好的黏温性是指油品的黏度随温度的变化程度小。

发动机润滑油所接触到的各润滑部位的工作温度差别甚大。因此，就要求发动机润滑油在高温工作时，能保持一定的黏度，以形成足够厚度的油膜，确保润滑效果；而在低温工作时，黏度又不至于变的太大，以维持一定的流动性，使发动机低温时容易起动和减小零件的磨损。

在基础油中加入黏度指数改进剂可提高油品的黏温性。用低黏度的基础油和黏度指数改进剂调配而成，具有良好黏温性，能同时满足低、高温使用要求的发动机润滑油，叫做多黏度发动机润滑油，俗称稠化机油。

发动机润滑油黏温性的评定指标是黏度指数。

四、清净分散性

发动机润滑油能抑制积炭、漆膜和油泥生成或将这些沉积物清除的性能，叫做发动机润滑油的清净分散性。发动机润滑油应具有良好的清净分散性。

积炭是覆盖在汽缸盖、火花塞、喷油器、活塞顶等高温区域,厚度较大的固体炭状物。它是燃烧不完全或是发动机润滑油窜入燃烧室在高温下分解的烟炱等物质在高温零件上的沉积而形成的。积炭对发动机工作的危害是:

(1)使发动机产生爆燃的倾向增大。试验表明,发动机不及时清除积炭,要使其不产生爆燃,汽油的辛烷值应提高5% ~10%。

(2)积炭形成高温源,局部产生表面点火,可使发动机功率损失2% ~15%。

(3)积炭沉积在火花塞电极之间,会使火花塞短路,造成功率降低、油耗增加。

(4)使气门关闭不严,高温炭粒还会使气门和气门座烧蚀。

(5)积炭进入曲轴箱中,引起发动机润滑油变质,堵塞滤清器。

漆膜是一种坚固的、有光泽的漆状薄膜,主要产生在活塞环区和活塞裙部。漆膜主要是烃类在高温和金属的催化作用下,经氧化、聚合生成的胶质、沥青质等高分子聚合物。

漆膜的危害是:

(1)降低活塞环的灵活程度,甚至造成黏环,使活塞环丧失密封作用,造成发动机功率降低。

(2)漆膜导热性差,致使活塞过热,产生拉缸。

从生成原理看,积炭和漆膜都属于高温沉积物。影响高温沉积物生成的因素一方面是发动机的设计和操作条件;另一方面是燃料和发动机润滑油的性质。

增压发动机,或发动机冷却液和发动机润滑油温度高,燃料的馏分重,铅含量、硫含量大,生成的积炭和漆膜较多。

润滑油的馏分或添加剂的金属元素含量多,也会促进积炭和漆膜的生成。

油泥是一种比较稳定的油水乳状体与多种杂质的凝聚物。

油泥属于低温沉积物。城市中行驶的汽车时停时开,发动机长时间处于低温条件下运行,易在油底壳中产生油泥。

油泥的危害主要是:

(1)促使发动机润滑油老化、变质,使其润滑性下降。

(2)堵塞润滑系统。

影响油泥生成的因素主要是发动机的操作条件和燃料、发动机润滑油的组成。

由于油泥是在较低温度形成的,故与影响积炭、漆膜生成的因素相反,冷却液和发动机润滑油温度越低越容易生成油泥。当处于时开时停或怠速时,发动机温度较低,燃烧后生成的水蒸气、CO_2、CO、NO_x、炭末以及燃料的重质馏分等落入油底壳,加速了发动机润滑油的氧化并使之乳化,生成不溶物(油泥)。由此可知,曲轴箱窜气量越多,越容易生成油泥。

发动机润滑油基础油本身是不具备清净分散性的,而是通过添加清净剂和分散剂而获得的。

现代发动机的性能逐渐强化,工作条件越加苛刻。从一定意义上说,发动机润滑油使用性能的高低,表现在清净剂和分散剂的性能和添加量上。

我国新的内燃机润滑油分类中已废除了使用性能较低的发动机润滑油,所以发动机润滑油的清净分散主要通过相应的发动机试验来评定。

五、抗氧性

发动机润滑油与氧相互作用,反应生成氧化产物,改变其物理化学性质的过程,叫做发动机润滑油氧化。发动机润滑油抵抗氧化的能力,叫做发动机润滑油抗氧性。发动机润滑油应具有良好的抗氧性。

发动机润滑油在一定条件下便会发生化学反应，由于氧化使其颜色变深、黏度增加、酸性增大，并析出沉淀物。发动机润滑油的氧化是发动机沉积物生成、发动机润滑油变质的前提，故抗氧性也是发动机润滑油的重要性质，它决定发动机润滑油在使用中是否容易变质。对零件腐蚀和生成沉积物的倾向，是决定发动机润滑油使用期限的重要因素。发动机润滑油的氧化过程分成两个阶段：

(1)轻度氧化。在这个阶段里烃类的化合物被氧化生成不同类别的酸性产物。

(2)深度氧化。某些酸性产物再度缩合沉淀形成胶质、沥青质和油焦质等。

发动机润滑油的氧化有两种情况：

(1)厚油层氧化。发动机润滑油底壳的发动机润滑油是处在厚油层、低压、低温的情况下，所以它的氧化反应属于轻度氧化，主要是生成各种类型的酸性物质。

(2)薄油层氧化。在发动机的活塞与汽缸壁部分，发动机润滑油处在薄油层、高温、高压和有金属催化作用的影响下，显然这种氧化属于深度氧化，生成物是胶质沉淀。

影响发动机润滑油氧化的因素有：

(1)发动机润滑油的化学组成。组成发动机润滑油的烃类成分、化学结构和它们的含量都会影响氧化的情况。环烷烃最易氧化，其氧化倾向随分子量的增加而增大。

(2)温度。发动机润滑油在常温下是很安定的，即使在我国南方，只要容器干净，不混入水分，储存 6 ~ 8 年，质量指标无明显变化。高温下则不然，发动机润滑油在高温下的氧化速度比常温下快得多。发动机润滑油经常处于高温下，则氧化是一个突出问题。高温下的发动机润滑油薄油层氧化，机理与上述相同，但氧化速度、生成物质及其影响与缓和条件下厚油层氧化很不一样。

(3)发动机润滑油与空气接触表面。接触表面增大，使氧向发动机润滑油内扩散的速度增加，从而加快了发动机润滑油氧化速度。薄层发动机润滑油比同温度的厚层发动机润滑油氧化快，分散状的油雾氧化快，曲轴箱中弥漫着油雾，与氧接触面积大，所以氧化作用相当强烈。

(4)金属等。许多金属对发动机润滑油的氧化起催化作用，铅和铜影响较大。当柴油机的燃料硫含量高时，窜入曲轴箱里的燃烧产物也会加速发动机润滑油的氧化。

从油品方面减缓发动机润滑油的氧化变质的主要途径有：选择合适的馏分和组成，合理精制；添加抗氧剂或抗氧抗腐剂。

发动机润滑油的抗氧性通过相应的发动机试验来评定。

六、抗腐性

发动机润滑油抵抗腐蚀性物质对金属腐蚀的能力，叫做发动机润滑油的抗腐性。

发动机润滑油在使用过程中不可避免地被氧化而生成各种有机酸，这些有机酸将对金属产生腐蚀作用。腐蚀机理是，金属先与氧化产物（过氧化物）作用，生成金属氧化物；接着金属氧化物与有机酸反应生成金属盐。特别是高速柴油机使用的铜铅、铜银轴承，抗腐蚀性能差，在发动机润滑油中即使只有微量的酸性物质也会引起严重的腐蚀，使轴承出现斑点、麻坑、甚至整块金属剥落。所以，对柴油机润滑油的防腐性要求更严格。

发动机润滑油的腐蚀性大小一般与发动机润滑油被氧化的程度一致，因此，影响发动机润滑油腐蚀性的因素与影响发动机润滑油氧化的因素类似。提高发动机润滑油抗腐性的途径是,加深发动机润滑油的精制程度,减小酸值,同时要添加抗氧抗腐剂。

发动机润滑油抗腐性的评定指标是中和值,同时通过相应的发动机试验来评定。

七、抗泡沫性

发动机润滑油消除泡沫的性质,叫做发动机润滑油的抗泡沫性。

当发动机润滑油受到激烈搅动,将空气混入油中时,就会产生泡沫。泡沫如果不及时消除,会产生气阻、供油不足等故障。因此,要求发动机润滑油有良好的抗泡沫性,在出现泡沫后能及时消除,以保证正常工作。

发动机润滑油抗泡沫性的评定指标是泡沫性。

第二节 发动机润滑油使用性能的评定指标

发动机润滑油使用性能的评定包括评定指标和评定试验两部分,本节仅阐述发动机润滑油使用性能的评定指标。

一、低温动力黏度

1. 低温动力黏度的概念

按照流体黏度特性,流体分为牛顿流体和非牛顿流体两类。遵循牛顿黏性定律的流体,即剪切应力与剪切速率成正比的流体,叫做牛顿流体。不遵循牛顿黏性定律的流体,即剪切应力与剪切速率不成正比的流体,叫做非牛顿流体。润滑剂在低温状态下具有非牛顿流体特性,其黏度为低温动力黏度,也称表观黏度。

非牛顿流体流动时其内部阻力特性的量度,其值为在规定的剪切速率下,剪应力与剪切速率之比,叫做表观黏度,即低温动力黏度。

低温动力黏度是划分冬用发动机润滑油黏度级别的依据之一。

2. 发动机润滑油表观黏度测定法

发动机润滑油表观黏度测定按照 GB/T 6538—1986(2000)《发动机润滑油表观黏度测定法(冷起动模拟机法)》的规定进行。方法概要是,把试油加在冷起动模拟机(CCS)的转子与定子之间,用直流电动机,驱动一个紧密装在定子里的转子,通过调节流经定子的制冷剂来维持试油温度,并在靠近定子内壁处测量。转子的转速是黏度的函数:

$$\eta = a + \frac{b}{n}$$

式中:η——黏度;

n——转速;

a、b——系数。

由标准曲线和测得的转子转速,便可确定试样的表观黏度。

二、边界泵送温度

1. 边界泵送温度的概念

能将发动机润滑油连续地、充分地供给发动机机油泵入口的最低温度,叫做发动机润滑油的边界泵送温度。

边界泵送温度是衡量发动机在起动阶段发动机润滑油是否易于流到机油泵入口并提供足够压力的性能。边界泵送温度也是划分冬用发动机润滑油黏度级别的依据之一。

2. 边界泵送温度测定法

发动机润滑油的边界泵送温度测定按照 GB/T 9171—1988《发动机润滑油边界泵送温度测定法》的规定进行。方法概要是，试油在 10h 内，由 80℃冷却到试验要求温度，恒温 16h。然后在旋转黏度计上，逐步施加规定的扭矩，观察并测定其转动速度，再计算该温度的屈服应力（试油刚刚开始流动所需的剪应力）和表观黏度。由 3 个或 3 个以上试验温度所得的结果，便可确定该试油的边界泵送温度。

三、倾点

1. 倾点的概念

试样在规定的条件下冷却时，能够流动的最低温度，叫做倾点。

同一试样的凝点比倾点略低。现行发动机润滑油规格均采用倾点作为发动机润滑油低温操作性的评定指标之一。

2. 倾点测定法

油品的倾点测定应按照 GB/T 3535—2006《石油产品倾点测定法》的规定进行，倾点测定仪见图 5-3。方法概要是，试样经预热后，在规定速率下冷却，每间隔 3℃检查一次试样的流动性。记录观察到试样能流动的最低温度作为倾点。

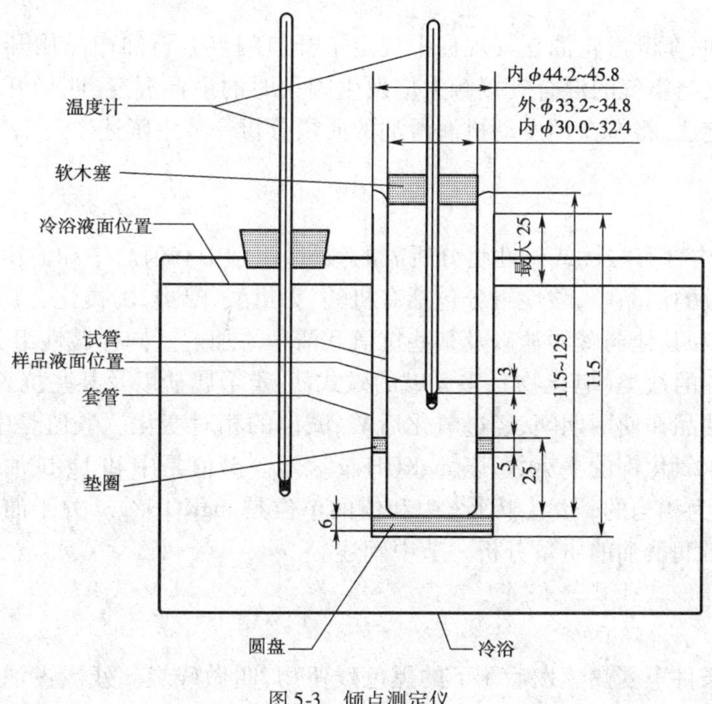

图 5-3　倾点测定仪

四、黏度指数

润滑油黏度随温度变化程度与标准油黏度随温度变化程度比较所得的相对值，叫做黏度指数。黏度指数缩写为 VI（Viscosity Index）。

黏度指数的概念可用图5-4作具体说明。

把试油与在100℃和试油黏度相同，但黏温性截然不同（高标准油 $VI=100$；低标准油 $VI=0$）的两种标准油对比，试油在40℃时的运动黏度越接近高标准油，则黏度指数越高，即黏温性越好。

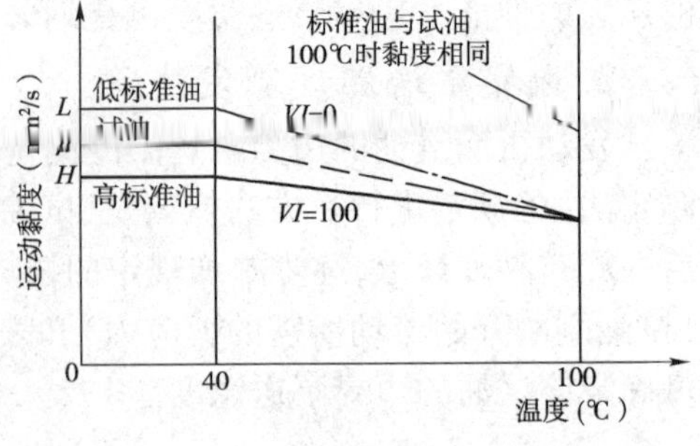

图5-4 黏度指数的概念

对于黏度指数小于100的润滑油，黏度指数按下式计算：

$$VI=\frac{L-U}{L-H}\times 100$$

式中：VI——黏度指数；

L——黏度指数为0的低标准油在40℃时的运动黏度（该种油在100℃时的运动黏度与试油相同）；

U——试油在40℃时的运动黏度；

H——黏度指数为100的高标准油在40℃时的运动黏度（该种油在100℃时的运动黏度与试油相同）。

黏度指数可根据GB/T 1995—1998《石油产品黏度指数计算法》或GB/T 2541—1981《石油产品黏度指数计算表》计算。

五、开口闪点

发动机润滑油、车辆齿轮油在其规格中规定了开口闪点。石油产品用开口杯在规定条件下加热到它的蒸气与空气的混合气接触火焰发生闪火时的最低温度，叫做开口闪点。关于油品的开口闪点测定法，将在在用发动机润滑油的质量分析一节中阐述。

六、中和值

中和1g试油中含有酸性或碱性组分所需的碱量，叫做中和值。中和值用mgKOH/g表示。

新油或使用过的油品中，酸性组分包括有机酸、无机酸、酯类、酚类化合物、内酯、树脂以及重金属盐类、胶盐和其他弱碱的盐以及某些抗氧和清净添加剂。同样碱性组分包括有机碱、无机碱、胺化物、弱酸的盐类（皂化物）、多元碱的碱式盐、重金属盐以及某些抗氧和清净添加剂。

中和值表示油品在使用期间，经过氧化后酸、碱值的相对变化。酸值是中和1g试油中的酸性组分所需要氢氧化钾的毫克数，以mgKOH/g表示。碱值是中和1g试油中的碱性组分所需要的酸量，换算为相当的碱量。因此，中和值的单位是mgKOH/g。关于油品的中和值测定法将在在用发动机润滑油的质量分析一节中阐述。

七、残炭

油品在规定条件下受热蒸发后剩下的黑色残留物，叫做残炭。残炭占油品总质量的百分数，叫做残炭值。

根据残炭量的大小，可以大致判断发动机润滑油在发动机中结炭的倾向。一般精制深的基础油，残炭量小。发动机润滑油中，含氧、硫、氧化物较多时，残炭量增大。发动机润滑油中添加有灰型清净分散剂后，残炭量也增大，则在发动机润滑油中是限制加剂前的残炭。

残炭的测定方法见第三章第五节。

八、硫酸盐灰分

试油在燃烧后灼烧灰化之前加入少量的浓硫酸，使添加剂的金属元素最后转化为硫酸盐，这样的灰分叫做硫酸盐灰分。

硫酸盐灰分的测定按照 GB/T 2433—1981《添加剂和含添加剂润滑油硫酸盐灰分测定法》的规定进行。

九、泡沫性

泡沫性指油品生成泡沫的倾向和生成泡沫的稳定性能。润滑油泡沫性的测定按照 GB/T 12579－2002《润滑油泡沫特性测定法》的规定进行，润滑油泡沫性测定装置见图 5-5。润滑油泡沫性测定方法概要是，在 1000mL 的量筒中注入试油 190mL，以 94±5mL/min 的流量用特制的气体扩散头把空气通入试油中，经过 5min 后，记下量筒中泡沫的体积，即为泡沫倾向，量筒静止 10min 后再记下泡沫体积，即为泡沫稳定性。试验温度为 24℃、93.5℃，再冷却到 24℃重做一遍。泡沫性用分数形式表示，分子是泡沫倾向，分母是泡沫稳定性。

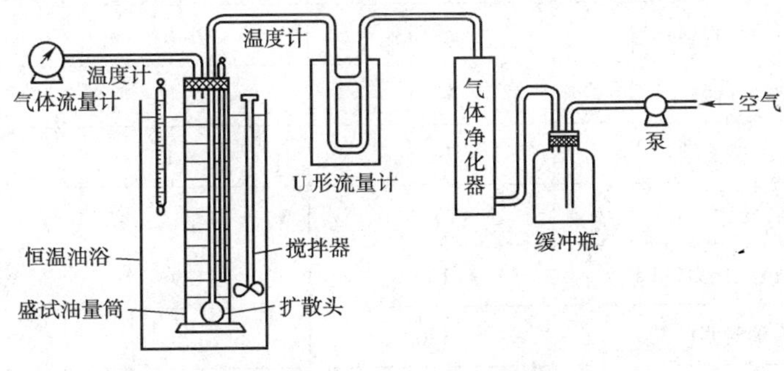

图 5-5 润滑油泡沫性测定装置

第三节 发动机润滑油使用性能的评定试验

发动机试验要求是保证发动机润滑油使用性能的重要手段，所以也是发动机润滑油规格的主要内容之一。

发动机试验评定采用标准的单缸或多缸发动机。符合某一使用性能级别的发动机润滑油，必须通过该级别规定的发动机试验评定项目。随着新油品的出现，会有相应的试验方法诞生。

所以，发动机试验方法在不断发展。目前，国际上广泛采用的发动机润滑油使用性能的发动机试验方法，主要是美国的两个系列：一个是美国研究协调委员会（CRC）采用的 L 系列；另一个是以美国材料与试验协会（ASTM）和美国石油学会（API）为中心制定的 MS 程序试验。另外，英国的皮特（Pettar）法在国际上的影响逐步扩大。根据这些试验方法，我国已制定了相应的标准。

一、L 系列试验方法

L 系列发动机试验方法，是美国研究协调委员会在开特皮勒（Catterpillar）发动机润滑油使用性能试验方法的基础上发展的。最初包括 L—1、L—2…L—5 等 5 个试验方法，目前只保留了L—1系列柴油机试验和L—4系列汽油机试验，而且这两个系列的试验方法不断演变。

L—1系列试验方法，由L—1相继演变为1D、1G2和1H2法(表5-1)。该系列试验方法主要用来评价CC、CD级柴油机润滑油、SD/CC、SE/CC和SF/CD汽油机/柴油机通用润滑油的高温清净性和抗磨性。

现行的L—1系列发动机试验规范 表5-1

试验方法		1D法	1G2法	1H2法
发动机		试验用单缸四冲程柴油机(增压)		
缸径×行程(mm)		146×203.2	130.2×165.1	130.2×165.1
排量(L)		3.406	2.19	2.19
平均有效压力(MPa)		0.95	0.99	0.77
运转时间(h)		480	480	480
运转条件	转速(r/min)	1200	1800	1800
	热负荷(kJ/min)	5910	6170	5220
	冷却液出口温度(℃)	93.3	87.8	71.1
	机油温度(℃)	79.4	96.1	82.2
	进气温度(℃)	93.3	123.9	76.7
	绝对进气压力(kPa)	150	179	135
	换油时间(h)	120	120	120
	燃料硫含量(%)(*m*/*m*)	0.95~1.05	0.35~0.45	0.35~0.45

L—4系列试验方法(表5-2)，由L—1原来采用雪佛兰六缸汽油机进行试验，后改为拉别克(Labeer)单缸汽油机，相继演变成L—38法主要用来评定SC、SE、SF、CC、CD级发动机润滑油和SD/CC、SE/CC、SF/CD汽油机和柴油机通用油的抗高温氧化和抗轴承腐蚀性能。

现行的L—4系列发动机试验规范 表5-2

试验方法	L—38	试验方法	L—38
发动机	拉别克单缸汽油机	燃料流量(kg/h)	2.04~2.27
压缩比	8.1	转速(r/min)	3150
排量(mL)	696	冷却液温度(℃)	93.3
试验总时间(h)	40	试验目的	高温氧化，轴承腐蚀
功率(kW)	3.73		

二、MS程序试验方法

MS程序试验是1958年为评定发动机润滑油API旧分类中的MS级润滑油而制定的试验方法。当初是按Ⅰ、Ⅱ、Ⅲ、Ⅳ、Ⅴ等5个程序，以不同目的，在多缸试验机上进行。随着发动机润滑油使用性能级别的扩充，各程序的试验规范也不断修改，以Ⅰ、Ⅱ…Ⅴ每个程序后面注A、

B、C、D…来表示。目前，评定 SE、SF 级汽油机润滑油和 SE/CC、SF/CD 汽油机/柴油机通用润滑油均采用ⅡD、ⅢD、ⅤD 法（表 5-3）。ⅡD 法是为了评定低温防锈蚀，ⅢD 法是为了评定抗高温氧化和磨损，ⅤD 法是为了评定防低温沉积物的性能，为评定 SG、SJ 汽油机润滑油，MS 程序试验已发展为ⅡD、ⅢE、ⅤE。国际润滑油标准化和认可委员会（ILSAC）GF—1 规格汽油机润滑油要通过程序Ⅵ台架试验，GF—2 规格汽油机润滑油要通过程序ⅥA 台架试验，而 GF—3 规格汽油机润滑油要通过程序Ⅶ台架试验。

MS 程序ⅡD、ⅢD、ⅤD 的发动机试验规范　　表 5-3

发动机试验方法和评定润滑油的级别		发动机类型	排量(mL)	试验时间		负荷(kW)	转速(r/min)	温度(℃)	
				总计	阶段			冷却液	润滑油
ⅡD	SE、SF	V—8	5735	32h	28h	18.65	1 500	43.3	48.9
					2h	18.65	1 500	48.9	48.9
					2h	74.60	3 600	93.3	126.7
ⅢD	SE、SF	V—8	5 735	64h	64h	74.60	3 000	118.3	148.9
VD	SE、SF	L—4	2 300	192h	2h	25	2 500	57.2	79.4
					75min	25	2 500	68.3	86.1
					45min	0.75	750	48.9	48.9

三、皮特（Pettar）试验方法

在美国的发动机试验方法基础上，欧共体市场车辆制造商委员会（CCMC）发展了皮特（Pettar）试验方法，具体分为皮特 W—1 法和皮特 AVB 法（表 5-4）。目前，在我国发动机润滑油规格中，多采用皮特 AVB 法，用来评定 CC、CD、SC、SD、SE、SF 级发动机润滑油和 SD/CC、SE/CC、SF/CD 汽油机/柴油机通用润滑油的抗高温氧化和防轴承腐蚀性能。

皮特法发动机试验规范　　表 5-4

项　目	试验方法分类	
	W—1 法	AVB 法
发动机类型	单缸汽油机	增压单缸柴油机
活塞平均速度(m/s)	—	8.25
装油量(kg)	1	2.06
润滑油温度(℃)	137.5	90
冷却液温度(℃)	150	100
试验时间(h)	36	50
相应的试验方法和试验目的	CRCL—38：铜铅轴承腐蚀； MS 程度 ⅢD：发动机润滑油高温氧化	高温性能

四、我国的试验方法

为发展和评价高使用性能级别的发动机润滑油，我国从 20 世纪 80 年代末开始逐步完善发动机润滑油实机评定方法。目前，相当于国际的 L—1 系列、L—4 系列、MS 程序试验方法和皮特试验方法的技术标准已经颁布，见表 5-5。

我国发动机润滑油的发动机试验标准　表5-5

相当于国际方法	我国技术标准
L—1系列试验方法	GB/T 9932—1988 内燃机润滑油性能评定法(开特皮勒1H2法) GB/T 9933—1988 内燃机润滑油性能的评定法(开特皮勒1G2法)
L—4系列试验方法	SH/T 0265—1992 内燃机润滑油高温氧化和轴瓦腐蚀评定法(L—38)
MS程序试验方法	SH/T 0512—1992 汽油机润滑油低温锈蚀评定法(MS程序ⅡD法) SH/T 0513—1992 汽油机润滑油高温氧化和磨损评定法(MS程序ⅢD法) SH/T 0514—1992 汽油机润滑油低温沉积物评定法(MS程序VD法) SH/T 0515—1992EQC 汽油机润滑油性能评定法(MS程序Ⅱ、Ⅲ、V法) SH/T 0516—1992EQD 汽油机润滑油性能评定法(MS程序Ⅱ、Ⅲ、V法)
皮特法	SH/T 0264－1992 内燃机润滑油高温氧化和轴瓦腐蚀评定法(皮特W—1法)
	SH/T 0263—1992 内燃机润滑油高温氧化和轴瓦腐蚀评定法(皮特AVB法)

第四节　发动机润滑油的分类

发动机润滑油的分类,包括使用性能分类和黏度分类两个方面。

一、国外发动机润滑油的分类

1.发动机润滑油的使用性能分类

发动机润滑油的使用性能分类,是根据发动机润滑油在发动机台架试验中所得到的润滑性、清净分散性、抗氧抗腐性等确定其等级。

在较长的时期内,世界上许多国家采用美国石油学会(API)的发动机润滑油使用性能分类法。但是,近年来又出现了国际润滑油标准化和认可委员会(ILSAC)、欧共体市场车辆制造委员会(CCMC)、欧洲汽车制造商协会(ACEA)、日本汽车标准组织(JASO)的发动机润滑油使用性能分类法。

(1)发动机润滑油API使用性能分类法。发动机润滑油API使用性能分类始于1947年,当时把发动机润滑油只分为普通、优质和重负荷三级。1952年的发动机润滑油API分类,把汽油机润滑油分为ML(相当于以后新分类的SA级)、MM(相当于以后新分类的SB级)和MS(相当于以后新分类的SC或SD级)三级;把柴油机润滑油分为DC(相当于新分类的CA级)、DM(相当于新分类的CB级或CC级)和DS(相当于新分类的CD级)三级。1970年,美国材料与试验协会(ASTM)、美国石油学会(API)和美国汽车工程师学会(SAE),共同提出了发动机润滑油的使用性能必须通过规定的发动机试验来确定,即新的API使用性能分类法,该分类把汽油机润滑油定为S系列(SERVICE STATION CLASSIFICATION即供应分类);把柴油机润滑油定为C系列(COMMERCIAL CLASSIFICATION即工商业分类)。新的API发动机润滑油使用性能分类法,是按照发动机性能强化程度和工作条件的苛刻程度来划分的,为了保证发动机润滑油的使用性能,以上两个系列的各级油品,其质量除应符合各自规定的理化性能要求外,还必须通过规定的发动机试验。API使用性能分类法是一种开端分类法,随着发动机和发动机润滑油生产技术的发展,将不断增加发动机润滑油的新级别。现行的API汽油机润滑油分类见表5-6,现行的API柴油机润滑油分类见表5-7。

API 汽油机润滑油的使用性能分类　表 5-6

API 级	质 量 水 平
SA	用于运行条件非常缓和的老式汽油机和柴油机。不含添加剂
SB	用于中等运行条件下的老式汽油机。加少量的抗氧剂,具有轻微的抗氧性和抗磨性
SC	用于 1964 ~ 1967 年生产的汽油机。具有清净性和防蚀性
SD	用于 1968 ~ 1971 年生产的汽油机。具有比 SC 级更好的清净性和防蚀性
SE	用于 1972 ~ 1979 年生产的汽油机。具有 SD 级更好的清净性和防蚀性,并具有高温抗氧化性
SF	用于 1980 ~ 1988 年生产的汽油机。具有比 SE 级更好的抗磨、防蚀、清净性和高温抗氧化性
SG	用于 1989 ~ 1993 年后生产的汽油机。具有比 SF 级更好的抗磨、防蚀和清净性
SH	用于 1994 年后生产的汽油机。具有比 SG 级更好的抗磨、清净性和高温抗氧化性
SJ	用于 1997 年后生产的汽油机。具有比 SH 级更好的清净性和高温抗氧化性,并具有更长的使用寿命

API 柴油机润滑油的使用性能分类　表 5-7

API 级	质 量 水 分
CA	用于燃料含硫量低的轻负荷柴油机。具有防止轴承腐蚀和高温沉积物的性能
CB	用于 1949 ~ 1960 年生产的燃料含硫量高的中等负荷、非增压的柴油机。在使用高硫含量燃料的情况下,具有防止轴承腐蚀和高温沉积物的性能
CC	用于 1961 年后生产的中、高负荷的增压柴油机和高负荷汽油机。对柴油机,具有防止高温沉积物的性能;对汽油机,具有防锈、抗腐和防止低温沉积物的性能
CD	用于高速、高功率的增压柴油机。具有优良的防止高温沉积物和抗腐蚀性能,且具有防止轴承腐蚀的性能
CE	用于 1983 年以后生产的增压重负荷柴油机。具有优良的防止高、低温沉积物、抗磨和防蚀性
CF—4	用于 1991 年后生产现代的重负荷增压柴油机,符合 1991 年的美国排放法规,具有优良的防止高温沉积物,抗磨和防轴承腐蚀性
CG—4	用于 1995 年后生产的使用低硫燃料的现代增压柴油机,符合 1994 年的美国排放法规,具有更好的防止高温沉积物和控制磨损的性能

(2)发动机润滑油 ILSAC 使用性能分类法。国际润滑油标准化和认可委员会(ILSAC)把汽油机润滑油分为 GF—1、GF—2 和 GF—3 三个规格。

(3)发动机润滑油 CCMC 和 ACEA 使用性能分类法。1983 年欧共体市场车辆制造委员会(CCMC)第一次公布汽油机润滑油 G1、G2、G3 规格,1989 年公布了汽油机润滑油 G4、G5 规格,1991 年修定了汽油机润滑油 G4、G5 规格。1992 年 CCMC 组织被新成立的欧洲汽车制造商协会(ACEA)所取代,1996 年 1 月开始执行 ACEA 的汽油机润滑油新规格标准 A1—96、A2—96、A3—96,1998 年 3 月公布了 A1—98、A2—96(2)和 A3—98。1983 年欧共体市场车辆制造委员会(CCMC)第一次公布柴油机润滑油 D1、D2、D3 规格和 PD1 轿车柴油机润滑油规格,1989 年 CCMC 公布了柴油机润滑油 D4、D5 规格和 PD2 轿车柴油机润滑油规格。1996 年 1 月,欧洲汽车制造商协会(ACEA)公布了小功率柴油轿车柴油机润滑油规格 B1—96、B2—96、B3—96,同时公布了大功率重负荷载货汽车柴油机润滑油规格 E1—96、E2—96、

E3—96。1998 年 3 月,ACEA 公布了 B1—98、B2—98、B3—98、B4—98 和 E1—96(2)、E2—96(2)、E3—96(2)、E4—98。

2. 发动机润滑油的黏度分类

世界上广泛采用美国汽车工程师学会(SAE)的发动机润滑油黏度分类法。

从 1911 年首次制定发动机润滑油 SAE 黏度分类以来,已经多次修订,目前执行的是 SAE J300—1987《发动机润滑油黏度分类》(见表 5-8)。本分类标准采用含字母 W 和不含字母 W 两组黏度系列,黏度等级号的划分,前者以最大低温黏度、最高边界泵送温度以及 100℃时的最小运动黏度划分,后者仅以 100℃时运动黏度划分。黏度等级以 6 个含 W 的低温黏度级号(0W、5W、10W、15W、20W、25W)和 5 个不含 W 的 100℃运动黏度级号(20、30、40、50、60)表示。

发动机润滑油 SAE 黏度分类 表 5-8

SAE 黏度等级	在相应温度下的最大黏度(Pa·s(cP),℃)	最高边界泵送温度(℃)	最大稳定倾点(℃)	100℃运动黏度(mm^2/s)	
				最小	最大
0W	3.25(3250),-30	-35		3.8	
5W	3.5(3500),-25	-30	-35	3.8	
10W	3.5(3500),-20	-25	-30	4.1	
15W	3.5(3500),-15	-20		5.6	
20W	4.5(4500),-10	-15		5.6	
25W	6.0(6000),-5	-10		9.3	
20				5.6	<9.3
30				9.3	<12.5
40				12.5	<16.3
50				16.3	<21.9
60				21.9	<26.1

按 SAE 黏度分类的发动机润滑油,还有单黏度级和多黏度级(稠化机油)之分。只能满足低温或高温一种黏度级要求的润滑油,为单黏度级润滑油。既能满足低温时的黏度级要求,又能满足高温时的黏度级要求的润滑油,叫做多黏度级润滑油。它由低温黏度级号与高温黏度级号组合来表示,例如 5W/30、15W/40 等。以 5W/30 为例,其含义是:这是一种多黏度级发动机润滑油。这种油在低温使用时符合 SAE5W 黏度级;在 100℃时运动黏度符合 SAE30 黏度级。

二、我国发动机润滑油的分类

1. 发动机润滑油的使用性能分类

GB/T 7631.3—1995《内燃机润滑油分类》非等效采用美国汽车工程师学会《发动机润滑油性能及发动机使用分类(SAE J183—1991)》制定。该标准规定了汽车用及其他固定式内燃机润滑油(汽油机润滑油和柴油机润滑油)的详细分类。不包括铁路内燃机车用柴油机润滑油和船用柴油机润滑油。

发动机润滑油详细分类是根据产品特性、使用场合和使用对象确定的。汽油机润滑油第一个字母用 S 表示,具体分类见表 5-9;柴油机润滑油第一个字母用 C 表示,具体分类见表 5-10。

汽油机润滑油的质量等级　　表 5-9

品种代号	特性和使用场合
SA(废除)	用于运行条件非常温和的老式发动机。该油品不含添加剂,对使用性能无特殊要求
SB(废除)	用于缓和条件下工作的货车、客车或其他汽油机,也可用于要求使用 API SB 级油的汽油机。仅具有抗擦伤、抗氧化和抗轴承腐蚀性能
SC(废除)	用于货车、客车或其他汽油机以及要求使用 API SB 级油的汽油机。可控制汽油机高低温沉积物、磨损、锈蚀和腐蚀
SD(废除)	用于货车、客车或其他汽油机以及要求使用 API SD、SC 级油的汽油机。该类油品控制汽油机高低温沉积物、磨损、锈蚀和腐蚀的性能优于 SC 级油,并可代替 SC 级油
SE	用于轿车或某些货车的汽油机以及要求使用 API SE、SD 级油的汽油机。该级油品的抗氧化性能和控制汽油机高温沉积物、锈蚀和腐蚀的性能优于 SD 级油,并可代替 SD 或 SC 级油
SF	用于轿车或某些货车的汽油机以及要求使用 API SF、SE 和 SD 级油的汽油机。该级油品的抗氧化性和抗磨性能优于 SE 级油,还具有控制汽油机沉积物、锈蚀和腐蚀的性能,并可代替 SE、SD 或 SC 级油
SG	用于轿车和某些货车的汽油机以及要求使用 API SG 级油的汽油机。SG 级油的质量还包括 CC(或 CD)级油的使用性能。该级油品改进了 SF 级油控制发动机沉积物、磨损和油品的氧化性能,并且有抗锈蚀和腐蚀的性能,并可代表 SF、SF/CD 或 SE/CC 级油
SH	用于轿车和轻型货车的汽油机以及要求使用 API SH 级油的汽油机。SH 级油质量在和油品的抗氧化性能方面优于 SG 级油,并可代替 SG 级油

柴油机润滑油的质量等级　　表 5-10

品种代号	特性和使用场合
CA(废除)	用于使用优质燃料、在轻到中负荷下运行的柴油机以及要求使用 API CA 级油的柴油机,有时也用于运行条件温和的汽油机。具有一定的高温清净性和抗氧抗腐性
CB(废除)	用于燃料质量较低、在轻到中负荷下运行的柴油机以及要求作用 API CB 级油的柴油机,有时也用于运行条件温和的汽油机。具有控制发动机沉积物和轴承腐蚀的性能
CC	用于在中到重负荷下运行,并包括一些重负荷汽油机。对于柴油机具有控制高温沉积物和轴承腐蚀的性能,对于汽油机具有控制锈蚀、腐蚀和高温沉积物的性能,并可代替 CA、CB 级油
CD	用于需要高效控制磨损和沉积物或使用包括高硫燃料非增压、低增压和增压式柴油机以及国外要求使用 API CD 级油的柴油机。具有控制轴承腐蚀和高温沉积物的性能,并可代替 CC 级油
CD—Ⅱ	用于要求高效控制磨损和沉积物的重负荷二冲程柴油机以及要求使用 API CD—Ⅱ级油的柴油机,同时也满足 CD 级油的性能要求
CE	用于在低速高负荷和高速高负荷条件下运行的低增压和增压式重负荷柴油机,以及要求使用 API CE 级油的柴油机,同时也满足 CD 级油的性能要求
CF—4	用于高速四冲程柴油机以及要求使用 API CF—4 级油的柴油机。在油耗和沉积物控制方面性能优于 CE 级油,该级油品特别适用于高速公路行驶的重负荷载货汽车

2. 发动机润滑油的黏度分类

GB/T 14906—1994《内燃机润滑油黏度分类》确定了发动机润滑油的黏度等级(表 5-11),它是参照美国汽车工程师学会 SAE J300《发动机润滑油黏度分类》制定的。该分类标准采用含字母 W 和不含 W 两组黏度等级系列，黏度等级号前者以最大低温黏度、最高边界泵送温度以及 100℃时最小运动黏度划分，后者仅以 100℃时运动黏度划分。

我国发动机润滑油的黏度分类（GB/T 14906—94）　表 5-11

黏度等级号	最大低温黏度		最高边界泵送温度（℃）	100℃运动黏度（mm^2/s）	
	（mPa·s）	（℃）		最小	最大
0W	3250	-30	-35	3.8	
5W	3500	-25	-30	3.8	
10W	3500	-20	-25	4.1	
15W	3500	-15	-20	5.6	
20W	4500	-10	-15	5.6	
25W	6000	-5	-10	9.3	
20				5.6	<9.3
30				9.3	<12.5
40				12.5	<16.3
50				16.3	<21.9
60				21.9	<26.1

黏度牌号也有单级油和多级油之分。

任何一个牛顿油可标为单级油。一些经黏度指数改进剂调配，具有多黏度等级的产品是非牛顿油，应标注适当的多黏度等级，即含 W 的低温黏度级和 100℃运动黏度级，并且两黏度级号之差至少等于 15。例如，一个多级油可标为 10W—30 或 20W—40，而不可标为 10W—20 或 20W—20。一个产品可能同时符合多个 W 级，所标记的含 W 级号或多黏度级号只取最低 W 级号。例如，一个多级油同时符合 10W、15W、20W、25W 和 30 级号，黏度牌号只能标为 10W—30。

发动机润滑油的命名和标记，应包括使用性能级别代号和黏度级别代号两部分。例如，一个特定的汽油机润滑油产品可命名为 SE30；一个特定柴油机润滑油产品可命名为 CC 10W—30；一个特定汽油机/柴油机通用油可命名为 SE/CC 15W—50。

第五节　我国发动机润滑油的规格

一、我国汽油机润滑油规格

GB 11121—2006《汽油机润滑油》包括 SE、SF、SG、SH、GF—1、SJ、GF—2、SL 和 GF—3 等 9 个汽油机润滑油品种。

对通用内燃机润滑油品种不作具体规定。通用内燃机润滑油可根据需要在标准所属汽油机润滑油品种和 GB 11122—2006《柴油机润滑油》所属 6 个柴油机润滑油品种中进行组合。任何一个通用内燃机润滑油都应同时满足其汽油机润滑油品种和柴油机润滑油品种的所有指标要求。

每个品种按 GB/T 14906 或 SAE J300 划分黏度等级。

汽油机润滑油产品标记为：质量等级　黏度等级　汽油机润滑油

例如:SF 10W—30 汽油机润滑油、SE 30 汽油机润滑油。

通用内燃机润滑油产品标记为:

汽油机润滑油质量等级/柴油机润滑油质量等级①	黏度等级	通用内燃机润滑油	或
柴油机润滑油质量等级/汽油机润滑油质量等级	黏度等级	通用内燃机润滑油	

例如:SJ/CF—4 5W—30 通用内燃机润滑油或 CF—4/SJ 5W—30 通用内燃机润滑油,前者表示其配方首先满足 SJ 汽油机润滑油要求,后者表示其配方首先满足 CF—4 柴油机润滑油要求,两者均需同时符合 SJ 汽油机润滑油和 CF—4 柴油机润滑油的全部质量指标。

汽油机润滑油产品的技术要求和试验方法见表 5-12 ~ 表 5-16。

汽油机润滑油黏温性能要求见表 5-12、表 5-13。

汽油机润滑油理化性能和模拟性能要求见表 5-14 和表 5-15。

汽油机润滑油发动机试验要求见表 5-16。

汽油机润滑油黏温性能要求(1)　　表 5-12

项目		低温动力黏度(mPa·s)不大于	边界泵送温度(℃)不大于	运动黏度(100℃)(mm^2/s)	黏度指数不小于	倾点(℃)不高于
试验方法		GB/T 6538	GB/T 9171	GB/T 265	GB/T 1995、GB/T 2541	GB/T 3535
质量等级	黏度等级	—	—	—	—	—
SE、SF	0W—20	3 250(−30℃)	−35	5.6 ~ <9.3	—	−40
	0W—30	3 250(−30℃)	−35	9.3 ~ <12.5	—	
	5W—20	3 500(−25℃)	−30	5.6 ~ <9.3	—	−35
	5W—30	3 500(−25℃)	−30	9.3 ~ <12.5	—	
	5W—40	3 500(−25℃)	−30	12.5 ~ <16.3	—	
	5W—50	3 500(−25℃)	−30	16.3 ~ <21.9	—	
	10W—30	3 500(−20℃)	−25	9.3 ~ <12.5	—	−30
	10W—40	3 500(−20℃)	−25	12.5 ~ <16.3	—	
	10W—50	3 500(−20℃)	−25	16.3 ~ <21.9	—	
	15W—30	3 500(−15℃)	−20	9.3 ~ <12.5	—	−23
	15W—40	3 500(−15℃)	−20	12.5 ~ <16.3	—	
	15W—50	3 500(−15℃)	−20	16.3 ~ <21.9	—	
	20W—40	4 500(−10℃)	−15	12.5 ~ <16.3	—	−18
	20W—50	4 500(−10℃)	−15	16.3 ~ <21.9	—	
	30	—	—	9.3 ~ <12.5	75	−15
	40	—	—	12.5 ~ <16.3	80	−10
	50	—	—	16.3 ~ <21.9	80	−5

注:汽油机润滑油和柴油机润滑油质量等级的先后排列由生产企业根据产品配方特点确定。

汽油机润滑油黏温性能要求(2) 表 5-13

项目		低温动力黏度(mPa·s)不大于	低温泵送黏度(mPa·s)在无屈服应力时,不大于	运动黏度(100℃)(mm²/s)	高温高剪切黏度(150℃,10⁶s⁻¹)(mPa·s)不小于	黏度指数不小于	倾点(℃)不高于
试验方法		GB/T 6538、ASTM D5293[③]	SH/T 0562	GB/T 265	SH/T 0618[④]、SH/T 0703、SH/T 0751	GB/T 1995、GB/T 2541	GB/T 3535
质量等级	黏度等级	—	—	—	—	—	
SG、SH、GF-1[①]、SJ、GF-2[②]、SL、GF-3	0W—20	6 200(-35℃)	60 000(-40℃)	5.6 ~ <9.3	2.6	—	-40
	0W—30	6 200(-35℃)	60 000(-40℃)	9.3 ~ <12.5	2.9	—	
	5W—20	6 600(-30℃)	60 000(-35℃)	5.6 ~ <9.3	2.6	—	-35
	5W—30	6 600(-30℃)	60 000(-35℃)	9.3 ~ <12.5	2.9	—	
	5W—40	6 600(-30℃)	60 000(-35℃)	12.5 ~ <16.3	2.9	—	
	5W—50	6 600(-30℃)	60 000(-35℃)	16.3 ~ <21.9	3.7	—	
	10W—30	7 000(-25℃)	60 000(-30℃)	9.3 ~ <12.5	2.9	—	-30
	10W—40	7 000(-25℃)	60 000(-30℃)	12.5 ~ <16.3	2.9	—	
	10W—50	7 000(-25℃)	60 000(-30℃)	16.3 ~ <21.9	3.7	—	
	15W—30	7 000(-20℃)	60 000(-20℃)	9.3 ~ <12.5	2.9	—	-25
	15W—40	7 000(-20℃)	60 000(-20℃)	12.5 ~ <16.3	3.7	—	
	15W—50	7 000(-20℃)	60 000(-20℃)	16.3 ~ <21.9	3.7	—	
	20W—40	9 500(-15℃)	60 000(-20℃)	12.5 ~ <16.3	3.7	—	-20
	20W—50	9 500(-15℃)	60 000(-20℃)	16.3 ~ <21.9	3.7	—	
	30	—	—	9.3 ~ <12.5	—	75	-15
	40	—	—	12.5 ~ <16.3	—	80	-10
	50	—	—	16.3 ~ <21.9	—	80	-5

注:①10W 黏度等级的低温动力黏度和低温泵送黏度的试验温度均升高 5℃,指标分别为:不大于 3 500mPa·s 和 30 000mPa·s。

②10W 黏度等级的低温动力黏度的试验温度升高 5℃,指标为:不大于 3 500mPa·s。

③GB/T 6538—2000 正在修订中,在新标准正式发布前 0W 黏度润滑油使用 ASTM D5293:2004 方法测定。

④仲裁方法。

汽油机润滑油模拟性能和理化性能要求 表 5-14

项目		质量指标								试验方法
		SE	SF	SG	SH	GF—1	SJ	GF—2	SL、GF—3	
水分(体积分数)/% 不大于		痕迹								GB/T 260
泡沫性(泡沫倾向/泡沫稳定性)/(mL/mL)										
24℃	不大于	25/0		10/0			10/0		10/0	GB/T 12579[①]
93.5℃	不大于	150/0		50/0			50/0		50/0	
后 24℃	不大于	25/0		10/0			10/0		10/0	
150℃	不大于	—		报告			200/50		100/0	SH/T 0722[②]

续上表

项　目	质量指标								试验方法
	SE	SF	SG	SH	GF—1	SJ	GF—2	SL、GF—3	
蒸发损失③(质量分数)(%)不大于		5W—30	10W—30 15W—40		0W和5W　所有其他多级油	0W—20、5W—20、5W—30、10W—30　所有其他多级油			
诺亚克法(250℃,1h)或	—	25	20	18	25　20	22　20	22	15	SH/T 0059
气相色谱法(371℃馏出量)									
方法1	—	20	17	15	20　17	—　—	—	—	SH/T 0558
方法2	—	—	—	—	—　—	17　15	17	—	SH/T 0695
方法3	—	—	—	—	—　—	17　15	17	10	ASTM D6417
过滤性/%　不大于			5W—30 15W—40 10W—30						
EOFT流量减少	—		50	无要求	50	50	50	50	ASTM D6795
EOWTT流量减少									
用0.6% H_2O	—		—		—	报告	—	50	ASTM D6794
用1.0% H_2O	—		—		—	报告	—	50	
用2.0% H_2O	—		—		—	报告	—	50	
用3.0% H_2O	—		—		—	报告	—	50	
均匀性和混合性	—		与SAE参比油混合均匀						ASTM D6922
高温沉积物(mg)　不大于									
TEOST	—		—		—	60	60	—	SH/T 0750
TEOST MHT	—		—		—	—	—	45	ASTM D7097
凝胶指数　不大于	—		—		—	12　无要求	12④	12④	SH/T 0732
机械杂质(质量分数)(%)不大于	0.01								GB/T 511
闪点(开口)(℃)(黏度等级)　不低于	200(0W、5W多级油);205(10W多级油);215(5W、20W多级油);220(30);225(40);230(50)								GB/T 3536
磷(质量分数)(%)　不大于	见表5-14		0.12⑤		0.12	0.10⑥	0.10	0.10⑦	GB/T 17476⑧ SH/T 0296 SH/T 0631 SH/T 0749

注:①对于SG、SH、GF—1、SJ、GF—2、SL和GF—3,需首先进行步骤A试验。

②为1min后测定稳定体积。对于SL和GF—3可根据需要确定是否首先进行步骤A试验。

③对于SF、SG和SH,除规定了指标的5W/30、10W/30和15W/40之外的所有其他多级油均为"报告"。

④对于GF—2和GF—3,凝胶指数试验是从-5℃开始降温直到黏度达到40 000mPa·s(40 000cP)时的温度或温度达到-40℃时试验结束,任何一个结果先出现即视为试验结束。

⑤仅适用于5W—30和10W—30黏度等级。

⑥仅适用于0W—20、5W—20、5W—30和10W—30黏度等级。

⑦仅适用于0W—20、5W—20、0W—30、5W—30和10W—30黏度等级。

⑧仲裁方法。

汽油机润滑油理化性能要求 表 5-15

项　目	质量指标		试验方法
	SE、SF	SG、SH、GF—1、SJ、GF—2、SL、GF—3	
碱值①(以 KOH 计)mg/g	报告		SH/T 0251
硫酸盐灰分①(质量分数)(%)	报告		GB/T 2433
硫①(质量分数)(%)	报告		GB/T 387、GB/T 388、GB/T 11140、GB/T 17040、GB/T 17476、SH/T 0172、SH/T 0631、SH/T 0749
磷①(质量分数)(%)	报告	见表 5-13	GB/T 17476、SH/T 0296、SH/T 0631、SH/T 0749
氮①(质量分数)(%)	报告		GB/T 9170、SH/T 0656 SH/T 0704

注:①生产者在每批产品出厂时要向使用者或经销者报告该项目的实测值,有争议时以发动机台架试验结果为准。

汽油机润滑油发动机试验要求 表 5-16

质量等级	项　目		质量指标	试验方法
SE	L—38 发动机试验			SH/T 0265
	轴瓦失重①(mg)	不大于	40	
	剪切安定性②			SH/T 0265
	100℃运动黏度(mm²/s)		在本等级油黏度范围之内(适用于多级油)	GB/T 265
	程序ⅡD 发动机试验			SH/T 0512
	发动机锈蚀平均评分	不小于	8.5	
	挺杆黏结数		无	
	程序ⅢD 发动机试验			SH/T 0513
	黏度增长(40℃,40 h)(%)	不大于	375	SH/T 0783
	发动机平均评分(64 h)			
	发动机润滑油泥平均评分	不小于	9.2	
	活塞裙部漆膜平均评分	不小于	9.1	
	油环台沉积物平均评分	不小于	4.0	
	环黏结		无	
	挺杆黏结		无	
	擦伤和磨损(64 h)			
	凸轮或挺杆擦伤		无	
	凸轮加挺杆磨损(mm)			
	平均值	不大于	0.102	
	最大值	不大于	0.254	
	程序ⅤD 发动机试验			SH/T 0514
	发动机润滑油泥平均评分	不小于	9.2	SH/T 0672
	活塞裙部漆膜平均评分	不小于	6.4	
	发动机漆膜平均评分	不小于	6.3	
	机油滤网堵塞(%)	不大于	10.0	
	油环堵塞(%)	不大于	10.0	
	压缩环黏结		无	
	凸轮磨损(mm)			
	平均值		报告	
	最大值		报告	

续上表

质量等级	项　　目		质 量 指 标	试 验 方 法
SF	L—38 发动机试验			SH/T 0265
	轴瓦失重①(mg)	不大于	40	
	剪切安定性②			SH/T 0265
	100℃运动黏度(mm^2/s)		在本等级油黏度范围之内	
			(适用于多级油)	GB/T 265
	程序ⅡD 发动机试验			SH/T 0512
	发动机锈蚀平均评分	不小于	8.5	
	挺杆黏结数		无	
	程序ⅢD 发动机试验(64 h)			SH/T 0513
	黏度增长(40℃)(%)	不大于	375	SH/T 0783
	发动机平均评分			
	发动机润滑油泥平均评分	不小于	9.2	
	活塞裙部漆膜平均评分	不小于	9.2	
	油环台沉积物平均评分	不小于	4.8	
	环黏结		无	
	挺杆黏结		无	
	擦伤和磨损			
	凸轮或挺杆擦伤		无	
	凸轮加挺杆磨损(mm)			
	平均值	不大于	0.102	
	最大值	不大于	0.203	
	程序ⅤD 发动机试验			SH/T 0514
	发动机润滑油泥平均评分	不小于	9.4	SH/T 0672
	活塞裙部漆膜平均评分	不小于	6.7	
	发动机漆膜平均评分	不小于	6.6	
	机油滤网堵塞(%)	不大于	7.5	
	油环堵塞(%)	不大于	10.0	
	压缩环黏结		无	
	凸轮磨损(mm)			
	平均值	不大于	0.025	
	最大值	不大于	0.064	
SG	L—38 发动机试验			SH/T 0265
	轴瓦失重(mg)	不大于	40	
	活塞裙部漆膜平均评分	不小于	9.0	
	剪切安定性、运转 10 h 后的运动黏度		在本等级油黏度范围之内	SH/T 0265
			(适用于多级油)	GB/T 265

续上表

质量等级	项　目		质 量 指 标	试 验 方 法
SG	程序ⅡD发动机试验			SH/T 0512
	发动机锈蚀平均评分	不小于	8.5	
	挺杆黏结数		无	
	程序ⅢE发动机试验			SH/T 0758
	黏度增长(40℃,375%)(h)	不小于	64	
	发动机润滑油泥平均评分	不小于	9.2	
	活塞裙部漆膜平均评分	不小于	8.9	
	油环台沉积物平均评分	不小于	3.5	
	环黏结(与油相关)		无	
	挺杆黏结		无	
	擦伤和磨损(64 h)			
	凸轮或挺杆擦伤		无	
	凸轮加挺杆磨损(mm)			
	平均值	不大于	0.030	
	最大值	不大于	0.064	
	程序ⅤE发动机试验			SH/T 0759
	发动机润滑油泥平均评分	不小于	9.0	
	摇臂罩油泥平均评分	不小于	7.0	
	活塞裙部漆膜平均评分	不小于	6.5	
	发动机漆膜平均评分	不小于	5.0	
	机油滤网堵塞(%)	不大于	20.0	
	油环堵塞(%)		报告	
	压缩环黏结(热黏结)		无	
	凸轮磨损(mm)			
	平均值	不大于	0.130	
	最大值	不大于	0.380	
SH	L—38发动机试验			SH/T 0265
	轴瓦失重(mg)	不大于	40	
	剪切安定性、运转10h后的运动黏度		在本等级油黏度范围之内	SH/T 0265
			(适用于多级油)	GB/T 265
	或			
	程序Ⅷ发动机试验			ASTM D6709
	轴瓦失重(mg)	不大于	26.4	
	剪切安定性、运转10h后的运动黏度		在本等级油黏度范围之内	
			(适用于多级油)	

续上表

质量等级	项 目		质量指标	试验方法
	程序ⅡD发动机试验			SH/T 0512
	发动机锈蚀平均评分	不小于	8.5	
	挺杆黏结数		无	
	或			
	球锈蚀试验			SH/T 0763
	平均灰度值(分)	不小于	100	
	程序ⅢE发动机试验			SH/T 0758
	黏度增长(40℃,375%)(h)	不小于	64	
	发动机润滑油泥平均评分	不小于	9.2	
	活塞裙部漆膜平均评分	不小于	8.9	
	油环台沉积物平均评分	不小于	3.5	
	环黏结(与油相关)		无	
	挺杆黏结		无	
	擦伤和磨损(64 h)			
	凸轮或挺杆擦伤		无	
	凸轮加挺杆磨损(mm)			
	平均值	不大于	0.030	
	最大值	不大于	0.064	
SH	或			
	程序ⅢF发动机试验			ASTM D6984
	运动黏度增长(40℃,60 h)(%)	不大于	325	
	活塞裙部漆膜平均评分	不小于	8.5	
	活塞沉积物评分	不小于	3.2	
	凸轮加挺杆磨损(mm)	不大于	0.020	
	热黏环		无	
	程序ⅤE发动机试验			SH/T 0759
	发动机润滑油泥平均评分	不小于	9.0	
	摇臂罩油泥平均评分	不小于	7.0	
	活塞裙部漆膜平均评分	不小于	6.5	
	发动机漆膜平均评分	不小于	5.0	
	机油滤网堵塞(%)	不大于	20.0	
	油环堵塞(%)		报告	
	压缩环黏结(热黏结)		无	
	凸轮磨损(mm)			
	平均值	不大于	0.127	
	最大值	不大于	0.380	
	或			

续上表

质量等级	项　　目		质量指标	试验方法
SH	程序ⅣA 阀系磨损试验			ASTM D6891
	平均凸轮磨损(mm)	不大于	0.120	
	加:程序ⅤG 发动机试验			ASTM D6593
	发动机润滑油泥平均评分	不小于	7.8	
	摇臂罩油泥平均评分	不小于	8.0	
	活塞裙部漆膜平均评分	不小于	7.5	
	发动机漆膜平均评分	不小于	8.9	
	机油滤网堵塞(%)	不大于	20.0	
	压缩环黏结(热黏结)		无	
GF—1	L—38 发动机试验			SH/T 0265
	轴瓦失重(mg)	不大于	40	
	活塞裙部漆膜平均评分	不小于	9.0	
	剪切安定性、运转 10h 后的运动黏度		在本等级油黏度范围之内 (适用于多级油)	SH/T 0265 GB/T 265
	程序ⅡD 发动机试验			SH/T 0512
	发动机锈蚀平均评分	不小于	8.5	
	挺杆黏结数		无	
	程序ⅢE 发动机试验			SH/T 0758
	黏度增长(40℃,64 h)(%)	不大于	375	
	发动机润滑油泥平均评分	不小于	9.2	
	活塞裙部漆膜平均评分	不小于	8.9	
	油环台沉积物平均评分	不小于	3.5	
	环黏结(与油相关)		无	
	挺杆黏结		无	
	擦伤和磨损			
	凸轮或挺杆擦伤		无	
	凸轮加挺杆磨损(mm)			
	平均值	不大于	0.030	
	最大值	不大于	0.064	
	油耗(L)	不大于	5.1	
	程序ⅤE 发动机试验			SH/T 0759
	发动机润滑油泥平均评分	不小于	9.0	
	摇臂罩油泥平均评分	不小于	7.0	
	活塞裙部漆膜平均评分	不小于	6.5	
	发动机漆膜平均评分	不小于	5.0	
	机油滤网堵塞(%)	不大于	20.0	
	油环堵塞(%)		报告	

续上表

质量等级	项　　目	质量指标	试验方法
GF—1	压缩环黏结(热黏结)	无	
	凸轮磨损(mm)		
	平均值　不大于	0.130	
	最大值　不大于	0.380	
	程序Ⅵ发动机试验		SH/T 0757
	燃料经济性改进评价(%)　不小于	2.7	
SJ	L-38 发动机试验		SH/T 0265
	轴瓦失重(mg)　不大于	40	
	剪切安定性、运转10h后的运动黏度	在本等级油黏度范围之内（适用于多级油）	SH/T 0265 GB/T 265
	或		
	程序Ⅷ发动机试验		ASTM D6709
	轴瓦失重(mg)　不大于	26.4	
	剪切安定性、运转10h后的运动黏度	在本等级油黏度范围之内（适用于多级油）	
	程序ⅡD发动机试验		SH/T 0512
	发动机锈蚀平均评分　不小于	8.5	
	挺杆黏结数	无	
	或		
	球锈蚀试验		SH/T 0763
	平均灰度值/分　不小于	100	
	程序ⅢE发动机试验		SH/T 0758
	黏度增长(40℃,375%)(h)　不小于	64	
	发动机润滑油泥平均评分　不小于	9.2	
	活塞裙部漆膜平均评分　不小于	8.9	
	油环台沉积物平均评分　不小于	3.5	
	环黏结(与油相关)	无	
	挺杆黏结	无	
	擦伤和磨损(64 h)		
	凸轮或挺杆擦伤	无	
	凸轮加挺杆磨损(mm)		
	平均值　不大于	0.030	
	最大值　不大于	0.064	
	或		
	程序ⅢF发动机试验		ASTM D06984
	运动黏度增长(40℃,60 h)(%)　不大于	325	
	活塞裙部漆膜平均评分　不小于	8.5	

续上表

质量等级	项目		质量指标	试验方法
SJ	活塞沉积物平均评分	不小于	3.2	
	凸轮加挺杆磨损(mm)	不大于	0.0[illegible]	
	热黏环		无	
	程序ⅤE 发动机试验			SH/T 0759
	发动机润滑油泥平均评分	不小于	9.0	
	摇臂罩油泥平均评分	不小于	7.0	
	活塞裙部漆膜平均评分	不小于	6.5	
	发动机漆膜平均评分	不小于	5.0	
	机油滤网堵塞(%)	不大于	20.0	
	油环堵塞(%)		报告	
	压缩环黏结(热黏结)		无	
	凸轮磨损(mm)			
	平均值	不大于	0.127	
	最大值	不大于	0.380	
	或			
	程序ⅣA 阀系磨损试验			ASTM D6891
	平均凸轮磨损(mm)	不大于	0.120	
	加			
	程序ⅤG 发动机试验			ASTM D6593
	发动机润滑油泥平均评分	不小于	7.8	
	摇臂罩油泥平均评分	不小于	8.0	
	活塞裙部漆膜平均评分	不小于	7.5	
	发动机漆膜平均评分	不小于	8.9	
	机油滤网堵塞(%)	不大于	20.0	
	压缩环热黏结		无	
GF—2	L—38 发动机试验			SH/T 0265
	轴瓦失重(mg)	不大于	40	
	剪切安定性、运转 10 h 后的运动黏度		在本等级油黏度范围之内 (适用于多级油)	SH/T 0265 GB/T 265
	程序ⅡD 发动机试验			SH/T 0512
	发动机锈蚀平均评分	不小于	8.5	
	挺杆黏结数		无	
	程序ⅢE 发动机试验			SH/T 0578
	黏度增长(40℃,375%)(h)	不小于	6.4	
	发动机润滑油泥平均评分	不小于	9.2	
	活塞裙部漆膜平均评分	不小于	8.9	
	油环台沉积物平均评分	不小于	3.5	

续上表

质量等级	项　目	质量指标	试验方法
GF—2	环黏结(与油相关)	无	
	凸轮加挺杆磨损(mm)		
	平均值　不大于	0.030	
	最大值　不大于	0.064	
	油耗(L)　不大于	5.1	
	程序ⅤE 发动机试验		SH/T 0759
	发动机润滑油泥平均评分　不小于	9.0	
	摇臂罩油泥平均评分　不小于	7.0	
	活塞裙部漆膜平均评分　不小于	6.5	
	发动机漆膜平均评分　不小于	5.0	
	机油滤网堵塞(%)　不大于	20.0	
	油环堵塞(%)	报告	
	压缩环黏结(热黏结)	无	
	凸轮磨损(mm)		
	平均值　不大于	0.130	
	最大值　不大于	0.380	
	活塞内腔顶部沉积物	报告	
	环台沉积物	报告	
	汽缸筒磨损	报告	
	程序ⅥA 发动机试验		ASTM D6202
	燃料经济性改进评价(%)　不小于		
	0W—20 和 5W—20	1.4	
	其他 0W—××和 5W—××	1.1	
	10W—××	0.5	
SL	程序Ⅷ发动机试验		ASTM D6709
	轴瓦失重(mg)　不大于	26.4	
	剪切安定性、运转 10 h 后的运动黏度	在本等级油黏度范围之内（适用于多级油）	
	球锈蚀试验		SH/T 0763
	平均灰度值(分)　不小于	100	
	程序ⅢF 发动机试验		ASTM D6984
	运动黏度增长(40℃,80h)(%)　不大于	275	
	活塞裙部漆膜平均评分　不小于	9.0	
	活塞沉积物平均评分　不小于	4.0	
	凸轮加挺杆磨损(mm)　不大于	0.020	
	热黏环	无	
	低温黏度性能[③]	报告	GB/T 6538 SH/T 0526

续上表

质量等级	项　目		质量指标	试验方法
SL	程序ⅤE 发动机试验			SH/T 0759
	平均凸轮磨损(mm)	不大于	0.127	
	最大凸轮磨损(mm)	不大于	0.380	
	程序ⅣA 阀系磨损试验			ASTM D6891
	平均凸轮磨损(mm)	不大于	0.120	
	程序ⅤG 发动机试验			ASTM D6593
	发动机润滑油泥平均评分	不小于	7.8	
	摇臂罩油泥平均评分	不小于	8.0	
	活塞裙部漆膜平均评分	不小于	7.5	
	发动机漆膜平均评分	不小于	8.9	
	机油滤网堵塞(%)	不大于	20.0	
	压缩环热黏结		无	
	环的冷黏结		报告	
	机油滤网残渣(%)		报告	
	油环堵塞(%)		报告	
GF—3	程序Ⅷ发动机试验			ASTM D6709
	轴瓦失重(mg)	不大于	26.4	
	剪切安定性、运转 10 h 后的运动黏度		在本等级油黏度范围之内（适用于多级油）	
	球锈蚀试验			SH/T 0763
	平均灰度值(分)	不小于	100	
	程序ⅢF 发动机试验			ASTM D6984
	运动黏度增长(40℃,80 h)(%)	不大于	275	
	活塞裙部漆膜平均评分	不小于	9.0	
	活塞沉积物平均评分	不小于	4.0	
	凸轮加挺杆磨损(mm)	不大于	0.020	
	热黏环		不允许	
	油耗(L)	不大于	5.2	
	低温黏度性能③		报告	GB/T 6538 SH/T 0562
	程序ⅤE 发动机试验			SH/T 0759
	平均凸轮磨损(mm)	不大于	0.127	
	最大凸轮磨损(mm)	不大于	0.380	
	程序ⅣA 阀系磨损试验			ASTM D6891
	平均凸轮磨损(mm)	不大于	0.120	
	程序ⅤG 发动机试验			ASTM D6593
	发动机润滑油泥平均评分	不小于	7.8	

续上表

质量等级	项　目		质量指标			试验方法
GF—3	摇臂罩油泥评分	不小于	8.0			
	活塞裙部漆膜平均评分	不小于	7.5			
	发动机漆膜平均评分	不小于	8.9			
	机油滤网堵塞(%)	不大于	20.0			
	压缩环热黏结		无			
	环的冷黏结		报告			
	机油滤网残渣(%)		报告			
	油环堵塞(%)		报告			
	程序ⅥB 发动机试验		0W—20 5W—20	0W—30 5W—30	10W—30 和其他多级油	ASTM D6837
	16h 老化后燃料经济性改进评价,FEI 1(%)	不小于	2.0	1.6	0.9	
	96h 老化后燃料经济性改进评价,FEI 2(%)	不小于	1.7	1.3	0.6	
	FEI 1 + FEI 2(%)	不小于	—	3.0	1.6	

注:1. 对于一个确定的汽油机配方,不可随意更换基础油,也不可随意进行黏度等级的延伸。在基础油必须变更时,应按照 API 1509 附录 E“轿车发动机润滑油和柴油机润滑油 API 基础油互换准则”进行相关的试验并保留试验结果备查;在进行黏度等级延伸时,应按照 API 1509 附录 F“SAE 黏度等级发动机试验的 API 导则”进行相关的试验并保留试验结果备查。

2. 发动机台架试验的相关说明参见 ASTM D4485“S 发动机润滑油类别”中的脚注。

①亦可用 SH/T 0264 方法评定,指标为轴瓦失重不大于 25mg。

②按 SH/T 0265 方法运转 10h 后取样,采用 GB/T 265 方法测定 100℃运动黏度,在用 SH/T 0264 方法评定轴瓦腐蚀时,剪切安定性用 SH/T 0505 方法测定,指标不变。如有争议以 SH/T 0265 和 GB/T 265 方法为准。

③根据油品低温等级所指定的温度,使用试验方法 GB/T 6538 和 SH/T 0562 测定 80h 试验后的油样。

二、我国柴油机润滑油规格

GB 11122—2006《柴油机润滑油》包括 CC、CD、CF、CF—4、CH—4 和 CI—4 等 6 个柴油品种。

对通用内燃机润滑油品种不作具体规定。通用内燃机润滑油可根据需要在标准所属 6 个柴油机润滑油品种和 GB 11121 所属 9 个汽油机润滑油品种中进行组合。任何一个通用内燃机润滑油都应同时满足其汽油机润滑油品种和柴油机润滑油品种的所有指标要求。

每个品种按 GB/T 14906 或 SAE J300 划分黏度等级。

柴油机润滑油产品标记为: [质量等级] [黏度等级] [柴油机润滑油]

例如:CD 10W—30 柴油机润滑油、CC 30 柴油机润滑油。

通用内燃机润滑油产品标记为:

[汽油机润滑油质量等级/柴油机润滑油质量等级] [黏度等级] [通用内燃机润滑油] 或

[柴油机润滑油质量等级/汽油机润滑油质量等级] [黏度等级] [通用内燃机润滑油]

例如:SJ/CF—4 5W—30 通用内燃机润滑油或 CF—4/SJ 5W—30 通用内燃机润滑油,前者表示其配方首先满足 SJ 汽油机润滑油要求,后者表示其配方首先满足 CF—4 柴油机润滑油要求,两者均需同时符合本标准中 CF—4 柴油机润滑油和 GB 11121 中 SJ 汽油机润滑油的全部质量指标。

注:汽油机润滑油或柴油机润滑油质量等级的先后排列由生产企业根据产品配方特点确定。

柴油机润滑油产品的技术要求和试验方法见表 5-17 ~ 表 21。

柴油机润滑油黏温性能要求见表 5-17 和表 5-18。

柴油机润滑油理化性能和模拟性能要求见表 5-19 和表 5-20。

柴油机润滑油使用性能要求见表 5-21。

柴油机润滑油黏温性能要求(1) 表 5-17

项目		低温动力黏度(mPa·s)不大于	边界泵送温度(℃)不高于	运动黏度(100℃)/(mm²/s)	高温高剪切黏度(150℃,$10^6 s^{-1}$)(mPa·s)不小于	黏度指数不小于	倾点(℃)不高于
试验方法		GB/T 6538	GB/T 9171	GB/T 265	SH/T 0618② SH/T 0703、 SH/T 0751	GB/T 1995 GB/T 2541	GB/T 3535
质量等级	黏度等级	—	—	—	—	—	—
CC①、CD	0W—20	3 250(-30℃)	-35	5.6 ~ <9.3	2.6	—	-40
	0W—30	3 250(-30℃)	-35	9.3 ~ <12.5	2.9	—	
	0W—40	3 250(-30℃)	-35	12.5 ~ <16.3	2.9	—	
	5W—20	3 500(-25℃)	-30	5.6 ~ <9.3	2.6	—	-35
	5W—30	3 500(-25℃)	-30	9.3 ~ <12.5	2.9	—	
	5W—40	3 500(-25℃)	-30	12.5 ~ <16.3	2.9	—	
	5W—50	3 500(-25℃)	-30	16.3 ~ <21.9	3.7	—	
	10W—30	3 500(-20℃)	-25	9.3 ~ <12.5	2.9	—	-30
	10W—40	3 500(-20℃)	-25	12.5 ~ <16.3	2.9	—	
	10W—50	3 500(-20℃)	-25	16.3 ~ <21.9	3.7	—	
	15W—30	3 500(-15℃)	-20	9.3 ~ <12.5	2.9	—	-23
	15W—40	3 500(-15℃)	-20	12.5 ~ <16.3	3.7	—	
	15W—50	3 500(-15℃)	-20	16.3 ~ <21.9	3.7	—	
	20W—40	4 500(-10℃)	-15	12.5 ~ <16.3	3.7	—	-18
	20W—50	4 500(-10℃)	-15	16.3 ~ <21.9	3.7	—	
	20W—60	4 500(-10℃)	-15	21.9 ~ <26.1	3.7	—	
	30	—	—	9.3 ~ <12.5	—	75	-15
	40	—	—	12.5 ~ <16.3	—	80	-10
	50	—	—	16.3 ~ <21.9	—	80	-5
	60	—	—	21.9 ~ <26.1	—	80	-5

注:①CC 不要求测定高温高剪切黏度。

②仲裁方法。

柴油机润滑油黏温性能要求(2) 　　表 5-18

项目		低温动力黏度(mPa·s)不大于	低温泵送黏度(mPa·s)在无屈服应力时，不大于	运动黏度(100℃)/(mm²/s)	高温高剪切黏度(150℃,10^6s^{-1})/(mPa·s)不小于	黏度指数不小于	倾点(℃)不高于
试验方法		GB/T 6538、ASTM D5293②	SH/T 0562	GB/T 265	SH/T 0618③、SH/T 0703、SH/T 0751	GB/T 1995、GB/T 2541	GB/T 3535
质量等级	黏度等级	—	—	—	—	—	—
CF、GF—4、CH—4、CI—4①	0W—20	6 200(-35℃)	60 000(-40℃)	5.6 ~ <9.3	2.6	—	-40
	0W—30	6 200(-35℃)	60 000(-40℃)	9.3 ~ <12.5	2.9	—	
	0W—40	6 200(-35℃)	60 000(-40℃)	12.5 ~ <16.3	2.9	—	
	5W—20	6 600(-30℃)	60 000(-35℃)	5.6 ~ <9.3	2.6	—	-35
	5W—30	6 600(-30℃)	60 000(-35℃)	9.3 ~ <12.5	2.9	—	
	5W—40	6 600(-30℃)	60 000(-35℃)	12.5 ~ <16.3	2.9	—	
	5W—50	6 600(-30℃)	60 000(-35℃)	16.3 ~ <21.9	3.7	—	
	10W—30	7 000(-25℃)	60 000(-30℃)	9.3 ~ <12.5	2.9	—	-30
	10W—40	7 000(-25℃)	60 000(-30℃)	12.5 ~ <16.3	2.9	—	
	10W—50	7 000(-25℃)	60 000(-30℃)	16.3 ~ <21.9	3.7	—	
	15W—30	7 000(-20℃)	60 000(-25℃)	9.3 ~ <12.5	2.9	—	-25
	15W—40	7 000(-20℃)	60 000(-25℃)	12.5 ~ <16.3	3.7	—	
	15W—50	7 000(-20℃)	60 000(-25℃)	16.3 ~ <21.9	3.7	—	
	20W—40	9 500(-15℃)	60 000(-20℃)	12.5 ~ <16.3	3.7	—	-20
	20W—50	9 500(-15℃)	60 000(-20℃)	16.3 ~ <21.9	3.7	—	
	20W—60	9 500(-15℃)	60 000(-20℃)	21.9 ~ <26.1	3.7	—	
	30	—	—	9.3 ~ <12.5	—	75	-15
	40	—	—	12.5 ~ <16.3	—	80	-10
	50	—	—	16.3 ~ <21.9	—	80	-5
	60	—	—	21.9 ~ <26.1	—	80	-5

注：①CI—4 所有黏度等级的高温高剪切黏度均为不小于 3.5mPa·s，但当 SAE J300 指标高于 3.5mPa·s 时，允许以 SAE J300 为准。

②GB/T 6538—2000 正在修订中，在新标准正式发布之前 0W 油使用 ASTM D5293:2004 方法测定。

③仲裁方法。

柴油机润滑油理化性能要求(1) 　　表 5-19

项目		质量指标				试验方法
		CC CD	CF CF—4	CH—4	CI—4	
水分(体积分数)/%	不大于	痕迹	痕迹	痕迹	痕迹	GB/T 260
起泡性(泡沫倾向/泡沫稳定性)/(mL/mL)						GB/T 12579①
24℃	不大于	25/0	20/0	10/0	10/0	
93.5℃	不大于	150/0	50/0	20/0	20/0	
后 24℃	不大于	25/0	20/0	10/0	10/0	

续上表

项目		质量指标					试验方法
		CC CD	CF CF—4	CH—4		CI—4	
				10W—30	15W—40		
蒸发损失(质量分数)(%)	不大于						
诺亚克法(250℃,1h)或		—	—	20	18	15	SH/T 0059
气相色谱法(371℃馏出量)		—	—	17	15	—	ASTM D6417
机械杂质(质量分数)(%)	不大于	0.01					GB/T 511
闪点(开口)(℃)(黏度等级)	不低于	200(0W、5W 多级油); 205(10W 多级油); 215(15W、20W 多级油); 220(30); 225(40); 230(50); 240(60)					GB/T 3536

注:①CH—4、CI—4 不允许使用步骤 A。

柴油机润滑油理化性能要求(2) 表 5-20

项目	质量指标	试验方法
	CC、CD、CF、CF—4、CH—4、CI—4	
碱值(以 KOH 计)①/(mg/g)	报告	SH/T 0251
酸碱盐灰分①(质量分数)(%)	报告	GB/T 2433
硫①(质量分数)(%)	报告	GB/T 387、GB/T388、 GB/T 11140、GB/T 17040、GB/T 17476、 SH/T 0172、SH/T 0631、SH/T 0749
磷①(质量分数)(%)	报告	GB/T 17476、SH/T 0296、 SH/T 0631、SH/T 0749
氮①(质量分数)(%)	报告	GB/T 9170、SH/T 0656 SH/T 0704

注:①生产者在每批产品出厂时要向使用者或经销者报告该项目的实测值,有争议时以发动机台架试验结果为准。

柴油机润滑油使用性能要求 表 5-21

品种代号	项目		质量指标	试验方法
CC	L—38 发动机试验			SH/T 0265
	轴瓦失重①(mg)	不大于	50	
	活塞裙部漆膜评分	不小于	9.0	
	剪切安定性②		在本等级油黏度范围之内	SH/T 0265
	100℃运动黏度/(mm²/s)		(适用于多级油)	GB/T 265
	高温清净性和抗磨试验(开特皮勒 1H2 法):			GB/T 9932
	顶环槽积炭填充体积(体积分数)(%)			
		不大于	45	
	总缺点加权评分	不大于	140	
	活塞环侧间隙损失(mm)	不大于	0.013	

续上表

品种代号	项目	质量指标	试验方法
CD	L—38 发动机试验		SH/T 0265
	轴瓦失重①(mg) 不大于	50	
	活塞裙部漆膜评分 不小于	9.0	
	剪切安定性②	在本等级油黏度范围之内	SH/T 0265
	100℃运动黏度/(mm²/s)	(适用于多级油)	GB/T 265
	高温清净性和抗磨试验(开特皮勒 1G2 法):		GB/T 9933
	顶环槽积炭填充体积(体积分数)(%)不大于	80	
	总缺点加权评分 不大于	300	
	活塞环侧间隙损失(mm) 不大于	0.013	
CF	L—38 发动机试验	一次试验 二次试验平均 三次试验平均③	SH/T 0265
	轴瓦失重(mg) 不大于	43.7 48.1 50.0	
	剪切安定性	在本等级油黏度范围之内	SH/T 0265
	100℃运动黏度/(mm²/s)或	(适用于多级油)	GB/T 265
	程序Ⅷ发动机试验		ASTM D6709
	轴瓦失重(mg) 不大于	29.3 31.9 33.0	
	剪切安定性	在本等级油黏度范围之内	
	100℃运动黏度/(mm²/s)	(适用于多级油)	
	开特皮勒 1M－PC 试验	二次试验平均 三次试验平均 四次试验平均	ASTM D6618
	总缺点加权评分(WTD) 不大于	240 MTAC④ MTAC	
	顶环槽充炭率(体积分数)(TGF)(%)不大于	70⑤	
	环侧间隙损失(mm) 不大于	0.013	
	活塞环黏结	无	
	活塞、环和缸套擦伤	无	
CF—4	L—38 发动机试验		SH/T 0265
	轴瓦失重(mg) 不大于	50	
	剪切安定性	在本等级油黏度范围之内	SH/T 0265
	100℃运动黏度/(mm²/s)	(适用于多级油)	GB/T 265
	或		
	程序Ⅷ发动机试验		ASTM D6709
	轴瓦失重(mg) 不大于	33.0	
	剪切安定性	在本等级油黏度范围之内	
	100℃运动黏度/(mm²/s)	(适用于多级油)	

续上表

品种代号	项　目		质量指标			试验方法
	开特皮勒 1K 试验[6]		二次试验平均	三次试验平均	四次试验平均	SH/T 0782
	总缺点加权评分(WDK)	不大于	332	339	342	
	顶环槽充炭率(体积分数)(TGF)(%)	不大于	24	26	27	
	顶环台重炭率(TLHC)(%)	不大于	4	4	5	
	平均油耗/((g/kW)/h)(0 h~252 h)	不大于	0.5	0.5	0.5	
	最终油耗/((g/kW)/h)(228 h~252 h)	不大于	0.27	0.27	0.27	
	活塞环黏结		无	无	无	
	活塞环和缸套擦伤		无	无	无	
	Mack T—6 试验					ASTM RR:
	优点评分			90		D-2-1219
	或					或
	Mack T—9 试验					SH/T 0761
	平均顶环失重(mg)	不大于		150		
CF—4	缸套磨损(mm)	不大于		0.040		
	Mack T—7 试验					ASTM RR:
	后 50h 运动黏度平均增长率(100℃)/[(mm²/s)/h]	不大于		0.040		D-2-1220
	或					或
	Mack T—8 试验(T—8A)					SH/T 0760
	(100~150)h 运动黏度平均增长率(100℃)[(mm²/s)/h]	不大于		0.20		
	腐蚀试验					
	铜浓度增加(mg/kg)	不大于		20		
	铅浓度增加(mg/kg)	不大于		60		
	锡浓度增加(mg/kg)			报告		
	铜片腐蚀(级)	不大于		3		GB/T 5096
	柴油喷嘴剪切试验		XW—30[7]	XW—40[7]		ASTM D6278
	剪切后的 100℃运动黏度/(mm²/s)	不小于	9.3	12.5		GB/T 265
	开特皮勒 1K 试验		一次试验	二次试验平均	三次试验平均	SH/T 0782
	缺点加权评分(WDK)	不大于	332	347	353	
	顶环槽充炭率(TGF)(体积分数)(%)	不大于	24	27	29	
	顶环台重炭率(TLHC)(%)	不大于	4	5	5	
	油耗/((g/kW)/h)(0 h~252 h)	不大于	0.5	0.5	0.5	
	活塞、环和缸套擦伤		无	无	无	
CH—4	开特皮勒 1P 试验		一次试验	二次试验平均	三次试验平均	ASTM D6681
	缺点加权评分(WDP)	不大于	350	378	390	
	顶环槽炭(TGC)缺点评分	不大于	36	39	41	

续上表

品种代号	项　目		质量指标			试验方法
	顶环台炭(TLC)缺点评分	不大于	40	46	49	
	平均油耗(g/h)(0 h ~ 360 h)	不大于	12.4	12.4	12.4	
	最终油耗(g/h)(312h ~ 360 h)	不大于	14.6	14.6	14.6	
	活塞、环和缸套擦伤		无	无	无	
	Mack T—9 试验		一次试验	二次试验平均	三次试验平均	SH/T 0761
	修正到1.75%烟炱量的平均缸套磨损(mm)	不大于	0.0254	0.0266	0.0271	
	平均顶环失重(mg)	不大于	120	136	144	
	用过油铅变化量(mg/kg)	不大于	25	32	36	
	Mack T—8 试验(T—8E)		一次试验	二次试验平均	三次试验平均	SH/T 0760
	4.8%烟炱量的相对黏度(RV)⑧	不大于	2.1	2.2	2.3	
	3.8%烟炱量的黏度增长(mm^2/s)	不大于	11.5	12.5	13.0	
	滚轮随动件磨损试验(RFWT)		一次试验	二次试验平均	三次试验平均	ASTM D5966
	液压滚轮挺杆销平均磨损(mm)	不大于	0.0076	0.0084	0.0091	
	康明斯 M11(HST)试验		一次试验	二次试验平均	三次试验平均	ASTM D6838
CH—4	修正到4.5%烟炱量的摇臂垫					
	平均失重(mg)	不大于	6.5	7.5	8.0	
	机油滤清器压差(kPa)	不大于	79	93	100	
	平均发动机润滑油泥,CRC 优点评分	不小于	8.7	8.6	8.5	
	程序ⅢE 发动机试验		一次试验	二次试验平均	三次试验平均	SH/T 0758
	黏度增长(40℃,64 h)(%)	不大于	200	200 (MTAC)	200 (MTAC)	
	或					
	程序ⅢF 发动机试验					ASTM D6984
	黏度增长(40℃,60 h)(%)	不大于	295	295 (MTAC)	295 (MTAC)	
	发动机润滑油充气试验		一次试验	二次试验平均	三次试验平均	ASTM D6894
	空气卷入(体积分数)(%)	不大于	8.0	8.0 (MTAC)	8.0 (MTAC)	
	高温腐蚀试验					SH/T 0754
	试后油铜浓度增加(mg/kg)	不大于		20		
	试后油铅浓度增加(mg/kg)	不大于		120		
	试后油锡浓度增加(mg/kg)	不大于		50		
	试后油铜片腐蚀/级	不大于		3		GB/T 5096
	柴油喷嘴剪切试验		XW—30⑦		XW—40⑦	ASTM D6278
	剪切后的100℃运动黏度(mm^2/s)	不小于	9.3		12.5	GB/T 265
	开特皮勒 1K 试验		一次试验	二次试验平均	三次试验平均	SH/T 0782
	缺点加权评分(WDK)	不大于	332	347	353	
CI—4	顶环槽充炭率(体积分数)(TGF)/%	不大于	24	27	29	
	顶环台重炭率(TLHC)(%)	不大于	4	5	5	
	平均油耗((g/kW)/h)(0 h ~ 252 h)	不大于	0.5	0.5	0.5	
	活塞、环和缸套擦伤		无	无	无	

续上表

品种代号	项　目		质量指标			试验方法
CI—4	开特皮勒1R试验		一次试验	二次试验平均	三次试验平均	ASTM D6923
	缺点加权评分(WDR)	不大于	[illegible]	396	402	
	顶环槽炭(TGC)缺点评分	不大于	52	57	59	
	顶环台炭(TLC)缺点评分	不大于	31	35	36	
	最初油耗(IOC)/(g/h),(0 h~252 h)平均值	不大于	13.1	13.1	13.1	
	最终油耗(g/h),(432h~504h)平均值	不大于	IOC+1.8	IOC+1.8	IOC+1.8	
	活塞、环和缸套擦伤		无	无	无	
	环黏结		无	无	无	
	Mack T—10试验		一次试验	二次试验平均	三次试验平均	ASTM D6987
	优点评分	不小于	1 000	1 000	1 000	
	Mack T—8试验(T—8E)		一次试验	二次试验平均	三次试验平均	SH/T 0760
	4.8%烟炱量的相对黏度(RV)[⑧]	不大于	1.8	1.9	2.0	
	滚轮随动件磨损试验(RFWT)		一次试验	二次试验平均	三次试验平均	ASTM D5966
	液压滚轮挺杆销平均磨损(mm)	不大于	0.0076	0.0084	0.0091	
	康明斯M11(EGR)试验		一次试验	二次试验平均	三次试验平均	ASTM D6975
	气门搭桥平均失重(mg)	不大于	20.0	21.8	22.6	
	顶环平均失重(mg)	不大于	175	186	191	
	机油滤清器压差(250 h)/(kPa)	不大于	275	320	341	
	平均发动机润滑油泥,CRC优点评分	不小于	7.8	7.6	7.5	
	程序ⅢF发动机试验		一次试验	二次试验平均	三次试验平均	ASTM D6984
	黏度增长(40℃,80 h)(%)	不大于	275	275 (MTAC)	275 (MTAC)	
	发动机润滑油充气试验		一次试验	二次试验平均	三次试验平均	ASTM D6894
	空气卷入(体积分数)(%)	不大于	8.0	8.0 (MTAC)	8.0 (MTAC)	
	高温腐蚀试验			0W、5W、10W、12W		SH/T 0754
	试后油铜浓度增加(mg/kg)	不大于		20		
	试后油铅浓度增加(mg/kg)	不大于		120		
	试后油锡浓度增加(mg/kg)	不大于		50		
	试后油铜片腐蚀/级	不大于		3		GB/T 5096
	低温泵送黏度			0W、5W、10W、15W		
	(Mack T—10或Mack T—10A试验,75 h后试验油,-20℃)/(mPa·s)	不大于		25 000		SH/T 0562
	如检测到屈服应力					ASTM D6896
	低温泵送黏度(mPa·s)	不大于		25 000		
	屈服应力(Pa)	不大于		35(不含35)		
	橡胶相容性					ASTM D11.15
	体积变化(%)					

续上表

品种代号	项　目	质量指标	试验方法
	丁腈橡胶	+5/-3	
	硅橡胶	+TMC 1006[9]/-3	
	聚丙烯酸酯	+5/-3	
	氟橡胶	+5/-2	
	硬度限值		
	丁腈橡胶	+7/-5	
	硅橡胶	+5/-TMC 1006	
	聚丙烯酸酯	+8/-5	
	氟橡胶	+7/-5	
CI—4	拉伸强度(%)		
	丁腈橡胶	+10/-TMC 1006	
	硅橡胶	+10/-45	
	聚丙烯酸酯	+18/-15	
	氟橡胶	+10/-TMC 1006	
	延伸率(%)		
	丁腈橡胶	+10/-TMC 1006	
	硅橡胶	+20/-30	
	聚丙烯酸酯	+10/-35	
	氟橡胶	+10/-TMC 1006	

注:1. 对于一个确定的柴油机配方,不可随意更换基础油,也不可随意进行黏度等级的延伸。在基础油必须变更时,应按照 API 1509 附录 E“轿车发动机润滑油和柴油机润滑油 API 基础油互换准则”进行相关的试验并保留试验结果备查;在进行黏度等级延伸时,应按照 API 1509 附录 F“SAE 黏度等级发动机试验的 API 导则”进行相关的试验并保留试验结果备查。

2. 发动机台架试验的相关说明参见 ASTM D4485“C 发动机润滑油类别”中的脚注。

①亦可用 SH/T 0264 方法评定,指标为轴瓦失重不大于 25mg。

②按 SH/T 0265 方法运转 10 h 后取样,采用 GB/T 265 方法测定 100℃运动黏度,在用 SH/T 0264 评定轴瓦腐蚀时,剪切安定性用 SH/T 0505 和 GB/T 265 方法测定,指标不变。如有争议时,以 SH/T 0265 和 GB/T 265 方法为准。

③如进行 3 次试验,允许有 1 次试验结果偏离。确定试验结果是否偏离的依据是 ASTM E178。

④MTAC 为“多次试验通过准则”的英文缩写。

⑤如进行 3 次或 3 次以上试验,一次完整的试验结果可以被舍弃。

⑥由于缺乏关键性试验部件,康明斯 NTC 400 不能再作为一个标定试验,在这一等级上需要使用一个两次的 1K 试验和模拟腐蚀试验取代康明斯 NTC 400。按照 ASTM D4485:1994 的规定,在过去标定的试验台架上运行康明斯 NTC 400 试验所获得的数据也可用以支持这一等级。

原始的康明斯 NTC 400 的限值为:

凸轮轴滚轮随动件销磨损:不大于 0.051mm;

顶环台(台)沉积物,重炭覆盖率,平均值(%):不大于 15;

油耗(g/s):试验油耗第二回归曲线应完全落在公布的平均值加上参考油标准偏差之内。

⑦XW 代表表 1 中规定的低温黏度等级。

⑧相对黏度(RV)为达到 4.8% 烟炱量的黏度与新油采用 ASTM D6278 剪切后的黏度之比。

⑨TMC 1006 为一种标准油的代号。

第六节　发动机润滑油的选择

发动机润滑油的选择应兼顾使用性能级别的选择和黏度级别的选择两个方面。

一、使用性能级别的选择

发动机润滑油使用性能级别的选择,主要根据发动机性能、结构、工作条件和燃料品质。

发动机润滑油使用性能级别的选择一般应考虑以下因素:

(1)发动机压缩比、排量、最大功率、最大扭矩。

(2)发动机润滑油负荷,即发动机功率(kW)与曲轴箱机油容量(L)之比。

(3)曲轴箱强制通风、废气再循环等排气净化装置的采用对发动机润滑油的影响。

(4)城市汽车时开时停等运行工况对生成沉积物和机油氧化的影响等。

部分汽油车发动机的技术特性和要求的汽油机润滑油规格,见表 5-22。

部分汽油车发动机的技术特性和要求的汽油机润滑油规格　　表 5-22

汽车型号	发动机型号 结构特征	功率(kW) (r/min)	扭矩(N·m) (r/min)	排量(L)	压缩比	汽油机润滑油规格
解放 CA1046L	CA488	65/4500	157/2800	2.21	8.1	SF 10W/30
解放 CA1092	CA6102	99/3000	373/1200~1400	5.56	6.75 或 7.2	SD30 或 SD10W/30
东风 EQ1092	EQ6100—1 改进型	99/3000	353/1200~1600	5.42	7.0	SD30 或 SD10W/30
北京 2020SG	BY492QS	62.5/3800	173/2500~3000	2.45	9.2	SE15W/30
北京切诺基	HX	77.2/5000	179.5/2400~2600	2.45	8.6	SG
上海桑塔纳 LX	JV	66/5200	145/3500	1.8	8.5	VW50000 (改良机油)或 SE
上海桑塔纳 2000GSi	闭环电控多点喷射	72/5000	150/3100	1.8	9.0	VW50000 (改良机油)或 SF
富康	TU3F2K1.4L 化油器 TU5JP/K1.6L 电控多点喷射	49/5400 65/5600	110/3200 135/3000	1.36 1.587	8.8 9.6	SF10W/40 或 SG10W/40 SF10W/40 或 SG10W/40
夏利 TJ7100	TJ376Q TJ376Q—E 电控多点喷射	38/5600 40.5/6000	75.5/3200 80.5/3600	0.993 0.993	9.5 9.5	SE10W/30 或 SE15W/40 SE5W/30 或 SE10W/30
奥迪 100	L—4 水冷汽油机	66/5500	145/3300	1.781	8.5	SF10W/30 或 SG
奥迪 100 2.2E	五缸发动机 单点喷射	95/5500	187/3300	2.226	10.0	SF10W/30 或 SG
奥迪 A6	电控多点喷射	92/5800 等	168/3500 等	1.781 等	10.1 等	VW50000、 VW50200 或 SF、SG (改良型多标号机油)

续上表

汽车型号	发动机型号 结构特征	功率(kW) (r/min)	扭矩(N·m) (r/min)	排量(L)	压缩比	汽油机润滑油规格
奥迪 200 (C3V6FL)	V6 电控多点喷射	102/5500	210/3300	2.598	9.0	SF10W/30 或 30
捷达 CL	L—4 水冷汽油机	53/5200	121/2500	1.595	8.5	VW50101 或 SF、SG
捷达 GT	EA113Motronic 电控多点喷射	74/5800	150/3800	1.595	8.5	SF、SG
红旗 CA7200E	CA488 系列 电控多点喷射	70/5500	157/3200	1.996	9.0	SF10W/30 或 SF15W/40
红旗 CA7220E	CA488 系列 电控多点喷射	73.5/5200	170/2800 ~ 3200	2.194	9.0	SF10W/30 或 SF15W/40
皇冠(CROWN)	2JZ—CE	170/6000	290/4800	2.997	10.0	SG 或 SH
凌志(LEXUS) LS400	IUZ—FE	186/5600	353/4400	3.969	10.0	SG 或 SH
凯迪拉克 (CADILAC)	VIN—7	191/5000	335/2400	5.7	9.8	SG 或 SH
雪佛兰 (CHEV ROLET)	VIN—L	125/4800	300/3200	3.8	8.5	SG 或 SH
福特　天霸 (FORD TEMPO)2.3L	2.3L HSC SFI	98/4400	124/2200	2.3		SF5W/30 或 SF10W/30
奔驰 (BENZ)560	M117	177/4800	389/3500	5.547	9.0	SG 或 SH

柴油机润滑油使用性能级别的选择主要根据发动机的平均有效压力、活塞平均速度、发动机润滑油负荷、使用条件和柴油的硫含量。

发动机的平均有效压力、活塞平均速度等可反映发动机的强化程度,用强化系数 K_ϕ 表示。对于四冲程柴油发动机:

$$K_\phi = 5P_{me}C_m$$

式中:K_ϕ——强化系数;

P_{me}——发动机有效压力,MPa;

C_m——活塞平均速度,m/s。

而

$$P_{me} = \frac{30N_e\tau}{Vn} \qquad \text{(MPa)}$$

式中:N_e——发动机有效功率,kW;

τ——发动机冲程数;

V——发动机排量,L;

n——发动机转速,r/min。

$$C_m = \frac{Sn}{30}$$

式中:S——活塞行程,m。

强化系数与柴油机润滑油使用性能级别的关系见表5-23。但使用硫含量高的柴油或运行条件苛刻,选用的柴油机润滑油使用性能级别要相应提高。

柴油机的强化程度对柴油机润滑油使用性能级别的要求　　表5-23

柴油机的强化程度	强化系数	要求的柴油机润滑油使用性能级别
高强化	大于50	CD或CE
中强化	30~50	CC
低强化	小于30	CA(废除)或CB(废除)

例如卡马兹(KAMA3)系列载货汽车装用的卡马兹(KAMA3)—740.10型柴油机,其强化系数为34,在30~50之间,可选用CC级柴油机润滑油,但用于林区运材,则选用CD级柴油机润滑油为宜。

举一例说明强化系数的计算方法和根据强化系数选择柴油机油使用性能级别的方法。

已知解放CA 1091K2型柴油车装用CA 6110A型柴油机。该型柴油机为四冲程、六缸,发动机最大功率为103kW/(2900r/min),发动机排量为6.842L,活塞行程为120mm。试求该型发动机的强化系数,并确定应选择的柴油机油使用性能级别。

解:

$$P_{me}=\frac{30N_e\tau}{Vn}$$

$$=(30\times103\times4)/(6.842\times2900)$$

$$\approx0.62(\mathrm{MPa})$$

$$C_m=\frac{Sn}{30}$$

$$=0.12\times2900/30$$

$$\approx11.6(\mathrm{m/s})$$

$$K_\phi=5P_{me}C_m$$

$$=5\times0.62\times11.6$$

$$\approx36$$

该型柴油发动机的强化系数在30~50之间,属于中强化柴油机,应选择CC级柴油机润滑油。

部分柴油车发动机的技术特性和要求的柴油机润滑油规格,见表5-24。

部分柴油车发动机的技术特性和要求的柴油机润滑油规格　　表5-24

汽车型号	发动机型号 结构特征	缸径×行程(mm)	排量(L)	压缩比	最大功率(kW)/(r/min)	最大扭矩(N·m)/(r/min)	柴油机润滑油规格
解放CA1091K2	CA6110Aω形燃烧室	110×120	6.842	17	103/2900	392/1800~2000	CC
南京依维柯8140.27S	8140.27 涡轮增压	93×92	2.499	18	76/3800	230/2200	CD
黄河JN1181C13	X6135	135×140	12	16.5	154.4/2100	785/1300	CC或CD
斯太尔1491	WD615 67/77ω形燃烧室增压中冷型	126×130	9.7	16	206/2400	1070/1400	CD
太脱拉815-2	T3A-929-1610缸,V型排列,ω形燃烧室	120×140	16	16.6	210/2200	1030/1400	相当于CD①

注:①原厂要求:夏6ADS—11;冬OA—M3VO。

二、黏度级别的选择

发动机润滑油黏度级别的选择，主要是根据气温、工况和发动机的技术状况。

发动机润滑油的黏度要保证发动机低温易于起动，而走热后又能维持足够黏度保证正常润滑。

考虑工况：重载低速和高温下应选择黏度较大的发动机润滑油；轻载高速应选择黏度较小的发动机润滑油。

发动机润滑油黏度级别的选择，还与发动机的技术状况有关。新发动机应选择黏度较小的发动机润滑油；磨损严重的发动机应选择黏度较大的发动机润滑油。

发动机润滑油黏度级别选择的参考资料见表5-25。

SAE 黏度级号适用的气温　　表5-25

SAE 黏度级别	使用气温(℃)	SAE 黏度级别	使用气温(℃)
5W/30	-30~30	20/20W	-15~20
10W/30	-25~30	30	-10~30
15W/30	-20~30	40	-5~40 以上
15W/40	-20~40 以上		

第七节　在用发动机润滑油的更换

发动机润滑油在使用过程中，由于添加剂的消耗，发动机润滑油本身在高温下的氧化，燃烧产物的影响，外部尘埃、水分等的混入，使发动机润滑油劣化变质。

发动机润滑油劣化变质后，沉积物增多、润滑性能下降，使零件增加腐蚀和磨损，因此，对在用发动机润滑油应适时更换。

发动机润滑油使用时间长短，不仅与发动机润滑油使用性能有关，还与发动机的技术状况、维修质量有关。为减缓发动机润滑油变质，延长换油期，必须的技术措施有：

(1)正确选择发动机润滑油。

(2)认真执行维护作业，维持汽车良好的技术状况。

发动机润滑油的更换可根据车辆的行驶里程(或发动机的工作时间)来定，叫做定期换油；也可以根据发动机润滑油的使用性能来定，叫做按质换油；还可以采用在发动机润滑油油质监测下的定期换油。

发动机润滑油的劣化，尤其是化学变化，受使用时间影响较大。定期换油就是按行驶里程或使用时间对发动机润滑油使用性能变化的影响规律来确定的。换油期与发动机润滑油使用性能级别、发动机技术状况和运行条件有关。

部分汽车发动机润滑油的参考换油里程见表5-26。

部分汽车发动机润滑油的参考换油里程　　表 5-26

汽车型号	参考换油里程($\times 10^4$ km)	汽车型号	参考换油里程($\times 10^4$ km)
解放 CA1092	0.8	皇冠(CROWN)3.0	0.75 或 6 个月
东风 EQ1092	0.8	雷克萨斯(LEXUS)LS400	0.75 或 6 个月
北京切诺基	0.6	凯迪拉克(CADILLAC)	0.5 或 6 个月
上海桑塔纳 LX 和 上海桑塔纳 2000	0.75	雪佛兰(CHEVROLET)	0.5 或 6 个月
富康	0.75	奔驰(BENZ)560	0.75 或 6 个月
奥迪 100	0.75	解放 CA1091K2	0.6 ~ 0.8
捷达	0.75	南京依维柯 8140.27S	0.7 或 6 个月
红旗 CA7200E、 红旗 CA7220E	0.75		

第六章　车辆齿轮油

车辆齿轮油用于汽车等车辆机械式变速器、主传动器和转向器的润滑。车辆齿轮传动装置(特别是双曲线式主减速器)工作条件与其他机械的齿轮传动装置的主要区别是承受的荷载大,要求车辆齿轮油承载能力强。

第一节　车辆齿轮油的使用性能

车辆齿轮油的作用与发动机润滑油的作用基本相同,起润滑、冷却、防蚀和缓冲作用。

车辆齿轮传动装置的工作条件见表6-1。其中双曲线齿轮传动的工作条件最苛刻,是对汽车齿轮油使用性能要求最高的齿轮传动。双曲线齿轮传动(图6-1)的节面是两个单叶双曲线回转体,取其截锥面(双曲线回转面的钟口部分)作为齿轮。因此,双曲线齿轮传动的两轴线是交错的,两齿轮螺旋角不等,一般小齿轮的螺旋角比大齿轮大10°~15°。

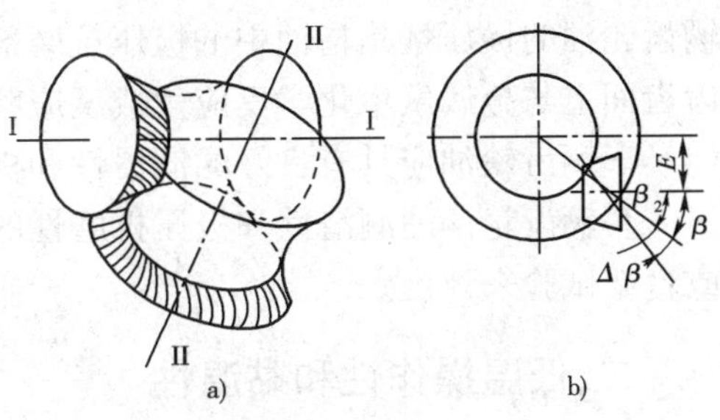

图6-1　双曲线齿轮传动

车辆齿轮传动装置的工作条件　　表6-1

类　型	工 作 条 件
汽车齿轮传动装置	接触压力:2.5~4.0GPa
	圆周速度:5~10m/s
	滑动速度:2~10m/s
	油温:65~180℃

双曲线齿轮具有传动比大、传动平稳、便于总布置(根据需要降低质心高度或提高离地间隙)、可提高小齿轮强度等优点,但齿面接触压力极高(如东风EQ 1090E型汽车双曲线齿轮传动为3.0GPa,为普通螺旋锥齿轮的4~6倍);齿面间滑动速度大(如东风EQ 1090E型汽车双曲线齿轮传动约1.5~8m/s);油温高,一般高达120~130℃,最高可达180℃(齿面间的滑移可使齿面瞬时温度高达600~800℃)。

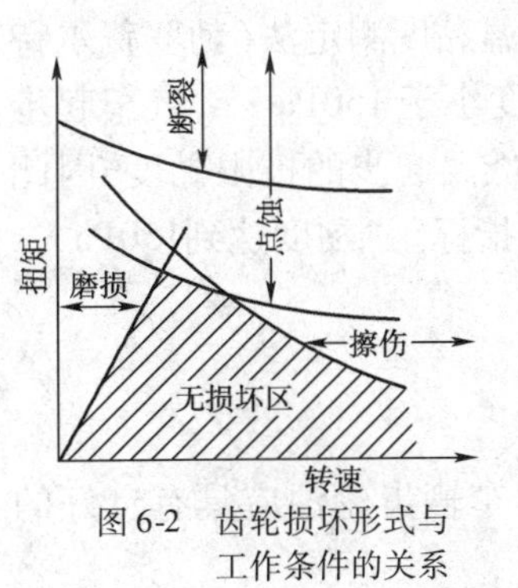

图6-2　齿轮损坏形式与工作条件的关系

因此,对双曲线齿轮传动,除制造、装配和调整有特殊技术要求外,使用中必须选择双曲线齿轮油,润滑油中加有硫、磷等元素极压添加剂。在苛刻的工作条件下,这些添加剂元素与金属表面产生复杂的物理和化学变化,生成高强度的反应膜,从而保证正常润滑,防止齿面擦伤。

齿轮的损坏形式主要有:磨损、擦伤、点蚀和断裂,发生在不同的工作条件下(图6-2)。

磨损主要与形成润滑的条件有关。黏度太低,或负荷过大,则不能形成油膜,使磨损加剧。

擦伤是一种较严重的黏着磨损。发生这种损坏的原因,一般是润滑油的承载能力与苛刻的工作条件不适应造成的。双曲线齿轮式主减速器用错润滑油的典型损坏形式就是齿面擦伤,轻者成条状的擦痕,重者使轮齿磨成刀口般的尖刃。超载也会产生这种损坏形式。而润滑油的承载能力主要与添加剂和黏度有关。

点蚀和轮齿折断均属于疲劳破坏,主要与材料有关,润滑油影响不大。

除上述的齿轮损坏的主要形式外应有磨料磨损和腐蚀磨损等。避免磨料磨损的措施是保持润滑油的清洁。润滑油的防锈抗腐性和工作环境条件是影响腐蚀磨损的主要因素。

综上所述,车辆齿轮油应具有以下使用性能。

一、润滑性和极压抗磨性

车辆齿轮油应具有适宜的运动黏度,以保证形成良好的润滑状态。

车辆齿轮多处于混合润滑和边界润滑状态,所以车辆齿轮油的极压抗磨性非常重要。车辆齿轮油的极压性是指油中的极压抗磨剂在高压、高速、高温的苛刻工作条件下,能在齿轮轮齿齿面上与金属发生化学反应生成反应膜,防止齿面擦伤或烧结的性质。

车辆齿轮油应具有良好的润滑性和极压抗磨性。

车辆齿轮油的润滑性和极压抗磨性的评定,除运动黏度指标外,还要通过四球极压试验机或台架试验来评定。

二、低温操作性和黏温性

车辆齿轮油应具有良好的低温操作性和黏温性。

车辆齿轮油也要求在低温下保持必要的流动性,以保证轴承等零件的润滑和齿轮容易起动。车辆齿轮油的工作温度范围也较宽,因此不但要求车辆齿轮油低温起动性好,而且要求高温时黏度不能太小,即有良好的黏温性。

为了保证车辆齿轮油具有良好的低温操作性,除规定了倾点、成沟点和黏度指数等指标外,还特别采用了“表观黏度达150Pa·s时的温度”这一指标。

成沟点是指在规定的试验条件下,试油成沟的最高温度。把容器内的试验油样在规定的温度下放置18h,然后用金属片把油切成一条沟,10s后观测油的流动情况。若10s内试油流回并完全覆盖试油容器底部,则报告试样不成沟,反之则报告试样成沟。

齿轮起动时,多级油经受低温高剪切工况,该情况与发动机润滑油的低温动力黏度一样,它在不同剪切速率下黏度不是常数。车辆齿轮油的表观黏度是用规定的方法模拟低温高剪切条件下的黏度,测定标准是GB/T 11145—1989《车用流体润滑剂低温黏度测定法(勃罗费尔特黏度计法)》。试验证明,对双曲线齿轮式主减速器,齿轮油表观黏度小于150Pa·s,汽车起步后能在15s内流进小齿轮轴承而保证其正常润滑,这个黏度为汽车低温起步的极限黏度,因此汽车齿轮油规格中规定了“黏度达到150Pa·s时的最高温度”这一指标。“黏度达到150Pa·s时的最高温度”是车辆齿轮油SAE黏度分类的依据之一。

三、氧化安定性

车辆齿轮油抵抗高温条件下氧化的能力,叫做热氧化安定性。车辆齿轮油应具有良好的热氧化安定性。

汽车主传动器使用的齿轮油温度较高,使油的氧化倾向增大,再加上齿轮箱中金属的催化作用,容易使油的使用性能变坏。因此,要求汽车齿轮油在较高温度下不易氧化变质。

对车辆齿轮油(GL－5)热氧化安定性通过 FED791—2504 法齿轮箱模型试验来评定。

四、抗腐性和防锈性

在车辆齿轮传动装置的工作条件下,齿轮油防止齿轮、轴承腐蚀和生锈的能力,叫做抗腐性和防锈性。

齿轮传动装置内可能从外界渗入水分,工况变化、冷热交替也可能出现冷凝水分。油内的水分和氧化生成的酸性产物,是齿轮和轴承生锈、腐蚀的主要原因。此外,齿轮油内极压抗磨剂的作用实际上是一种控制性的腐蚀现象,对金属有一定的腐蚀作用。极压抗磨剂的活性越强,腐蚀作用越大。生锈和腐蚀将加速磨损,使材料强度降低。因此,齿轮油应加入适当的极压抗磨剂、抗腐剂和防锈剂,使车辆齿轮油具有良好的抗腐性和防锈性。

对车辆齿轮油的抗腐性和防锈性通过钢片腐蚀试验和防锈性试验来评定。

车辆齿轮油除上述要求的使用性能外,还有一些与发动机润滑油相同的使用性能。例如抗泡性、清洁性等。

第二节　车辆齿轮油使用性能的评定

一、极压性评定

1. 四球法试验

四球法是在四球极压试验机(图 6-3)上评定润滑剂承载能力的一种方法。GB/T 12583—1998《润滑剂承载能力测定法(四球法)》的方法概要是,在四球极压试验机上按等边四面体排列着 4 个钢球,上球以 1400～1500r/min 旋转。下面 3 个钢球用油盆固定在一起,通过杠杆或液压系统由下而上对钢球施加负荷。在试验过程中,4 个钢球的接触点都浸没在润滑剂里。每一级负荷每次试验时间为 10s,试验后测量油盒内任何一个钢球的磨痕直径。按照规定的程序反复试验,直到求出代表润滑剂承载能力的指标,包括:最大无卡咬负荷 P_B;烧结负荷 P_D 等。

在四球法试验中,由不同负荷下钢球的平均磨痕直径所做出的一条曲线,叫做磨损－负荷曲线(图 6-4 中曲线 $ABCD$)。

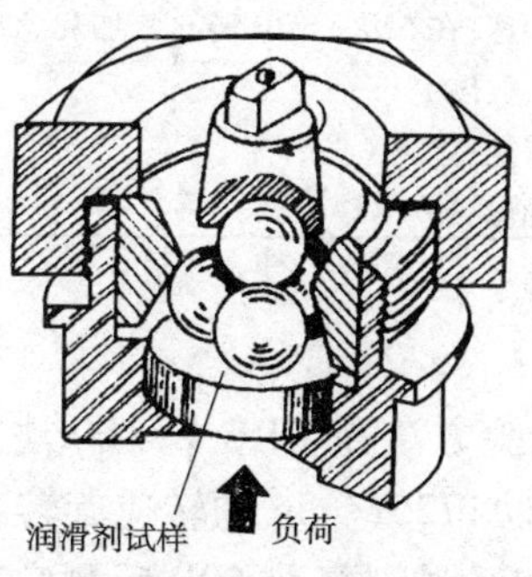

图 6-3　四球极压试验机示意图

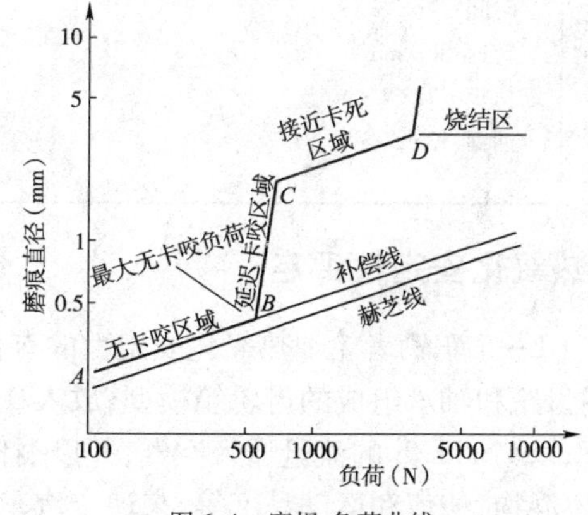

图 6-4　磨损-负荷曲线

图 6-4 所示的磨损-负荷曲线是典型的。曲线 AB 段表示摩擦面间的油膜没有破裂,是吸附膜起着润滑作用,控制磨损,机械能正常工作,此段为无卡咬区域。在试验条件下不发生卡咬的最高负荷(P_B),称为最大无卡咬负荷。它表示油膜强度,在此负荷下摩擦表面间能保持完整的油膜。BC 段表示超过最大无卡咬负荷后,油膜开始破裂,磨损增大,但这时摩擦面间温度上升还不太高,还不足以使润滑油中的极压抗磨添加剂发挥作用,此段为延迟卡咬区。超过 C 点以后,摩擦面间的局部温度已升高到足以使极压抗磨剂的活性元素与摩擦表面作用,生成反应膜,因而仍能在更高的负荷下工作,CD 段为接近卡死区。超过 D 点后,负荷超过了反应膜所能承担的范围,摩擦表面间金属直接接触,出现烧结现象。在试验条件下,使钢球发生烧结的最低负荷(P_D),称为烧结负荷。它表示润滑剂的极限工作能力。

图 6-4 中的赫芝线和补偿线是在试验中确定负荷的依据。赫芝线是在静负荷条件下,负荷与弹性变形所形成的凹入面直径间的关系。补偿线是在存在润滑剂而又不发生卡咬条件下,下球的磨痕直径与所加负荷的关系。

2. 台架试验

车辆齿轮油极压性的评定虽有一些极压试验机等评定方法,但对使用性能级别较高的车辆齿轮油极压性须采用汽车后桥传动装置在试验台上进行评定。

国际上使用较广泛的评定 GL—5 车辆齿轮油极压性的台架试验方法有两个,即 CRC L—37 法和 CRC L—42 法。前者是评价低速高扭矩(相当于汽车满载爬坡的情形)或高速低扭矩时的极压性。后者是评价高速和冲击载荷(相当于汽车紧急制动时的情形)下的极压性。表 6-2 列出了 CRC L—37 和 CRC L—42 的试验规范。我国相应标准是 SH/T 0518—1992《车辆齿轮油承载能力测定法(L—37 法)》和 SH/T 0519—1992(2006)《车辆齿轮油抗擦伤性能评定法(L—42 法)》。

车辆齿轮油极压性评定方法和试验规范 表 6-2

试验方法	CRC L—37	CRC L—42
试验特点	高速低扭矩或低速高扭矩	高速冲击载荷
试验装置	用雪佛兰载货汽车发动机驱动道奇 3/4t 军用载货汽车双曲线齿轮后轮桥(传动比 5.83:1)	用雪佛兰 V—8 型发动机驱动斯帕思尔 44—1 型双曲线齿轮后桥(传动比 4:1)
运行条件	程序Ⅰ　高速试验 时间:100min 转速:440r/min 扭矩:1069N·m 程序Ⅱ　高扭矩试验 时间:24h 转速:80r/min 扭矩:4722N·m 油温:135±15℃	程序Ⅰ　磨合 程序Ⅱ　高速 转速:在 500~1100r/min 间急加和急减速运行,循环 4 次以上 油温:93.3℃ 程序Ⅲ　磨合 程序Ⅳ　冲击试验 转速:在 550~650r/min 急加和急减速运行,循环 9 次以上 扭矩:1778N·m 油温:137.8℃

二、热氧化安定性评定

评定 GL—5 车辆齿轮油热氧化安定性的有代表性的试验方法是 CRC L—60 法。此方法是用圆柱齿轮和轴承组成的齿轮箱模型,放入 0.12L 试油,以 1725r/min 的转速旋转,在 162℃ 的高温下,以 1.11L/h 的流量通入空气,并以铜作为催化剂,经强制氧化 50h 后测定正戊烷不溶物、苯不溶物、酸值和运动黏度等,来评定汽车齿轮油的热氧化安定性。我国相应的标准是

SH/T 0520—1992《车辆齿轮油热氧化安定性的评定法(L60 法)》。

三、抗腐性和防锈性评定

评定车辆齿轮油的抗腐性,多采用 GB/T 5096—1985《石油产品铜片腐蚀试验法》,具体内容见第[illegible]章第五节。

国际上评定车辆齿轮油的防锈性多采用 CRC L—33 防锈性试验法。方法概要是,在汽车后桥齿轮箱储存的试油中加入少量蒸馏水,在 82℃下,以电动机驱动运转一定时间后,将试油取出,然后将此齿轮箱外壳在 52℃下放置 7d,观察外壳内壁是否生锈和变色。

我国相应标准为 SH/T 0517—1992《车辆齿轮油锈蚀评定法(L—33 法)》。对普通车辆齿轮油(GL—3)、中负荷车辆齿轮油(GL—4)防锈性能试验标准为 GB/T 11143—2008《加抑制剂矿物油在水存在下防锈性能试验法》。

第三节　车辆齿轮油的分类

车辆齿轮油的分类,包括使用性能分类和黏度分类两个方面。

一、国外车辆齿轮油的分类

1. 车辆齿轮油的使用性能分类

世界上广泛采用美国石油学会(API)的车辆齿轮油使用性能分类法,根据其特性和使用要求等划分为 GL—1、GL—2、GL—3、GL—4、GL—5 和 GL—6 六级(表 6-3)。

车辆齿轮油 API 使用性能分类　　表 6-3

分　类	使用说明	用　途
GL—1	在低齿面压力、低滑动速度下的汽车螺旋锥齿轮、蜗轮式驱动桥以及各种手动变速器规定用 GL—1 级齿轮油。直馏矿油能满足这类情况的要求,可以加入抗氧剂、防锈剂和消泡剂改善其性能,但不加摩擦改进剂和极压剂	汽车手动变速器,包括拖拉机和载货汽车手动变速器
GL—2	汽车蜗轮式驱动桥,由于其负荷、温度和滑动速度的状况,用 GL—1 齿轮油不能满足要求,规定用 GL—2 级齿轮油。通常都加有脂肪类物质	蜗杆传动装置
GL—3	滑动速度和负荷比较苛刻的汽车手动变速器和螺旋锥齿轮的驱动桥规定用 GL—3 级油。这种使用条件要求润滑油的负荷能力比 GL—1 和 GL—2 级油高,但比 GL—4 级油要低	苛刻条件的手动变速器和螺旋锥齿轮的驱动桥
GL—4	在低速高扭矩、高速低扭矩下操作的各种齿轮,特别是客车和其他各种车用的双曲线齿轮,规定用 GL—4 级齿轮油。适用于其抗擦伤性能等于或优于 CRC RGO—105 参考油。该级油已做过各种试验证明具有 1972 年 4 月 ASTM STP 说明的性能水平	手动变速器、螺旋锥齿轮和使用条件不太苛刻的双曲线齿轮
GL—5	在高速冲击负荷、高速低扭矩、低速条件下操作的各种齿轮,特别是客车和其他各种车用的双曲线齿轮,规定用 GL—4 级齿轮油。适用于其抗擦伤性能等于或优于 CRC RGO—110 参考油。该级油已做过各种试验证明具有 1972 年 4 月 ASTM STP 说明的性能水平	适用于操作条件缓和或苛刻的双曲线齿轮及其他各种齿轮,也可用于手动变速器
GL—6	在高速冲击条件下运转的轿车和其他车辆的各种齿轮,特别是大偏移距双曲线齿轮,偏移距大于 50mm 或接近大齿轮直径的 25%,规定用 GL—6 级齿轮油,其抗擦伤性能应等于或优于参考油 L—1000。该级油已做过各种试验证明具有 1972 年 4 月 ASTM STP 说明的性能水平	

2. 车辆齿轮油的黏度分类

世界上广泛采用美国汽车工程学会(SAE)的车辆齿轮油黏度分类法。SAE J306—1991《驱动桥和手动变速器润滑油黏度分类》的规定见表6-4。本标准采用含字母W和不含字母W的两组黏度等级系列。黏度等级代号由一组数字和字母W(70W、75W、80W、85W四种)或一组数字(90、140、250三种)组成,共7种。含字母W是冬用齿轮油,以低温黏度达到150Pa·s时的最高温度和100℃时的最低运动黏度划分的。不含字母W是夏用齿轮油,以100℃运动黏度范围划分。

SAE车辆齿轮油黏度分类　　表6-4

SAE黏度级号	黏度达到150Pa·s时的最高温度(℃)	100℃时的运动黏度(mm^2/s)	
		最低	最高
70W	-55	4.1	
75W	-40	4.1	
80W	-26	7.0	
85W	-12	11.0	
90		13.5	<24.0
140		24.0	<41.0
250		41.0	

黏度等级也有单黏度等级和多黏度等级之分,一个多黏等级的车辆齿轮油,其低温黏度满足表6-4中一个含W级的要求,并且100℃运动黏度在一个不含W级规定的黏度范围之内。例如80W/90,它满足80W的低温性能并且在90的高温性能规定范围之内。

车辆齿轮油黏度等级不干扰发动机润滑油黏度等级。当车辆齿轮油与发动机润滑油有相同的黏度时,根据两黏度分类规定的黏度等级相差较大。例如,70W车辆齿轮油与10W发动机润滑油有相同的黏度,90车辆齿轮油与40、50发动机润滑油黏度相当,但黏度等级号不同。

二、我国车辆齿轮油的分类

1. 车辆齿轮油使用性能分类

GB/T 7631.7《润滑剂和有关产品(L类)的分类 第7部分:C组(齿轮)》指出:本分类目前只包括工业齿轮润滑剂,暂不包括发动机车辆齿轮润滑剂。在本标准的“附录B 我国车辆齿轮油名称与API(美国石油学会)汽车变速器和驱动桥润滑剂使用分类中各品种的对应关系”中提出了我国车辆齿轮使用性能分类的参考件(表6-5)。

我国车辆齿轮油名称与API(美国石油学会)
汽车变速器和驱动桥润滑剂使用分类中各品种的对应关系　　表6-5

我国油名	API的品种
普通车辆齿轮油(SH/T 0350—1992)	GL—3
中负荷车辆齿轮油(GL—4)	GL—4
重负荷车辆齿轮油(GL—5)(GB13895—1992)	GL—5

2. 车辆齿轮油的黏度分类

GB/T 17477—1998《驱动桥和手动变速器润滑剂黏度分类》指出:本标准等效采用美国汽车工程师协会标准SAE J306—1991《驱动桥和手动变速器润滑剂黏度分类》(表6-4)。

第四节　我国车辆齿轮油的规格或技术条件

我国现行的车辆齿轮油规格或安全使用技术条件有：SH/T 0350—1992(1998)《普通车辆齿轮油》(表6-6)；JT 224—2008《中负荷车辆齿轮油安全使用技术条件》(表6-7)；GB 13895—1992《重负荷车辆齿轮油(GL—5)》(表6-8)。

普通车辆齿轮油　　表6-6

项　目	质量指标			试验方法
	80W/90	85W/90	90	
运动黏度(100℃)(mm²/s)	15~19	15~19	15~19	GR/T 265
表观黏度150Pa·s时的温度　不高于	-26	-12		GB/T 11145
黏度指数			90	GB/T 1995 或 GB/T 2541
倾点(℃)　不高于	-28	-18	-10	GB/T 3535
闪点(开口)(℃)　不低于	170	180	190	GB/T 267
水分(%)　不大于	痕迹			GB/T 260
锈蚀试验15号钢棒A法	无锈			GB/T 1143
起泡性(mL/mL)　不大于				GB/T 12579
24±0.5℃	100/10			
93±0.5℃	100/10			
24±0.5℃	100/10			
铜片腐蚀试验(100℃,3h)(级)不大于	1			GB/T 5096
最大无卡咬符合(P_B)(N)　不小于	784			GB/T 3142
糖醛或酚含量(未加剂)	无			SH/T 0076 或 GB/T 0120
机械杂质(%)　不大于	0.05	0.02	0.02	GB/T 511
残炭(未加剂)(%)	报告			GB/T 268
酸值(未加剂)(mgKOH/g)	报告			GB/T 4945
氯含量(%)	报告			GB/T 0160
锌含量(%)	报告			GB/T 0226
硫酸盐灰分(%)	报告			GB/T 2433

中负荷车辆齿轮油安全使用技术条件　　表6-7

项　目	技术要求			试验方法
	90	85W/90	80W/90	
运动黏度(100℃)(mm²/s)	13.5~24.0	13.5~24.0	13.5~24.0	GB/T 265
黏度指数　不小于	75			GB/T 2541
闪点(开口)(℃)　不低于	180			GB/T 267
倾点(℃)　不高于	10	-15	-30	GB/T 3535
表观黏度达150Pa·s时的温度(℃)　不高于		-12	-26	GB/T 11145

续上表

项　　目	技术要求			试验方法
	90	85W/90	80W/90	
机械杂质(%)　不大于	0.05			GB/T 511
水分(%)　不大于	痕迹			GB/T 260
铜片腐蚀试验(121℃,3h)(级)　不高于	36			GB/T 5096
锈蚀试验(45号钢棒)	无锈			GB/T 11143A 法
最大无卡咬负荷(P_B)(N)　不小于	883			GB/T 3142
泡沫倾向性/泡沫稳定性(mL/mL) 24℃ ±0.5℃　不大于 93℃ ±0.5℃　不大于 后24℃ ±0.5℃　不大于	100/0 100/0 100/0			GB/T 12579
磷含量(%)	报告			SH/T 0296
硫含量(%)	报告			GB/T 387
锌含量(g/μg)　不大于	10			SH/T 0309
齿轮台架	通过			本标准的附录

重负荷车辆齿轮油　　表 6-8

项　　目	质量指标						试验方法
黏度等级	75W	80W/90	85W/90	85W/140	90	140	
运动黏度(100℃)(mm^2/s)	≥4.1	13.5 ~ <24.0	13.5 ~ <24.0	24.0 ~ <41.0	13.5 ~ <24.0	24.0 ~ <41.0	GB/T 265
倾点(℃)	报告						GB/T 3535
表观黏度达150Pa·s时的温度　不高于	-40	-26	-12	-12			GB/T 11145
闪点,(开口)(℃)　不低于	150	165	165	180	180	200	GB/T 3536
成沟点(℃)　不高于	-45	-35	-20	-20	-17.8	-6.7	SH/T 0030
黏度指数　不低于	报告				75	75	GB/T 2541
起泡性(泡沫倾向)(mL) 24℃　不大于 93.5℃　不大于 后24℃　不大于	20 50 20						GB/T 12579
腐蚀试验(铜片,121℃,3h),级　不大于	3						GB/T 5096
机械杂质(%)　不大于	0.05						GB/T 511
水分(%)　不大于	痕迹						GB/T 260
戊烷不溶物(%)	报告						GB/T 8926 A 法
硫酸盐灰分(%)	报告						GB/T 2433

续上表

项目	质量指标						试验方法
黏度等级	75W	80W/90	85W/90	85W/140	90	140	
硫(%)	报告						GB/T 387 GB/T 388 GB/T 11140 SH/T 0172
磷(%)	报告						SH/T 0296
氮(%)	报告						SH/T 0224
钙(%)	报告						SH/T 0270
储存稳定性 液体沉淀物(%)(V/V) 不大于 固体沉淀物(%)(m/m) 不大于	 0.5 0.25						SH/T 0037
锈蚀试验 盖板锈蚀面积(%) 不大于 齿面、轴承及其他部件锈蚀情况 不大于	 1 无锈						SH/T 0517
抗擦伤试验	通过						SH/T 0519
承载能力试验	通过						SH/T 0518
热氧化稳定性 100℃运动黏度增长(%)不大于 戊烷不溶物(%) 不大于 甲苯不溶物(%) 不大于	 100 3 2						 GB/T 265 GB/T 892 A法 GB/T 8926 A法

第五节 车辆齿轮油的选择和更换

一、车辆齿轮油的选择

与发动机润滑油一样，车辆齿轮油的选择也包括使用性能级别的选择和黏度级别的选择这两个方面。

1.使用性能级别的选择

车辆齿轮油使用性能级别的选择，主要根据齿面压力、滑移速度和油温等工作条件，而这些工作条件又取决于传动装置的齿轮类型，所以一般可按齿轮类型和传动装置的功能来选择车辆齿轮油的使用性能级别。

一般来说，驱动桥主传动器工作条件苛刻，而双曲线齿轮式主传动器工作条件更为苛刻，对齿轮油使用性能要求更高。

为减少用油级别，在汽车各传动装置对齿轮油使用性能级别要求相差不太大情况下，可选用同一级别使用性能的齿轮油。部分汽车要求车辆齿轮油的使用性能级别见表6-9。

部分汽车要求车辆齿轮油的使用性能级别 表 6-9

汽车型号	汽车布置方式	变速器结构特点	驱动桥结构特点	车辆齿轮油使用性能级别
解放 CA1092	FR	手动 6 挡	螺旋锥齿轮和圆柱齿轮双级主减速器	GL—3
东风 EQ1092	FR	手动 5 挡	双曲线齿轮,单级主减速器	变速器:GL—4 驱动桥:GL—5
北京 BJ2020SG	4WD	手动 4 挡带分动器	双曲线齿轮,单级主减速器	变速器:GL—4 驱动桥:GL—5
南京依维柯 8140.27S	FR	手动 4 挡带分动器	螺旋锥齿轮,单级主减速器	GL—5
北京切诺基	4WD	手动 4 挡带分动器	双曲线齿轮,单级主减速器	GL—5
上海桑塔纳	FF	手动 4 挡或 5 挡,两轴式	双曲线齿轮,单级主减速器	GL—5
富康	FF	手动 4 挡或 5 挡,两轴式	斜齿轮和圆柱齿轮,单级主减速器	GL—5
夏利 TJ7100	FF	手动 4 挡,两轴式	斜齿轮和圆柱齿轮,单级主减速器	GL—5
奥迪 100、红旗 CA7200	FF	手动 5 挡,两轴式	双曲线齿轮,单级主减速器	GL—4 或 GL—5①
捷达 CL	FF	手动 4 挡,两轴式	斜齿轮和圆柱齿轮,单级主减速器	GL—4 或 GL—5

注:①符合 VW50150 标准。

2. 黏度级别的选择

车辆齿轮油黏度级别的选择,主要根据最低气温和最高油温,并考虑车辆齿轮油换油周期较长的因素。

车辆齿轮油的黏度应保证低温下的车辆起步,又能满足油温升高后的润滑要求。

如前面所述,车辆齿轮油以表观黏度 150Pa · s 时作为低温流动性的极限,所以在 SAE 黏度分类中表观黏度为 150Pa · s 时的最高温度,就是保证低温操作性能的最低温度。

由此可知,黏度级为 75W、80W 和 85W 的双曲线齿轮油最低使用温度分别是 -40℃、-26℃和 -12℃。也就是说,车辆使用地区的最低气温不应低于所选齿轮油上述各温度。当传动装置不是双曲线齿轮,使用最低气温可比上述相应温度低些。

黏度级别选择应同时考虑高温时的润滑要求。一般的说,车辆齿轮油允许的承载最小黏度为 86.3 ~215.8mm^2/s。

二、车辆齿轮油的更换

车辆齿轮油在使用中也存在着质量变差的问题,对车辆齿轮油的更换多采用定期换油。

部分汽车齿轮油的参考换油里程见表 6-10。同时,按质换油也是确定在用车辆齿轮换油周期的发展方向。普通车辆齿轮油的换油指标(SH/T 0475—1992)见表 6-11。

JT/T 201—1995《汽车维护工艺规范》规定的在用车辆齿轮油的检测指标是:水分≤0.2%;铁含量增长值≤1000mg/kg;100℃运动黏度变化率≤ ±25%。

部分汽车齿轮油的参考换油里程 表6-10

汽车型号	参考换油里程（$\times 10^4$km）	汽车型号	参考换油里程（$\times 10^4$km）
解放 CA1092	2.4	皇冠（CROWN）3.0（手动变速器）	4.0
东风 EQ1092	2.4	北京切诺基	4.8
夏利 TJ7100	4.0	南京依维柯 8140.27S	6.0～6.5
标志 504、505	3.0	丰田海狮（TOYOTA HIACE）	4.0
长安奥拓	4.0		

普通车辆齿轮油的换油指标 表6-11

项目		换油指标	试验方法
100℃运动黏度变化率（%）	超过	20～－10	GB/T 265
水分（%）	大于	1.0	GB/T 260
酸值增加值（mgKOH/g）	大于	0.5	GB/T 8030
戊烷不溶物（%）	大于	2.0	GB/T 8296
铁含量（%）	大于	0.5	GB/T 0197

第七章　汽车润滑脂

润滑脂和润滑油均为润滑剂。润滑脂含有稠化剂，其性质与润滑油不同，由于绝大多数润滑脂是半固体，在常温下能保持自己的状态，在垂直表面不流失，并能在敞开或密封不良的摩擦部位工作，因此能解决润滑油难以解决的问题。

第一节　润滑脂的组成和结构特点

一、组成

润滑脂是用一种（或多种）稠化剂稠化一种（或多种）润滑液体制成的，并根据需要加入各种添加剂。

它是由基础油（润滑液体）、稠化剂和添加剂三部分组成。

1. 基础油

润滑脂的润滑性质取决于所用润滑液体的润滑性质，因为润滑液体在润滑脂中占90%左右，所以正确选择润滑液体作为润滑脂的基础油是非常重要的。

（1）石油润滑油（矿物油）：作为润滑脂的基础油用得最多、最经济的是矿物油，制备润滑脂时，选择矿物油主要是根据润滑条件。一般用于低温、轻负荷、高转速轴承的润滑脂以航空润滑油和变压器油作为基础油较为适宜。用于中速、中负荷和温度不太高的润滑脂，选内燃机润滑油和机械油等作基础油较为适宜。用于高负荷、较高温度和低速的润滑脂，采用汽缸油作基础油较为适宜。矿物油的黏度指数大，所制得的润滑脂的稠度增大，胶体安定性增加。矿物油黏度小，凝点低，所制得的润滑脂的低温性能好。一般是根据使用温度、轴承尺寸和运转速度来选用不同黏度的矿物油作为润滑脂的基础油。

（2）合成烃油：理想的合成烃油作为润滑油，应当尽可能是线性聚合，得到较高的黏度指数，不结晶，保证凝点低，完全饱和，提供良好的热安定性和氧化安定性。合成油最大的弱点是由于其含有少量不饱和烃，因而氧化安定性较差。油品经过长时间使用和储存后，性质不够稳定。对油品进行精制，除去胶质和多环芳烃，提高对抗氧和抗磨添加剂的感受性，可以极大地改善油品的氧化安定性和抗磨性。

（3）酯类油：酯类油是目前广泛使用的合成润滑油，按照用量计，已超过所有其他合成润滑油的总量。由于酯类油具有良好的润滑性和高低温性，所以可以用来制备高低温性好的润滑脂。

（4）硅油：硅油具有任何别的液体所不能比拟的而又适于工艺目的的优异性质，如在非常宽的温度范围内黏度变化极小，凝点低，化学安定性好，电气性能优异等。含有甲基和苯基的基础油是所有的已知液体硅油中热稳定性最好的，它在空气存在下，加热到250℃，经过1500h以上也不变稠（胶凝）。

2. 稠化剂

稠化剂是润滑脂的重要组分，在润滑脂中形成如海绵或蜂窝状的结构骨架，将润滑油包起来，因而失去流动性而成为一种膏状物质。稠化剂对润滑脂的性质有很大的影响，稠化剂的性质和含量决定了润滑脂的黏稠程度以及耐水、耐热等使用性能。

(1)皂基稠化剂(脂肪酸金属皂)：脂肪酸金属皂的稠化能力是指固体皂(分散相)在润滑液体(分散介质)中的分散状态下，使润滑液体从流体变为半固体的能力，也可以说是体系对于因剪力而发生变形的抵抗力增加程度，一般用锥入度表示并称为稠度。皂基稠化剂是由油脂(动植物油)或合成脂酸与金属氢氧化物(碱)作用而生成，能胶凝矿物油制成润滑脂的金属皂有脂肪酸锂、钠、钙等。用这些皂制成的润滑脂分别称锂基脂、钠基脂、钙基脂。

(2)非皂基稠化剂：非皂基稠化剂包括：

①石蜡和地蜡：石蜡和地蜡是制取烃基润滑脂的稠化剂。石蜡为白色至黄色的片状结晶体，其主要是正构烷烃，一般是从润滑油精制工艺的脱蜡程序中得到的。地蜡为针状结晶体，主要组成是环烷烃和异构烷烃。地蜡一般是自减压渣油经脱沥青、脱油所得的蜡膏，经加工制得的。

②无机稠化剂：膨润土和硅胶是制备润滑脂的无机稠化剂。膨润土原意是指以蒙脱石为主体的岩石，外观呈蜡状或脂状，光泽滑腻，颜色多种多样。用作润滑脂稠化剂的膨润土，还必须进行表面处理，使其具有亲油性。硅胶一般指二氧化硅，因制法不同，可分为沉淀硅胶、气凝硅胶和发烟硅胶。硅胶表面一般是亲水的，经过表面改质后可转变为憎水硅胶，通常采用正丁醇对硅胶表面进行脂化，得到憎水的脂化硅胶，可用作润滑脂的稠化剂。

③有机稠化剂：用于润滑脂的有机稠化剂种类较多，常用的有阴丹士林，酞青铜等，它们有良好的化学安定性和热安定性；另外还有耐热性、抗磨性和抗化学性好的聚四氟乙烯稠化剂等。

④填料：添加到润滑脂中可提高对流失的抵抗和增强润滑能力，常见的填料有石墨、二硫化钼和炭黑。石墨为层状结构的晶体物质。在石墨晶体里，碳原子以六碳多环状态形成六方晶体的层状结构，层内以较强的共价键相连，键能强，可以达到抗压的目的。层与层间以较弱的范德华力相连，达到易剪切，可润滑的目的。二硫化钼是一种鳞片状结晶体。它的晶体结构为六方晶体系的层状结构，在每一层里，每一个钼原子被六个硫原子所包围，硫原子暴露在层表面且与金属表面有较强的附着性。分子层间的硫原子之间的结合力很弱，因此分子层间产生一个低剪切平面，当分子间受到很小的剪切力时，沿分子层很容易断裂，产生滑移面，将金属表面的直接摩擦转化为二硫化钼分子层的相对滑移，从而降低摩擦系数，减少磨损。炭黑中的一种是乙炔黑，平均粒度约 $0.1\mu m$，可适于作润滑脂的稠化剂或填料。

3. 添加剂

在润滑脂中，除了稠化剂和基础油外，还会有各种不同的添加剂。用脂肪酸制成的钙基脂中，含有一定数量的甘油，这是一种自然存在的附加成分。甘油的存在能增强皂油结构，而使胶体分散体系更加稳定，被称为胶溶剂或结构改进剂。水也是钙基脂不可缺少的组成部分，无水的钙基皂不吸收矿物油，也不能在矿物油中分散。吸收一定量的水而形成水合钙基皂具有良好的亲油性和膨胀能力，从而使钙基皂和矿物油形成一种具有稳定结构的润滑脂。因此，水也被称为结构改进剂。像甘油和水这样的胶溶剂或结构改进剂，是由制造润滑脂的基本原料带进来的。因此一般都不把它当作添加剂来看待，通常所说的添加剂是指为改善润滑脂某方面的使用性能而添加的少量物质(抗氧剂、抗腐蚀剂等)。

润滑脂常用添加剂有下列类型：

①胶溶剂；

②抗氧化剂；

③极压添加剂；

④防锈、防腐蚀剂；

⑤抗水剂；

⑥拉丝性增强剂。

在润滑脂中使用各种添加剂，可以改善润滑脂的某些性能，但是，一些添加剂特别是防锈剂和极压剂，往往对润滑脂的其他性能有影响，如使脂稠度下降，分油性增大。润滑脂中所用添加剂的分类及常用添加剂如下所示：

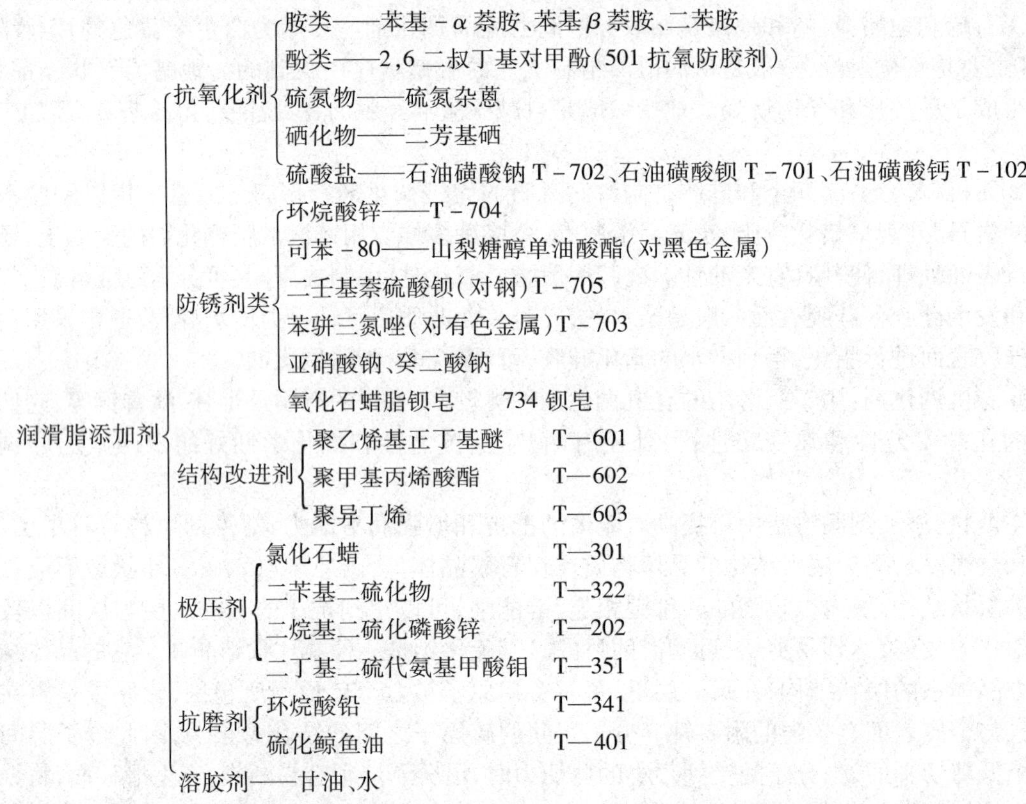

二、结构特点

由前述可知，润滑脂是由一种或多种稠化剂和一种或几种润滑液体所组成的一种具有塑性的润滑剂。即在低负载时，润滑脂呈固体的性质，而在某临界负载时，润滑脂开始塑性变形(类似液体那样流动)，去掉负载后，润滑脂又恢复固体的性质。为了改善润滑脂的性能，可以添加抗氧剂、抗磨剂和抗水剂等添加剂。所以，润滑脂实际上是在润滑液体里添加了一些能起稠化作用的物质，把液体滞化而成半固体。或者是在常温下为半固体膏状的稠化了的润滑油。

对皂基润滑脂的内部结构，从胶体化学的角度来看，一般认为润滑脂是一个以皂晶体为分散相和一个以非极性液体为分散介质的二相结构分散体系。将黏度大的物质分散到黏度小的流体里，可以获得比原来流体黏度较高的产物，这种分散过程是人们所熟悉的。但是这并不是说任何物质都容易分散到任何流体而获得提高黏度的体系。要获得物理安定的二元分散体系,主要有两个决定条件,即分散体(稠化剂)和分散介质的本质;分散程度。这些分散体系的生成和破坏,以及它们的物理化学性质,就是胶体化学研究的内容。胶体的含义就是高度分散的分散体系。

润滑脂的物理不安定性如聚沉、凝结等,具体表现为分油。要使润滑脂分油性小,主要取决于分散体的表面和分散介质之间的吸引力。一般情况下,分散体表面是非极性时,会使两相分子保持稳定;如分散体表面是极性时,两相分子就不能保持稳定。

国内外科学家使用了电子显微镜技术、X 射线衍射技术研究润滑脂的结构。结果证明,稠化剂的分子或分子聚结体在石油润滑油中形成三维的结构骨架,油被保持在这些骨架的空隙处。在使用过程中,从骨架的空隙处分出的适量油起润滑作用。有人形象地比喻润滑脂就像吸水的海绵,润滑液体就像水,稠化剂骨架就像海绵。

任何物质,当具有表面亲油的本性和可以被高度分散到润滑流体介质里就可以制得各种稠度的润滑脂。

我国科学家通过长期工作,并对试验结果分析和归纳,形成了对皂油结构润滑脂的新概念。

(1)润滑脂这个结构分散体系是一个以油为分散介质(连续相)和以皂——油胶凝粒子为分散相(不连续相)的一个二相结构分散体系。

(2)作为润滑脂的分散相的皂——油胶凝粒子仍然是一个以油为分散介质的和以皂分子聚结体为分散相的结构分散体系。

(3)皂——油胶凝粒子内部的油和作为润滑脂分散介质的油(即皂——油胶凝粒子外部的油)之间的关系是既有联系又有区别,即两者之间可以互相转移。

(4)润滑脂的胶体性质、机械性质、润滑性质受到皂——油胶凝粒子的结构分散性的影响。

第二节　汽车润滑脂的使用性能和评定

润滑脂的主要作用是润滑、保护和密封等。润滑脂比润滑油有一些优点。如:具有好的结构黏度和附着力;具有更好的充填和保持能力;具有更好的油性和润滑能力;具有好的密封和防护作用;抗碾压,适于高负荷;减振性强,尤其适于齿轮和振动摩擦节点的润滑;黏温性好,温度适应性强;轴承存脂方便可以简化设计;可以节约维修和管理费用。但是润滑脂润滑也有一些不足之处,如:黏滞性大,起动阻力大;流动性差,散热作用不强;高温时易发生相变并分解,固体杂质一旦混入,便不易除去。

汽车上有许多的部件应用润滑脂润滑,且各部件工作条件都有差异,如:汽车轮毂轴承是使用润滑脂的主要部位,它不仅要润滑脂满足轮载轴承高速剪切,同时还要减摩耐磨、适应高温的影响(特别是汽车在山区行驶时,长时间使用行车制动情况下);汽车钢板弹簧的润滑,不仅要满足润滑,还要抗冲击、抗水等。所以,要求润滑脂还要具备一些特殊性质和使用性能。

一、稠度

稠度是指像润滑脂一类的塑性物质,在受力作用时抵抗变形的程度,一般用锥入度计测定稠度。在使用中,稠度与脂在所润滑部位上的保持能力和密封性能及与润滑脂的泵送性等都有关系,是润滑脂选择的一个重要方面。

用锥入度计测定润滑脂的稠度，评定指标称锥入度。

锥入度是指在规定的时间和温度下，标准锥体自由滑落插入润滑脂内的深度，以0.1mm为单位。锥入度值大，表示脂的结构力弱，即稠度小；锥入度值小，表示脂的结构力强，即稠度大，脂就显得硬。

按测定方法，锥入度可分为多种，如：

(1)不工作锥入度：将试样在尽可能少的搅动下从样品容器移到润滑脂工作器脂杯或适于试验容器内所测定的锥入度。

(2)工作锥入度：试样在标准工作器脂杯中经受往复工作60次后立即测定的锥入度。

(3)延长工作锥入度：试样往复工作超过60次所测定的锥入度。

润滑脂的锥入度是其重要质量指标之一。是选用润滑脂的依据，锥入度越小，润滑脂越硬，越不易进入和充满摩擦面，同时脂的内摩擦阻力大，因而不能适用于高速运转部件的润滑要求。但为了保证有足够的黏附能力，对高速运转的部件也不宜用太软的脂，稠度应适中。对于采用泵送的集中润滑方式用脂，要求脂的流动性好，脂的锥入度要大一些。冬季应选用锥入度大一些的脂，而夏季可选锥入度小一些的脂。

为了适应实际使用中对不同软硬润滑脂的需要，往往对相同的一种脂有不同的锥入度相配，以供不同用途使用，这就是润滑脂产品按锥入度的不同等级在质量指标上规定的润滑脂牌号。美国润滑脂协会(NLGI)按润滑脂在25℃的工作锥入度将润滑脂分为9个牌号，国际上已经广泛采用，具体分法见表7-1。

NLGI稠度分级和锥入度范围 单位：(0.1mm) 表7-1

级号	000	00	0	1	2	3	4	5	6
锥入度范围(25℃)	445~475	400~430	355~385	310~340	265~295	220~250	175~205	130~160	85~115

润滑脂的牌号数越大，锥入度越小，脂越硬，外观显得黏稠。常用脂的锥入度为200~300，锥入度超过400后，就失去塑性而成为液体。

润滑脂的锥入度测定按照GB/T 269—1991《润滑脂和石油脂锥入度测定法》的规定进行，锥入度计见图7-1。方法概要是，在25℃时，把锥体组合计从锥入度计上释放，以圆锥体沉入试样5s时的深度来测定润滑脂的锥入度。

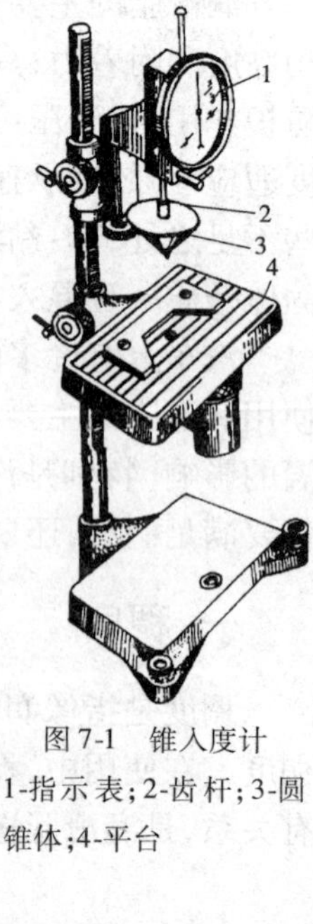

图7-1 锥入度计
1-指示表；2-齿杆；3-圆锥体；4-平台

二、低温性能

汽车起步时的各润滑部位的温度与环境温度几乎是一致的。那么，在寒冷地区的汽车使用中，要求润滑脂在低温条件下仍能保持良好的润滑性能，它取决于润滑脂低温条件下的相似黏度和低温转矩。

润滑脂的黏温特性比润滑油的黏温特性要复杂，因为润滑脂结构体系的黏温特性还要随剪力的变化而改变。

润滑脂在一定温度条件下的黏度是随着剪切速率而变化的变量，这种黏度称之为相似黏度，单位为Pa·s。润滑脂的相似黏度随着剪切速率的增高而降低，但当剪切速率继续增加，润滑脂的相似黏度接近其基础油的黏度后便不再变化。润滑脂相似黏度与剪切速率的变化规律称为黏度——速度特性。黏度随剪切速率变化越显著，其能量损失越大。一般可以根据低温条件下润滑脂相似黏度的允许值来确定润滑脂的低温使用极限。

润滑脂的相似黏度随温度上升而下降,但仅为基础油的几百甚至几千分之一。所以,润滑脂的黏温特性比润滑油好。

SH/T 0048—1991 规定了润滑脂相似黏度的测定方法,采用的是非恒定流量毛细管黏度计。

低温转矩是表示润滑脂在低温条件下使用时阻滞低速度滚珠轴承转动的程度。低温转矩可以表示润滑脂的低温使用性能,用 9.8N·cm 转矩测出使轴承在 1min 内转动一周时的最低温度,作为润滑脂的最低使用温度。

润滑脂的低温转矩除了与基础油的低温黏度有关以外,还与润滑脂的强度极限有关。

SH/T 0338—1992《滚珠轴承润滑脂低温转矩测定法》规定了启动与运转转矩的测定方法,该方法可测在 -20℃条件下,滚珠轴承润滑脂的启动与运转转矩,作为评价润滑脂在低温条件下运转阻力大小的评定指标。

三、高温性能

温度对于润滑脂的流动性具有很大影响,温度升高,润滑脂变软,使得润滑脂附着性降低而易于流失。在较高温度下,润滑脂蒸发损失增大,氧化变质与凝缩分油现象严重。润滑脂失效的主要原因,大多是由于凝胶的萎缩和基础油的蒸发损失所致,也就是说润滑脂失效过程的快慢与其使用温度有关。高温性能好的润滑脂可以在较高的使用温度下保持其附着性能,其变质失效过程也较缓慢。润滑脂的高温性能可用滴点、蒸发量和轴承漏失量等指标进行评定。

润滑脂的滴点是其在规定条件下达到一定流动性时的最低温度,以℃表示。滴点没有绝对的物理意义,它的数值因设备与加热速率不同而异。润滑脂的滴点主要取决于稠化剂的种类与含量,是润滑脂使用温度上限的参考数据,可以判断润滑脂能够在什么温度下使用,滴点越高,耐热性就越好。对皂基润滑脂而言,其使用温度应低于滴点 20~30℃,或更低。

润滑脂的滴点测定按照 GB/T 4929—1985《润滑脂滴点测定法》的规定进行,滴点测定器见图 7-2,滴点计为内标式温度计,附有金属套管和玻璃皿。方法概要是,先把试样按照规定的方法装满脂杯,安装滴点测定器,并用油浴加热,从脂杯滴下第一滴液体时的温度即为滴点。

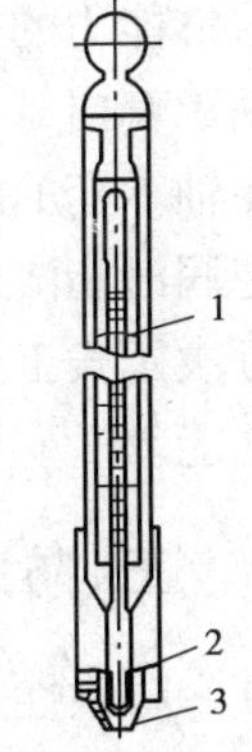

图 7-2　滴点测定器
1-滴点计;2-套管;3-玻璃皿

润滑脂的蒸发量是指在规定的试验条件下,因蒸发而引起润滑脂质量损失的百分数。润滑脂的蒸发量主要取决于所采用的基础油的种类、馏分组成和分子量。高温或宽温度条件下使用的润滑脂,其蒸发量的测定尤为重要,蒸发量可以定性地表示润滑脂上限使用温度。润滑脂基础油蒸发损失,会使润滑脂中的皂基稠化剂含量相对增大,导致脂的稠度发生变化,使用中会造成内摩擦增大,影响润滑脂的使用寿命。因而,蒸发量指标可以从一定程度上表明润滑脂的高温使用性能。

润滑脂蒸发量具体测定方法见 GB/T 7325—1987《润滑脂和润滑油蒸发损失测定法》。方法概要是,将盛有润滑脂试样的蒸发器测定其质量,然后放入油浴(99℃)中,并在润滑脂表面通过一定流速的热空气,试验 22h,最后测定因蒸发而引起的质量损失。在润滑脂规格中标记为:蒸发量(100℃,22h)(%)。

为了更好地评价润滑脂的高温性能,还要通过台架模拟试验,测定高温条件下轴承的工作特性及测定的轴承漏失量。

在汽车上,滚动轴承多用润滑脂润滑。因此,润滑脂在轴承中的使用寿命是一项极其重要的性能指标。润滑脂在高温轴承寿命试验机上的评定,可以模拟润滑脂在一定的高温、负荷、转速条件下的工作性能。因此,测得的结果对实际使用有一定的参考价值。

SH/T 0428—2008《高温下润滑脂在抗磨轴承中工作性能测定法》规定了高温下润滑脂在抗磨轴承中工作性能的测定方法。方法概要是将一个装有试样的轴承安装在润滑脂轴承试验机烘箱内的主轴上,将径向、轴向负荷加到固定的轴承外环上,驱动轴承内环在高速下运转,并保持试样规格要求的温度,以运转时间(h)来评价润滑脂的轴承寿命。也就是说,在试验时,当润滑脂达到使用寿命时,脂膜破坏,出现破坏力矩的峰值,试验自动停车,若经反复启动仍不能转动,则表示润滑脂膜已经破坏,试验结束,试验所进行的时间(h)就是润滑脂的轴承寿命。一般来说,润滑脂的轴承寿命越长,表示其使用期也越长。

评定润滑脂高温性能还有一项指标就是测定润滑脂轴承漏失量。

SH/T 0326—1992《汽车轮轴承润滑脂漏失量测定法》规定了漏失量的测定方法。方法概要是取脂样 90g,往轮毂中装脂样 85g,小轴承中装 2 ±0.1g,另一轴承中装脂样 3g ±0.1g。轮毂转速为 660 ±3r/min,轴承温升至 104.5 ±1.5℃的条件下共转 360 ±5min。测定润滑脂的漏失量,并在试验结束时注意观察轴承表面状况。

显然,漏失量越大,说明润滑脂的高温工作性能越差。

四、抗水性

润滑脂的抗水性表示润滑脂在大气湿度条件下的吸水性能,要求润滑脂在储存和使用中不具有吸水的性能。润滑脂吸水后,会使稠化剂溶解而致滴点降低,引起腐蚀,从而降低保护作用。有些润滑脂,如钠基脂,当吸收水分或遇水后会造成乳化而流失;还有些脂,遇水分会导致变硬而失去润滑能力。

SH/T 0109—1992《润滑脂抗水淋性能测定法》规定了在试验室条件下,测定润滑脂的抗水淋能力的方法。方法概要是将试样装入球轴承内,然后将球轴承装入具有规定间隙要求的轴承套内,以 600 ±30r/min 的速度转动,控制水在规定的温度下,并以 5 ±0.5mL/s 流速喷淋在轴承套的防护板上,以 1h 内被水淋洗掉的润滑脂来衡量润滑脂的抗水淋能力。也可以用测定润滑脂溶水性能的方法测定其抗水性。方法概要是在试样中逐次加入定量的水分,测其 10 万次延长工作锥入度再与试验前 60 次工作锥入度相比较,其差值大小可评定该试样的溶水性能。

五、防腐性

防腐性是润滑脂阻止与其相接触金属被腐蚀的能力。润滑脂的稠化剂和基础油本身是不会对金属产生腐蚀的,使润滑脂产生腐蚀性的原因很多,主要是由于氧化产生酸性物质所致。一般而言,过多的游离酸、碱都会产生腐蚀。

GB/T 7326—1987《润滑脂铜片腐蚀试验》规定了润滑脂对铜部件的腐蚀性测定方法。方法概要是把一块准备好的铜片全部浸入到润滑脂试样中,在烘箱或液体浴中加热一定的时间。一般采用的条件是:100℃,24h。在试验期结束后,取出铜片,经洗涤后,方法之一是将试验铜片与腐蚀标准色板进行比较,确定腐蚀级别;方法之二检查试验铜片有无变色。

GB/T 5018—1985《润滑脂防腐蚀性试验法》规定了润滑脂防腐蚀性能的试验方法。方法概要是将涂有试样的新轴承,在轻的推力负荷下运转 60s,使润滑脂像使用情况那样分布。轴承在 52±1℃,100%相对湿度下存放 48h。然后清洗并检查轴承外圈滚道的腐蚀迹象。本方法中的腐蚀是指轴承外圈滚道的任何表面损坏(包括麻点、刻蚀、锈蚀等)或黑色污渍。

SH/T 0331—1992《润滑脂腐蚀试验法》规定了润滑脂腐蚀试验法。方法概要是以浸入润滑脂的金属试片表面与润滑脂在一定温度下,经一定时间作用后所发生的颜色变化,来确定润滑脂对金属的腐蚀性。

SH/T 0329—1992《润滑脂游离碱和游离有机酸测定法》规定了测定碱金属和碱土金属皂所稠化的润滑脂中游离碱和游离有机酸的含量。方法概要是将润滑脂试样加入溶剂油(或苯)—乙醇混合溶剂中,加热回流至试样完全溶解。酚酞为指示剂,以盐酸标准滴定溶液滴定其游离碱或以氢氧化钾乙醇标准滴定溶液滴定其游离有机酸。

六、机械安定性

润滑脂机械安定性是指润滑脂在机械工作条件下抵抗稠度变化的能力。它取决于稠化剂纤维本身的强度、纤维间接触点的吸引力和稠化剂的量。机械安定性差的润滑脂,使用中容易变稀甚至流失,影响脂的寿命。

GB/T 269—1991《润滑脂锥入度测定法》中的延长工作锥入度(或延长工作锥入度)与工作锥入度的差值,差值越小越好。

SH/T 0122—1992《润滑脂滚筒安定性测定法》规定了用滚筒试验机测定润滑脂的机械安定性。方法概要是用 50g 试样,在室温(21~38℃)下,在滚筒试验机上工作 2h 后,测定试验前后润滑脂的工作锥入度变化,用以判断润滑脂的机械安定性。

七、胶体安定性

胶体安定性是指润滑脂在储存和使用时避免胶体分解,防止液体润滑油析出的能力。也就是润滑油与稠化剂结合的稳定性,因润滑脂是一个胶体分散体系,其胶体结构的稳定常受温度、压力的影响而不同程度地遭受破坏,使固定在纤维空间骨架中的基础油分离出来,严重的会使润滑脂变质。但是如果润滑脂不能在压力的作用下分出一部分油来,也不能使润滑脂起润滑作用。因此,对润滑脂的分油性要有适当的要求。另外,不同的皂基脂分油性也是不同的,这是金属皂本身来决定的。

GB/T 392—1997(1990)《润滑脂压力分油测定法》通过测定润滑脂的分油量来评定润滑脂的胶体安定性。方法概要是用加压分油器将油从润滑脂中压出,然后测定压出的油量。

SH/T 0321—1992《润滑脂漏斗分油测定法》规定了用漏斗分油法测定润滑脂的分油量的方法。方法概要是把一定量的试样放在紧贴漏斗壁的纸上,在规定温度下,经一定时间测定其析出的油量。

SH/T 0324—1992《润滑脂钢网分油测定法(静态法)》,规定了用钢网分油法测定润滑脂分油量的方法,适用于测定润滑脂在温度升高条件下的分油倾向。方法概要是将约 10g 试样装在一金属丝钢网中,在静止状态下 100±1℃,经 30h 后,测定经过钢网流出油的质量百分数。

八、氧化安定性

润滑脂在储存与使用时抵抗大气的作用而保持其性质不发生永久变化的能力称为氧化安

定性。润滑脂中的稠化剂和基础油,在长期储存或长期高温的情况下很容易被氧化。氧化的结果生成腐蚀性产物、胶质和破坏润滑脂结构的物质,这些物质都易引起金属部件的腐蚀和降低润滑脂的使用寿命。由于润滑脂中的金属皂或其他化合物对基础油的氧化起了促进作用,所以一般润滑脂的氧化安定性很大程度上取决于基础油的氧化安定性,且其氧化安定性要比其基础油差。因此,润滑脂中都加抗氧剂来抑制氧化。常用酚类或胺类,有时复合使用作为抗氧剂。

SH/T 0325—1992《润滑脂氧化安定性测定法》规定了用氧弹法测定润滑脂的氧化安定性的方法。方法概要是将试样放在一个加热到 99℃,并充有 758kPa 氧气的氧弹中氧化。按规定时间间隔观察并记录压力。经规定时间周期后,由氧化压力的相应降低来确定润滑脂的氧化程度。

SH/T 0335—1992《润滑脂化学安定性测定法》规定了润滑脂化学安定性的测定方法。方法概要是将润滑脂试样放在规定氧气压力和温度的氧弹中氧化,按规定的时间间隔,观察并记录压力。在氧化结束后,测定试样氧化后的酸值和游离碱,并与氧化前比较,以其变化值和压力降表示该试样的化学安定性。

九、极压性与抗磨性

涂在相互接触的金属表面间的润滑脂所形成的脂膜,具有承受负荷的特性称润滑脂的极压性。一般而言,在基础油中添加了皂基稠化剂,所以其极压性都有增强。但对于在苛刻条件下使用的润滑脂,还要添加极压添加剂,以增强其极压性。

SH/T 0202—1992《润滑脂极压性能测定法(四球机法)》规定了在极压四球机上测定润滑脂极压性能的方法。该方法适用于评定润滑脂的承载能力,评定指标包括综合磨损值 ZMZ 和烧结负荷 P_0。综合磨损值是润滑脂在所加负荷下抗极压能力的一个指数,是用四球法测得润滑剂极压性能时,在规定条件下得到的若干次修正负荷的平均值。烧结负荷是指规定条件下使钢球发生烧结的最低负荷。润滑脂极压性能测定法的方法概要是在规定的负荷下,四个球中上面一个钢球对着下面三个钢球旋转,转速为 1770 ±60r/min,润滑脂温度为 27 ±8℃,然后逐级增大负荷进行一系列 10s 试验,每次试验后测量球盒内任一或三个钢球的磨痕直径,直到发生烧结为止。

SH/T 0203—1992《润滑脂极压性能测定法(梯姆肯试验机法)》规定了使用梯姆肯润滑油试验机测定润滑脂极压性能的方法。极压性能用 OK 值表示。所谓 OK 值是指在用梯姆肯法测定润滑剂承压能力的过程中,出现刮分或卡咬现象时所加负荷的最小值。方法概要是试验润滑脂在 24 ±6℃被压到试验环上,由试验机主轴带动试验环在静止的试块上转动,主动转速为 800 ±5r/min。试验时间为 10min ±15s。试验环和块之间承受压力,通过观察试验块表面磨痕,可以得出不出现擦伤时的最大负荷 OK 值。

润滑脂通过保持在运动部件表面间的脂膜,防止金属对金属相接触而磨损的能力称为抗磨性。润滑脂的稠化剂本身就是油性剂,具有较好的抗磨性。在苛刻条件下使用的润滑脂,添加有二硫化钼、石墨等减磨剂和极压剂,而具有比普通润滑脂更强的抗磨性,这种润滑脂被称为极压型润滑脂。

SH/T 0204—1992《润滑脂抗磨性能测定法(四球机法)》规定了润滑脂抗磨性能的测定方法。它适用于评定润滑脂在钢对钢摩擦副上的抗磨性能,它不能用来区分极压润滑脂和非极压润滑脂。方法概要是在加载的情况下,上面的一个钢球对着表面涂有试验润滑脂(试样)的下面三个静止钢球旋转。在试验结束后,测量下面三个钢球的磨痕直径,以磨痕直径的平均值来判断润滑脂的抗磨性能。

SH/T 0427—1992《润滑脂齿轮磨损测定法》规定了润滑脂的齿轮磨损值测定方法。它适用于测定润滑脂的齿轮磨损值,用以表明润滑脂的相对润滑性能。方法概要是将涂有试验润滑脂的已知磨损性能的试验齿轮(四对),在规定负荷下进行往复运转,经过规定周数后,以铜齿轮平均质量损失作为磨损值。

第三节　润滑脂的分类和产品标记

润滑脂品种繁多,分类工作十分重要。随着科学技术的发展,原来的分类标准已不能适应使用要求,所以 GB 501—1965《润滑脂的分组、命名和代号》已于 1988 年 4 月 1 日废止。GB/T 7631.8—1990《润滑剂和有关产品(L 类)的分类 第 8 部分:X 组(润滑脂)》规定了按使用要求对润滑脂分类的体系,这个分类体系等效地采用了 ISO 的分类方法。但因目前生产、销售与使用的润滑脂有些还未完全采用新的分类体系,所以为了说明新旧分类体系的不同,有必要对新旧分类体系进行比照。

一、GB 501—1965 的规定

GB 501—1965《润滑脂的分组、命名和代号》是按稠化剂组成分类的,即分为皂基脂、烃基脂、无机脂和有机脂四类。

皂基脂按所含皂类不同又分为单一皂基脂,如钙基脂、钠基脂、铝基脂和锂基脂等;混合皂基脂,如钙钠基脂、钙锂基脂和铝钡基脂等;复合皂基脂,如复合钙基脂、复合锂基脂和复合铝基脂等若干小组。同组的润滑脂按用途或使用又分为工业、船用等若干小组。同组同级润滑脂锥入度系列号见表 7-2。

NLGI 稠度分级和锥入度范围　　表 7-2

级　号	000	00	0	1	2	3	4	5	6
锥入度范围（25℃）	445 ~ 475	400 ~ 430	355 ~ 385	310 ~ 340	265 ~ 295	220 ~ 250	175 ~ 205	130 ~ 160	85 ~ 115

旧分类中润滑脂的命名按下述顺序进行:

牌号——→尾注——→组别或级别名称——→类别

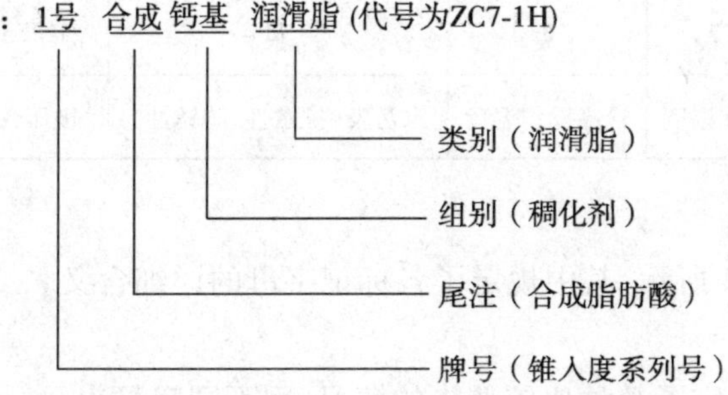

新分类中润滑脂的代号按以下排列顺序进行：

类别——→组号——→级别——→牌号——→尾注号

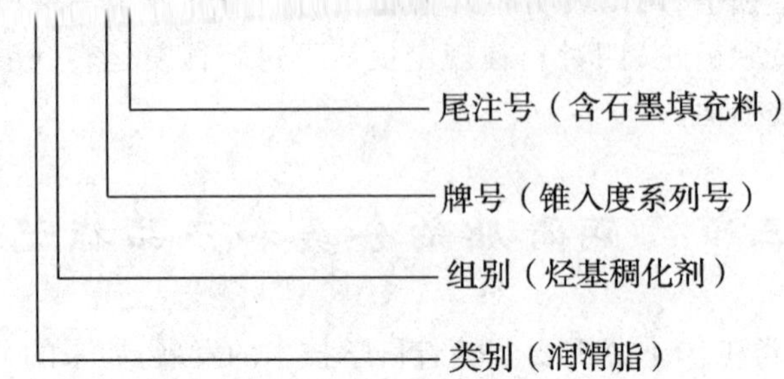

润滑脂按稠化剂组成分类，局限性很大，使用同一稠化剂可以生产出许多具有不同性能的润滑脂，即使是不同类型的稠化剂生产的润滑脂，其性能也往往难以准确区分。所以，按稠化剂组成分类，使用者会感到混淆不清，不依据使用经验及查对相应标准就难以选用。从分组、命名和代号中看不出润滑脂的使用条件，必须再查找这个代号的润滑脂标准。因此给使用者正确选用润滑脂带来了困难，容易发生错用，造成润滑错误。

二、GB/T 7631.8—1990 的规定

1. 适用范围

这个分类标准适用于润滑各种设备、机械部件、车辆等所有种类的润滑脂的分类，不适用于特殊用途的润滑脂的分类。也就是说，其只对起润滑作用的润滑脂适用，对起密封、防护等作用的专用润滑脂均不适用。

这个分类标准是按照润滑脂应用时的操作条件进行分类的。在这个标准的分类体系中，一种润滑脂仅有一个代号，这个代号应与该润滑脂在应用中的最严格操作条件（温度、水污染和负荷等）相对应。

2. 所用符号说明

（1）L 为润滑剂和有关产品的类型代号。

（2）每一种润滑脂用一组（5 个）大写英文字母组成的代号来表示，每个字母及其在该构成中的书写顺序如表 7-3 所示。

润滑脂标记的字母顺序　　表 7-3

L	X（字母 1）	字母 2	字母 3	字母 4	字母 5	稠度等级
润滑剂类	润滑剂组别	最低操作温度	最高操作温度	水污染（抗水性、防锈性）	极压性	稠度号

3. 润滑脂的分类

润滑脂的分类如表 7-4 所示，其中规定了各标记字母的详细含义。

4. 补充说明

为了确定水污染，又规定了几种比较严格的情况，用不同字母表示，如表 7-5 所示。

润滑脂分类（X 组）　　表 7-4

代号字母1	总的用途	使用要求							
		操作温度范围							
		较低温度（℃）①	字母2	较高温度（℃）②	字母3	水污染	字母4	负荷，EP	字母5
X	用润滑脂的场合	0 -20 -30 -40 < -40	A B C D E	60 90 120 140 160 180 >180	A B C D E F G	在水污染的情况下，润滑脂的润滑性能与抗水性和防锈性有关的符号	A B C D E F G H I	在高负荷或低负荷下，表示润滑与极压性能的符号：A 为非极压型脂，B 为极压型脂	A B

注：①设备运转或起动时，或者泵送润滑脂时，所经历的最低温度。

②在使用时，被润滑部件的最高温度。

水 污 染 确 定　　表 7-5

环境条件①	防锈性②	字母4	环境条件①	防锈性②	字母4
L	L	A	M	H	F
L	M	B	H	L	G
L	H	C	H	M	H
M	L	D	H	H	I
M	M	E			

注：①L 为干燥；M 为静态潮湿；H 为水洗。

②L 为不防锈；M 为淡水存在条件下的防锈性；H 为盐水存在条件下的防锈性。

5. 举例

一种润滑脂，使用条件如下述：

最低操作温度：-20℃；

最高操作温度：160℃；

环境条件：经受水洗；

防锈性：不需要防锈；

负荷条件：高负荷；

稠度等级：00；

这种脂标记为：L-XBEGB · 00。

三、两种分类的比较

由于 GB 501—1965 使用时间长，加之目前润滑脂生产、销售尚未完全进入新分类体系所以为了能清楚说明问题和对新体系的认识加深，特作简单比较。

1. 分类原则

GB 501—1965 是按照稠化剂分类。

GB/T 7631.8—1990 是按照润滑脂应用时的操作条件进行分类。

2. 命名与代号

GB 501—1965 的命名与代号可反映润滑脂稠化剂类型(专用脂类有时不能反映出)和牌号。

GB 7631.8—1990 只反映了润滑脂的代号,但可从代号中看出稠度牌号却看不出稠化剂类型。

3. 适用范围

GB 501—1965 可适用于所有润滑脂的分类。

GB/T 7631.8—1990 只适用于以润滑为主的润滑脂的分类。

4. 简化程度

GB 501—1965 不能简化品种命名,且会越来越繁多。

GB 7631.8—1990 能简化品种命名,可将同一使用条件的脂划归为一类。

第四节　汽车润滑脂的特点和规格

一、钙基润滑脂、合成钙基润滑脂

1. 钙基润滑脂的特点

(1)钙基润滑脂是用天然脂肪酸钙皂稠化中等黏度矿物油制成,并以水作为胶溶剂。所以钙基脂的滴点在 75 ~ 100℃之间,使用温度不超过 60℃。否则,钙基润滑脂就会变软流失,不能保证润滑。

(2)具有良好的抗水性,遇水不易乳化变质,适用于潮湿环境或与水接触的各种机械部位的润滑。汽车底盘上的各润滑点都是用钙基脂来润滑的,主要是利用其抗水性好的特点。但对现代汽车的选脂还应考虑其他性能是否适用。

(3)钙基脂有良好的泵送性。这是因为钙基脂的纤维较短,具有低的强度极限。

(4)钙基脂使用寿命较短。

(5)合成钙基脂性能与天然钙基脂相似,但应注意合成钙基脂所用的合成脂肪酸的质量不稳定,若用低碳酸多的原料制成的脂,往往出现表皮发硬现象。

(6)钙基脂在国际上,属于淘汰产品,使用时应慎重。

2. 钙基润滑脂用途

钙基润滑脂主要可用于汽车、拖拉机、水泵、中小型电动机等各种工农业机械的滚动轴承和易与水或潮湿接触部位的润滑。使用温度范围为 -10 ~ -60℃,转速在 3000r/mim 以下的滚动轴承一般都可使用。

3. 规格

钙基润滑脂按其锥入度分为 1、2、3、4 个牌号,号数越大,脂越硬,滴点高,其规格如表 7-6 所示。

钙基润滑脂规格(GB/T 491—2008①)　　表7-6

项　　目	质量指标				试验方法
	1号	2号	3号	4号	
外观	淡黄色至暗褐色均匀油膏				目测
工作锥入度(1/10mm)	310～340	265～295	220～250	175～205	GB/T 269
滴点(℃)　不低于	80	85	90	95	GB/T 4929
腐蚀(T_2铜片,室温,24 h)	铜片上没有绿色或黑色变化				GB/T 7326,乙法
水分(质量分数)(%)　不大于	1.5	2.0	2.5	3.0	GB/T 512
灰分(质量分数)(%)　不大于	3.0	3.5	4.0	4.5	SH/T 0327
钢网分油量(60℃,24h)(质量分数)(%)　不大于	—	12	8	6	SH/T 0324
延长工作锥入度(1万次)与工作锥入度差值(质量分数)(1/10mm)不大于	—	30	35	40	GB/T 269
水淋流失量(38℃,1h)(质量分数)(%)　不大于	—	10	10	10	SH/T 0109及注②
矿物油黏度(40℃)(质量分数)(mm^2/s)	28.8～74.8				GB/T 265

注:①GB/T 491—2008代替GB/T 491—1987。
②水淋后,轴承烘干条件为77±6℃,16h。

合成钙基脂规格如表7-7所示。

合成钙基润滑脂规格(SH/T 0372—1992)　　表7-7

项　　目		质量指标		试验方法
		ZG－2H	ZG－3H	
外观		深黄色至暗褐色均匀油膏		目测
滴点(℃)	不低于	80	90	GB/T 4929
工作锥入度(1/10mm)				GB/T 269①
50℃	不大于	350	300	
25℃		265～310	220～265	
0℃	不小于	230	200	
1万次	不大于	350	320	
腐蚀(钢片,黄铜片,100℃,3h)		合格		SH/T 0331②
游离碱NaOH(%)	不大于	0.2		SH/T 0329
游离有机酸		无		SH/T 0329
机械杂质(酸分解法)		无		GB/T 513
水分(%)	不大于	3		GB/T 512
皂分(%)	不大于	18	23	SH/T 0319

注:①1万次锥入度测定前,样品温度应在25±5℃,工作后按GB 269试验方法进行,放置15mim,测锥入度值作为试验结果。
②腐蚀试验用含碳0.4%～0.5%钢片及含铜57%～61%的黄铜片。

二、石墨钙基润滑脂

1. 石墨钙基润滑脂特点

(1)石墨钙基润滑脂是由动植物油钙皂稠化中等黏度的矿物油,并加入一定量片状石墨制成。具有较好的极压性能,抗磨性能,能适应重负荷、粗糙摩擦面的润滑。

(2)具有较好的抗水性,能适应与水或潮气接触设备的润滑。

2. 石墨钙基润滑脂的用途

石墨是一种良好的润滑剂和填充剂,抗水性好,对金属表面的黏附性也较好,因而石墨钙基脂适用于工作温度在60℃以下的压延机人字齿轮、汽车钢板弹簧、吊车、起重机齿轮转盘等粗糙、低速、重负荷的摩擦部位。

石墨钙基脂不适用于滚动轴承及精密机件的润滑。

3. 规格

石墨钙基脂的规格如表 7-8 所示。

石墨钙基润滑脂规格(SH/T 0369—1992) 表 7-8

项　　目		质量指标	试验方法
外观		黑色均匀油膏	目测
滴点(℃)	不低于	80	GB/T 4929
腐蚀(铜片,100℃,3h)		合格	GB/T 7326①
水分(%)	不大于	2	GB/T 512
安定性		合格	见注②③

注:①腐蚀试验用含碳0.4%~0.5%的钢片进行。

②在密闭的玻璃容器中保存一个月无油析出。

③当验收时,安定性指标为生产厂保证项目,无须检查。

三、复合钙基润滑脂

1. 复合钙基润滑脂的特点

(1)复合钙基脂是由醋酸钙复合的高级脂肪酸钙皂稠化中等黏度的矿物油制成。它不以水作为胶溶剂,所以避免了钙基脂不耐高温的缺点。复合钙基脂滴点高、耐热性好。

(2)有一定的抗水性,可在潮湿环境或与水接触的情况下工作。

(3)有较好的机械安定性和胶体安定性,可用于较高速的滚动轴承上。

2. 复合钙基脂的用途

复合钙基脂适用于工作温度为120~150℃的摩擦副的润滑。适合于车辆轮毂轴承和水泵轴承的润滑。如在其中加入一定量的二硫化钼,效果会更好。

3. 复合钙基脂的规格

复合钙基脂的规格如表 7-9 所示。

复合钙基润滑脂规格(SH/T 0370—1992)　　表 7-9

项　目		质量指标				试验方法
		ZFG－1 号	ZFG－2 号	ZFG－3 号	ZFG－4 号	
外观[①]		淡黄色到暗褐色均匀无块状油膏				目测
工作锥入度(25℃,150g)(1/10mm)		310～340	265～295	220～250	175～205	GB/T 269
滴点(℃)	不低于	180	200	220	240	GB/T 4929
腐蚀(钢片,黄铜片,100℃,3h)		合格				SH/T 0331[②]
水分(%)	不大于	痕迹				GB/T 512
游离碱(NaOH%)	不大于	0.2				SH/T 0329
游离有机酸		无				SH/T 0329
压力分油(%)	不大于	13	10	7	5	GB/T 329
表面硬化试验(50℃,24h)1/4 锥入度差(1/10mm)	不大于	35	30	25	20	附录 A
机械杂质(酸分解法)		无				GB/T 513

注:①在玻璃片上涂抹厚 1～2mm 的润滑脂层,对光检查。

②腐蚀试验用 40、45 或 50 号钢片及含铜 57%～61% 的黄铜片进行。

四、钠基润滑脂

1. 钠基润滑脂的特点

(1)钠基脂是由天然脂肪酸钠皂稠化中等黏度的矿物油而制成,耐热性好,长时间在较高温度下使用也能保持润滑性。

(2)钠基脂附着性强,可用于振动大、温度高的滚动轴承上。

(3)钠基脂耐水性差,遇水易乳化,所以不能用于与潮湿空气或水接触的润滑部位。

2. 钠基润滑脂的用途

钠基脂有高达 160℃的滴点,可在 120℃条件下较长时间工作,并有较好的承压性能,适应负荷范围较大。

钠基脂适用于－10～－110℃温度范围内,一般中等负荷机械设备的润滑,不适用于与水相接触的润滑部位。可用于汽车、拖拉机轮毂轴承润滑。

3. 规格

钠基脂的规格如表 7-10 所示。

钠基润滑脂规格(GB 492—1989[①])[②]　　表 7-10

项　目		质量指标		试验方法
		2 号	3 号	
滴点(℃)	不低于	160	160	GB/T 4929
锥入度(1/10mm)				GB/T 269
工作		265～295	220～250	
延长工作(10 万次)	不大于	375	375	
腐蚀试验(T2 铜片,室温,24h)		铜片无绿色或黑色变化		GB/T 7326 中乙法
蒸发量(99℃,22h)(%)(m/m)	不大于	2.0	2.0	GB/T 7325

注:①GB 492—1989 是在原标准 GB 492—1977 的基础上,参照采用 JIS K 2220—1984《一般用润滑脂 2 种》而制定的。

②原料矿物油运动黏度(40℃)为 41.4～165mm^2/s。

五、钙钠基润滑脂

1. 钙钠基润滑脂特点

(1)钙钠基脂是由动植物油钙钠基混合皂稠化中等黏度的矿物油制成。有较好的抗水性和耐热性。抗水性优于钠基脂,耐热性优于钙基脂。

(2)可以适应湿度不大,温度较高的工作条件。

(3)不适用于低温条件下工作。

2. 钙钠基润滑脂的用途

钙钠基脂适用于各种类型的电动机、汽车、拖拉机和其他机械设备滚动轴承的润滑。使用温度不高于 90 ~ 100℃。

3. 钙钠基润滑脂的规格

钙钠基脂的规格如表 7-11 所示。

钙钠基润滑脂规格(SH/T 0368—1992)　　表 7-11

项　目		质量指标		试验方法
		ZGN—1 号	ZGN—2 号	
外观		由黄色到深棕色均匀无软膏		目测
工作锥入度(25℃,150g)(1/10mm)		250 ~ 290	200 ~ 240	GB/T 269
滴点(℃)	不低于	120	135	GB/T 4929
腐蚀(40 或 50 号钢片,59 号黄铜片,100℃,3h)		合格		SH/T 0331
水分(%)	不大于	0.7		GB/T 512
游离碱(NaOH%)	不大于	0.2		SH/T 0329
游离有机酸		无		SH/T 0329
机械杂质(酸分解法)		无		GB/T 513
矿物油黏度(40℃)(mm^2/s)		41.4 ~ 74.8		GB/T 265

六、通用锂基润滑脂

1. 通用锂基润滑脂的特点

(1)通用锂基脂是由 12—羟基硬脂肪酸锂皂稠化中黏度矿物油,并加入抗氧防锈添加剂制成。具有良好的抗水性、防锈性。

(2)有良好的机械安定性和胶体安定性。在高速运转的机械剪切作用下,润滑脂不会变稀流失。

(3)耐热性好,滴点高。可在较高的温度条件下工作。

2. 通用锂基脂的用途

通用锂基脂适用于 -20 ~ 120℃宽温度范围内各种机械设备的滚动轴承和滑动轴承及其他摩擦部位的润滑。

适合于汽车、拖拉机轮毂轴承等润滑。

3. 通用锂基脂的规格

通用锂基脂的规格如表 7-12 所示。

通用锂基润滑脂规格(GB 7324—1994)　　表 7-12

项　目		质量指标			试验方法
		1号	2号	3号	
外观		均匀光滑油膏			目测
工作锥入度(1/10mm)		310~340	265~295	220~250	GB/T 269
滴点(℃)	不低于	170	175	180	GB/T 4929
腐蚀(T3 铜片,100℃,24h)		铜片无绿色或黑色变化			GB/T 7326,乙法
钢网分油量(100℃,24h)(%) 不大于		10	7	5	SH/T 0324
蒸发量(99℃,22h)(%)	不大于	2.0	2.0	2.0	GB/T 7325
显微镜杂质(个/cm^3)					SH/T 0336
10μm 以上	不大于	5 000	5 000	5 000	
25μm 以上	不大于	3 000	3 000	3 000	
75μm 以上	不大于	500	500	500	
125μm 以上	不大于	0	0	0	
氧化安定性(99℃,100h,78.5×10^4Pa)压力降(Pa(kgf/cm^2))	不大于	3.92×10^4 (0.4)	3.92×10^4 (0.4)	3.92×10^4 (0.4)	SH/T 0335
相似黏度(-15℃,$10s^{-1}$)(Pa. s(P))	不大于	800(8 000)	1 000(10 000)	1 500(15 000)	SH/T 0048
延长工作锥入度(1/10mm)(10 万次)	不大于	390	360	330	GB/T 269
水淋流失量(38℃,1h)(%)	不大于	10	10	10	SH/T 0109
防腐蚀性(级)	不低于	1	1	1	GB/T 5018

七、汽车通用锂基脂

1. 汽车通用锂基脂的特点

(1)汽车通用锂基脂是由 12—羟基硬脂肪酸锂皂稠化低凝点矿物油,并加入抗氧、防锈添加剂而制成。具有良好的高低温性能,可在 -30~120℃的宽温度范围内使用。

(2)具有良好的抗水性和防锈性能,可在潮湿和与水接触的机械部件上使用。

(3)具有良好的机械安定性、胶体安定性、氧化安定性、抗水性和润滑性,在高速运转的机械剪切作用下,脂不会变质、流失,保证良好的润滑。

2. 汽车通用锂基脂的用途

汽车通用锂基脂适用于 -30~120℃范围内汽车轮毂轴承、底盘、水泵等摩擦副的润滑。比现使用的钙基脂的换油周期可延长两倍,减少磨损,简化品种。进口汽车和国产汽车普遍推荐使用汽车通用锂基脂。

3. 汽车通用锂基脂规格

汽车通用锂基脂规格如表 7-13 所示。

汽车通用锂基润滑脂(GB/T 5671—1995)　　表 7-13

项　　目	质量指标	试验方法
工作锥入度(0.1mm)	265 ~ 295	GB/T 269
滴点(℃)(不低于)	180	GB/T 4929
钢网分油量(100℃,30h)(%)(不大于)	5	SH/T 0324
相似黏度(-20℃,$10s^{-1}$)(Pa·s)(不大于)	1500	SH/T 0048
游离碱(NaOH)(%)(不大于)	0.15	SH/T 0329
腐蚀(T_2 铜片,100℃,24h)	铜片无绿色或黑色变化	GB/T 7236
蒸发量(99℃,22h)(%)(不大于)	2.0	GB/T 7325
漏失量(104℃,22h)(%)(不大于)	5.0	SH/T 0326
水淋漏失量(79℃,1h)(%)(不大于)	10	SH/T 0109
延长工作锥入度(10 万次),变化率(%)(不大于)	20	GB/T 269
氧化安定性(99℃,100h,0.77MPa),压力降(MPa)(不大于)	0.07	SH/T 0335
防腐蚀性(52℃,48h,相对湿度 100%)(级)	1	GB/T 5018
杂质(个/cm^3)		SH/T 0336
10μm 以上(不大于)	5 000	
25μm 以上(不大于)	3 000	
75μm 以上(不大于)	500	
125μm 以上(不大于)	0	

八、工业凡士林

1. 工业凡士林的特点

工业凡士林不含皂分,是由石油脂、地蜡、石蜡等固体烃稠化高黏度润滑油制成,属非皂基脂中固体烃基脂。

(1)有一定的防锈性。

(2)不溶于水,不乳化。

(3)有一定的润滑性和较好的黏附性。

2. 工业凡士林的用途

(1)工业凡士林适用于仓储的金属物品和工厂生产出来的金属零件和机器的防锈。

(2)为保护蓄电池接线柱,应在其上涂工业凡士林(应在接线后涂)。

3. 工业凡士林规格

工业凡士林规格如表 7-14 所示。

工业凡士林规格(SH 0039—1990)　　表 7-14

项　目		质量指标	试验方法
外观		淡褐色至深褐色均质无块软膏	目测
滴点(℃)	不低于	54	GB/T 4929
酸值(mgKOH/g)	不大于	0.1	GB/T 264
灰分(%)	不大于	0.07	SH/T 0327
腐蚀(钢片,铜片 100℃,3h)		合格	SH/T 0331
水溶性酸或碱		中性	GB/T 259
机械杂质(%)	不大于	0.03	GB/T 511
水分		无	GB/T 512
低温性能(-30℃,30min)		合格	SH/T 0387
闪点(开口)(℃)	不低于	190	GB/T 267
运动黏度(100℃)(mm^2/s)		实测	GB/T 265

第五节　汽车润滑脂的选用

汽车润滑脂的选用包括润滑脂的品种和稠度级号的选用。考虑的主要因素有温度、转速、负荷和工作环境。

一、汽车润滑脂的选择

润滑脂的品种选择就是根据工作温度、工作环境、负荷和转速进行操作温度范围、水污染和极压性的选择,也可按汽车使用说明书要求选用。

对汽车上主要用于润滑的部位用脂多用锂基脂;对受冲击载荷及极压条件下工作的钢板弹簧用石墨钙基脂;对工作温度过高或过低的地区应选特殊润滑脂(如低温润滑脂、高温润滑脂等);为保护蓄电池接线柱,可用工业凡士林。

汽车用脂品种选择可参考表 7-15。

汽车润滑脂的选择　　表 7-15

润滑脂	应用部位
汽车通用锂基润滑脂(GB/T 5671—1995)或 2 号通用锂基润滑脂(GB 7324—1994)	轮毂轴承、水泵轴承、起动机轴承、发电机轴承、离合器分离轴承和底盘用脂润滑部位
石墨钙基润滑脂(SH/T 0369—1992)	钢板弹簧
工业凡士林(SH 0039—1990)	蓄电池接线柱

稠度级号选用可根据加脂方式、气温、工作温度等选择。一般多用 2 号润滑脂。

二、汽车润滑脂的使用

1. 使用注意事项

(1)根据汽车用脂润滑部位的要求,使用合适的润滑脂。一般汽车使用说明书上均有规定,按规定的润滑脂种类、牌号使用,要防止用错。

(2)注意防止不同种类、牌号和新、旧润滑脂的混合,避免装脂容器、工具和在润滑部位上随意混用。

①不同种类的润滑脂，由于组成、结构和性能不同，如混用后会引起使用性能变化。

②同一种类不同牌号的脂，如果不是同工厂或同工厂不同阶段的产品，混合后也可能因原料、工艺不同而产生性质变化。

③新润滑脂和废润滑脂无论是否同一种类，都不容许混合。

(3)严防机械杂质混入脂中。

(4)脂的加注量不要过多。

(5)注意节约，防止浪费。

2. 延缓润滑脂储存中变质的措施

(1)润滑脂在储存中引起变质的原因一是由外部混入杂质、水分；二是由于润滑脂本身发生物理变化和化学变化而引起。

分油主要由润滑脂的胶体安定性决定，润滑脂氧化严重也会产生分油。分油与储存时氧化有着很密切的关系，脂储存温度高、与空气接触面积大等都促使氧化，增大分油。

润滑脂吸水、氧化、光照等还会引起脂的颜色变化。

混入脂中的机械杂质含量，可增加润滑脂中有害粒子的含量增加。

(2)延缓润滑脂变质的措施：

①要执行润滑脂入库保管的原则，以减少温度、水分、尘土等对脂的影响。

②注意储存温度不可过高。因为高温会促进氧化和分油。

③掌握不同种类润滑脂的特点，加强管理。对易分油的润滑脂要注意检查，掌握储存期限，不宜长期储存。

④盛装润滑脂的容器要密封，以免进入水分、杂质。发放时不可只挖桶中心部分(指大桶盛装)，桶中脂未用完时，应尽量将脂面刮平，以免坑中析出润滑油。

⑤收发或加注润滑脂的容器、工具应保持清洁，并防止不同润滑脂的混合。

⑥对润滑脂要勤检查，定期化验主要易变的项目，如滴点、锥入度、分油等。做到心里有数，发现变质脂应及时处理。

⑦包装容器应根据需要定大小，不宜过大；搬运装卸应尽可能轻取轻放，防止碰摔。

3. 润滑脂在使用中的变质和检验

润滑脂在使用中的变质如前述主要是由于润滑脂本身发生的物理化学变化及异物混入而引起。

由于温度升高和空气的影响，润滑脂发生氧化，在化学成分上发生变化，抗氧化剂被消耗和生成氧化产物，结果使脂的滴点下降、锥入度减小和产生腐蚀。此外，由于蒸发和氧化使基础油油量减少，变质，黏度增加，也使润滑脂锥入度减小。

在使用中由于受离心力的作用，促进分油，也易引起脂锥入度减小。另外，由于机械剪切作用，使稠化剂结构破坏，可引起锥入度的增大或减小。

脂的滴点降低，锥入度增大均可增加漏失量，如锥入度变得过小则会影响润滑。

润滑脂在使用中由于异物混入而产生的变质分为内部因素和外部因素两种。内部因素是轴承磨损的金属粉末混入脂中；外部因素是混入机械杂质、水分等。脂中混入杂质后，会使摩擦副产生较大磨损，混入水分会使脂变质。

润滑脂变质程度可通过检验来判断。可检验使用中的脂的稠度、滴点、酸值的变化，检验脂中由于轴承磨损或从外部混入的铁、铜，以及用电子显微镜观察稠化剂破坏的程度。

第八章　汽车制动液

在轿车和轻型汽车上广泛采用液压行车制动系。汽车制动液是汽车液压制动系所采用的传递压力的工作介质。

第一节　汽车制动液的使用性能

汽车制动液的工作温度范围很宽。当气温低时制动液黏度会增大,低温流动性差。当代汽车的车速越来越高,汽车制动液工作的温度最高可达150℃以上,夏天汽车液压制动系易产生气阻。制动液遇潮吸水后会使沸点下降。汽车液压制动系采用的材料种类多,既有金属材料,又有橡胶材料。

综上所述,汽车制动液应具有以下使用性能。

一、高温抗气阻性

如果制动液沸点过低,在高温时就会蒸发成蒸气,使液压制动系管路中产生气阻,导致制动失灵。为保证行车安全,要求制动液具有高沸点、低挥发性,夏天才不易产生气阻。

汽车制动液高温抗气阻性的评定指标是平衡回流沸点、湿平衡回流沸点和蒸发性。

二、运动黏度

汽车制动液应在使用温度范围内有很好的流动性,使系统内压力能随制动踏板的动作迅速上升和下降,橡胶皮碗能在制动缸中顺利地滑动。因此,要求制动液在很宽的温度范围内保持适当的黏度。在制动液规格中都规定了-40℃最大运动黏度和100℃等的最小运动黏度。

三、与橡胶配伍性

汽车液压制动系有橡胶皮碗等橡胶件,要求制动液对橡胶件不会造成显著的溶胀、软化或硬化等不良影响。

制动液与橡胶配伍性通过橡胶皮碗试验评定。

四、金属腐蚀性

汽车液压制动系的主缸、轮缸、活塞、复位弹簧、导管和阀等主要采用铸铁、铝、铜和钢等材料制成,要求制动液不引起金属腐蚀。另外,当制动液渗入橡胶中时,会从橡胶中抽出一部分组分,抽出物对金属的腐蚀作用也要限制。

制动液的金属腐蚀性通过金属腐蚀试验评定。

五、稳定性

制动液的稳定性包括高温稳定性和化学稳定性,即制动液在高温和与相容液体混合后平衡回流沸点的变化。

制动液稳定性通过稳定性试验评定。

六、耐寒性

制动液的耐寒性是指制动液在低温的流动性和外观变化。

制动液的耐寒性通过低温流动性和外观试验评定。

七、容水性

要求制动液吸水后能与水互溶,不产生分离和沉淀。

制动液的容水性通过容水性试验评定。

八、抗氧化性

零件腐蚀一般是因制动液氧化而引起的,为防止零件腐蚀,要求制动液在高温条件下具有良好的抗氧化性。

制动液的抗氧化性通过氧化性试验评定。

九、润滑性和材料适应性

为保证橡胶皮碗能在制动缸中顺利地滑动,还要求制动液具有润滑性。同时,也要求制动液与液压制动系零件相适应。

制动液的润滑性和材料适应性通过制动液行程模拟试验评定。

汽车制动液通常由溶剂、润滑剂(基础聚合物)和添加剂三部分组成。溶剂决定制动液的初沸点。润滑剂保证制动液的高温黏度和蒸发量,并且使制动液化学稳定性和混溶性好。添加剂能长期保持制动液的物理性质,同时可弥补溶剂、润滑剂所缺少的物理性质是必须加入的成分,例如抗氧剂、防锈剂、防腐剂等。

目前,国内外的汽车制动液基本为合成型制动液。合成型制动液按照合成原料不同,有醇醚型和酯型两种。醇醚型制动液是以二乙二醇乙醚、三乙二醇乙醚、二乙二醇二乙醚和二乙二醇二甲醚为溶剂。酯型制动液又分为羧酸酯型和硼酸酯型。

第二节　汽车制动液使用性能的评定

一、平衡回流沸点

1. 平衡回流沸点的概念

在冷凝回流系统内与大气平衡条件下试样沸腾的温度,叫做平衡回流沸点。平衡回流沸点缩写为 ERBP(Equilibrium Reflux Boiling Point)。

2. 平衡回流沸点测定法

制动液的平衡回流沸点测定按照 SH/T 0430—1992《刹车液平衡回流沸点试验法》的规定进行,平衡回沸点测定仪见图 8-1。方法概要是取 60mL 试样,在 100mL 烧瓶内与大气压平衡,并在一定回流速度条件下沸腾。经计算,用校正到标准大气压的温度作为制动液的平衡回流沸点。

二、湿平衡回流沸点

1. 湿平衡回流沸点的概念

在制动液的试样中，按照一定的方法增湿，增湿后所测得的平衡回流沸点，叫做湿平衡回流沸点。湿平衡回流沸点缩写为WERBP(Wet Equilibrium Reflux Boiling Point)。

2. 湿平衡回流沸点测定法

制动液的湿平衡回流沸点测定按照 GB 12981—2003《机动车辆制动液》的"附录 C"规定进行。本方法可以评定制动液吸湿后平衡回流沸点的下降趋势，间接判断制动液的高温抗气阻性。

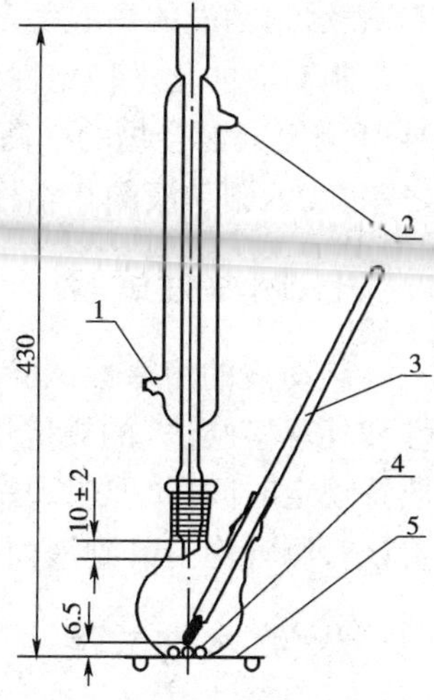

图 8-1　平衡回沸点测定仪
1-进水口；2-出水口；3-温度计；4-佛石；5-石棉金属网

测定方法有 A 法和 B 法两种。A 法是将 350mL 制动液与 350mL 湿度控制液分别放入两个完全相同的干燥器中增湿，当控制液的水含量由 0.5% 增湿至 3.7% 时，测定增湿后制动液的湿平衡回流沸点；B 法是直接在 60mL 待测制动液样品中加入 2.1mL 蒸馏水，混合均匀后，测定其湿平衡回流沸点。

三、蒸发性

制动液的蒸发性是在规定的试验条件下，测量其质量损失、残余物倾点和残余物特征。

制动液的蒸发性测定按照 GB 12981—2003《机动车辆制动液》"附录 G 制动液蒸发损失检验法"的规定进行。方法概要是，把规定量的制动液在 100℃ 下经恒温 168h 试验后，根据恒温前后的质量变化，计算蒸发损失质量分数，然后检查残炭中有无砂粒和磨蚀物，并测定在 -5℃ 时的流动性。

四、与橡胶皮碗适应性

制动液对机动车辆液压制动系所用橡胶皮碗的适应性检验，按照 GB 12981—2003《机动车辆制动液》"附录 K 制动液橡胶皮碗适应性检验法"的规定进行。方法概要是，将橡胶皮碗或橡胶件浸入制动液中，在规定温度下，保持 70h ± 2h 后，按产品标准要求分别对其外观、根径变化、硬度变化、体积变化等进行检验。

五、制动液对金属的腐蚀性

制动液对金属腐蚀性按照 GB 12981—2003《机动车辆制动液》"附录 E 制动液金属叠片腐蚀试验方法"的规定进行。方法概要是，将规定的 7 种金属片磨光、清洗、称重后，以一定形式组合，放入试验瓶内的皮碗上，加入含水制动液，淹没试片，加盖后放入 100℃ 烘箱中，保持 120h，取出冷却后，按产品标准要求分别对金属片、皮碗及制动液进行有关检验。

六、稳定性试验

制动液的稳定性测定按照 GB 12981—2003《机动车辆制动液》"附录 D 制动液稳定性检验法"的规定进行。

制动液的高温稳定性试验方法概要是，把 60mL 试样加热到 185℃，恒温 2h，然后按 SH/T 0430测定其平衡回流沸点，用试样的原平衡回流沸点与加热恒温后的平衡回流沸点之差,表示制动液的高温稳定性。

制动液的化学稳定性试验方法概要是,把 30mL 试样与 30mL 相容性液体混合,按 SH/T 0430 测定其混合物的平衡回流沸点,用开始沸腾后第一分钟内的最高沸点与随后的平均沸点之差,表示制动液的化学稳定性。

七、耐寒性试验

制动液的耐寒性试验按照 GB 12981—2003《机动车辆制动液》"附录 F 制动液低温下流动性和外观检验法"的规定进行。方法概要是,制动液在规定的试验温度(－40℃和－50℃)下,放置规定时间后,取出观察其外观变化如透明度、沉淀、分层等现象,同时测定其流动特性(倒置试管测气泡上升到液面的时间)。

八、容水性试验

制动液的容水性试验按照 GB 12981—2003《机动车辆制动液》"附录 H 制动液容水性检验法"的规定进行。方法概要是,把增湿后的制动液加入到锥形离心管中,在－40℃下保持 22h 后取出,迅速观察试样的外观,如分层、沉淀和透明度等情况,并测定离心管倒置时,气泡上升到液面时间。接着在 60℃下保持 22h 后,立即观察试样的外观,并测定离心沉淀体积分数。

九、抗氧化性试验

制动液抗氧化性试验按照 GB 12981—2003《机动车辆制动液》"附录 J 制动液抗氧性检验法"的规定进行。方法概要是,用过氧化苯甲酰、蒸馏水和制动液配成试验用混合液,并放入 1/8 个橡胶皮碗和铝、铸铁试片组。在 70℃烘箱内保持 168h 后取出检查试片有无坑蚀、粗糙不平等腐蚀现象,并计算试片的质量。

十、制动液行程模拟试验

制动液行程模拟试验按照 GB 12981—2003《机动车辆制动液》"附录 L 制动液行程模拟试验"的规定进行,制动液行程模拟试验采用行程固定式设备,包括主缸总成、制动装置、制动压力传动机构和恒温箱。方法概要是,把制动液装入模拟制动系,在规定的试验条件下进行 85 000次行程试验,然后分解模拟制动系,测量制动缸活塞和缸体直径变化,测量橡胶皮碗根部直径、唇口直径和硬度的变化,测量制动液出现的沉淀物和耗量,观察金属零部件、橡胶皮碗、制动液外观变化和工况等,用以评定制动液的润滑性和材料适应性。

第三节 汽车制动液的标准

为保证汽车行驶安全,各国不断制定、修订汽车制动液标准。

一、国外汽车制动液标准

国外汽车制动液有代表性的标准是:

(1)美国联邦政府运输安全部(DOT)制定的联邦机动车辆安全标准(FMVSS),具体是 FMVSS No. 116 DOT_3、DOT_4 和 DOT_5(表 8-1)。这是世界公认的汽车制动液通用标准。

(2)美国汽车工程师学会标准(SAE)，具体是 SAEJ1703e 和 SAEJ1703f 等(表 8-1)。

(3)国际标准化组织标准 ISO 4925—1978《机动车制动液》，它是参照 FMVSS No. 116 DOT，制定的，100℃运动黏度不小于 1.5mm²/s，平衡回流沸点不低于 205℃，湿平衡回流沸点不低于 140℃。

SAE 和 DOT 系列汽车制动液规格标准　　表 8-1

项目		SAE 系列		DOT 系列		
		J1703e	J1703f	DOT_3	DOT_4	DOT_5
平衡回流沸点(℃)高于	干沸点	190	250	205	230	260
	湿沸点			140	155	180
闪点(℃)	高于					
运动黏度(mm^2/s)	-40℃	1800 以下	1800 以下	1500 以下	1800 以下	900 以下
	100℃	1.5 以上	1.5 以上	1.5 以上	1.5 以上	1.5 以上
pH 值		7.0~11.5				
稳定性(平衡回流沸点变化，℃)	高温稳定性(185.2h)	<3				
	化学稳定性	<2				
金属腐蚀性(100℃，120h)	金属试验片 质量变化(mg/cm^2)小于 马口铁	±0.2				
	钢	±0.2				
	铝	±0.1				
	铸铁	±0.2				
	黄铜	±0.4				
	紫铜	±0.4				
	外观	无点蚀				
	液体性状 外观	不生成胶状或结晶性物质				
	液体性状 pH 值	7.0~11.5				
	液体性状 沉淀(%)(V/V)	0.10 以下				
	橡胶皮碗状态 根部直径增加值(mm)	1.4 以下				
	橡胶皮碗状态 硬度变化(HS)	0~-15				
	橡胶皮碗状态 外观	无鼓泡，不析出炭黑，形状和表面无显著变化				
耐寒性	-40℃，144h	透明，不分层，无沉淀，气泡上升时间 10s 以下				
	-50℃，60h	透明，不分层，无沉淀，气泡上升时间 35s 以下				
容水性(DOT_5 仅吸湿试验)	-40℃，120h	容器倒置、气泡上升时间在 10s 以下				
	60℃，24h，沉淀	小于 0.05%(体积)				
	外观	透明，不分层				
蒸发性 100℃，168h	蒸发减量，质量(%)	小于 80				
	残留物 外观	无砂粒磨料性沉淀				
	残留物 残留物中倾点(℃)	-5 以下				
液体相容性	-40℃，24h	透明，不分层，无沉淀(DOT_5 允许分层)				
	60℃，24h	不分层，沉淀 0.05%(体积)以下(DOT_5 允许分层)				

续上表

项目			SAE 系列		DOT 系列		
			J1703e	J1703f	DOT_3	DOT_4	DOT_5
抗氧化性	质量变化 (mg/cm^2)	铝 铸铁	0.05 以下 0.3 以下				
	外观		无点蚀,不粗糙,无胶状附着物				
橡胶相容性 (SBR 橡胶)	70℃,70h	根部直径增加值 (mm) 硬度变化(HS) 外观	0.15 ~ 1.4 0 ~ -10 橡胶形状和表面无显著变化				
	120℃,70h	根部直径增加值 (mm) 硬度变化(HS) 外观	0.15 ~ 1.4 0 ~ 15 橡胶形状和表面无显著变化				
台架试验,120℃,85 000 行程			通　过				

二、我国汽车制动液标准

我国汽车制动液标准为 GB 12981—2003《机动车辆制动液》。

本标准按机动车辆安全使用要求分为 HZY_3、HZY_4、HZY_5 三种产品,他们分别对应国际通用产品 DOT_3、DOT_4、DOT_5 或 $DOT_{5.1}$。本标准的技术要求见表 8-2。

机动车辆制动液的技术要求　　表 8-2

项目		质量指标			试验方法
		HZY_3	HZY_4	HZY_5	
外观		无沉淀及悬浮物,清澈透明液体;硅酮型 HZY_5 制动液为紫色透明液体			目测
平衡回流沸点(ERBP)/℃	不小于	205	230	260	SH/T 0430
湿平衡回流沸点(WERBP)/℃	不小于	140	155	180	附录 C①
运动黏度/(mm^2/s)					GB/T 265
-40℃	不大于	1 500	1 800	900	
100℃	不小于	1.5	1.5	1.5	
pH 值		7.0 ~ 11.5			GB/T 7304②③
液体稳定性(ERBP)变化/℃	不大于				附录 D
高温稳定性(185℃ ±2℃,120min ±5min)		±3	±[3 +0.05 ×(ERBP -225)]		
化学稳定性[c]		±3	±[3 +0.05 ×(ERBP -225)]		
腐蚀性(100℃ ±2℃,120h ±2h)					附录 E④
试验后金属片状态					
质量变化/(mg/cm^2)	不大于				
镀锡铁皮		±0.2			

续上表

项　目		质量指标			试验方法
		HZY_3	HZY_4	HZY_5	
铜		±0.2			
铸铁		±0.2			
铝		±0.1			
黄铜		±0.4			
紫铜		±0.4			
锌		±0.4			
外观		无肉眼可见坑蚀和表面粗糙不平，允许脱色或出现色斑			
试验后试液性能					
外观		23℃ ±5℃下不凝胶，在玻璃容器壁或金属表面不形成结晶状物质			
沉淀物体积分数/%	不大于	0.10			
pH值[②③]		7.0～11.5			
试验后橡胶皮碗状态					
外观		无鼓泡、脱落表现出的变质			
硬度降低值/IRHD	不大于	15			
根径增值/mm	不大于	1.4			
低温流动性和外观					附录F
-40℃ ±2℃，144h ±4h					
外观		透过试液观察，遮盖力图上的线条清晰可辨认。试液无淤渣、沉淀、结晶，不分层			
气泡上浮至液面的时间/s	不大于	10			
-50℃ ±2℃，6h ±12min					
外观		透过试液观察，遮盖力图上的线条清晰可辨认。试液无淤渣、沉淀、结晶，不分层			
气泡上浮至液面的时间/s	不大于	35			
蒸发性能(100℃ ±2℃，168h ±2h)					附录G
蒸发损失质量分数/%	不大于	80			
残余物性质		用指尖摩擦时，沉淀中不含有颗粒性砂粒和磨蚀物			
残余物倾点/℃	不大于	-5			
容水性(22h ±2h)					附录H
-40℃					
外观		透过试液观察，遮盖力图上的线条清晰可辨认。试液无淤渣、沉淀、结晶，不分层			

续上表

项　目		质量指标			试验方法
		HZY_3	HZY_4	HZY_5	
气泡上浮至液面的时间(s)	不大于	10			
60℃					
外观		试液不分层			
试液中沉淀物体积分数(%)	不大于	0.05(鉴定) 0.15(商品)			
液体相容性(22h ±2h)					附录 H
-40℃[3]					
外观		透过试液观察,遮盖力图上的线条清晰可辨认。试液无淤渣、沉淀、结晶,不分层			
60℃					
外观[4]		试液不分层			
沉淀物体积分数(%)	不大于	0.05			
抗氧化性(70℃ ±2℃,168h ±2h)					附录 J
金属片外观		金属片与锡箔接触面之外的部分,无可见坑蚀和点蚀,允许脱色或出现色斑,允许痕量胶质沉积			
金属片质量变化/(mg/cm^2)	不大于				
铝片		±0.05			
铸铁片		±0.03			
橡胶相容性(SBR 橡胶皮碗及 EPDM 橡胶试件)					附录 K[5]
硬度降低值(SBR 橡胶皮碗及 EPDM 橡胶皮碗或试件)(IRHD)	不大于				
70℃		10			
120℃		15			
皮碗外观		无鼓泡,脱落			
根径增值(SBR 橡胶皮碗)(mm)		0.15～1.40			
体积变化分数(EPDM 橡胶皮碗或试件,70℃和120℃)(%)		1～10			
行程模拟性能(85 000 次行程,120℃ ±5℃,6.86MPa ±0.34MPa)					附录 L
金属部件状态		金属部件无可见坑或点蚀,允许脱色或出现色斑			
缸体和活塞直径变化(mm)	不大于	0.13			
皮碗状态					
硬度降低值(IRHD)	不大于	15			
外观		不出现过度的划痕、变形、鼓泡、裂纹、蜕皮或外形变化			

续上表

项　　目		质量指标			试验方法
		HZY_3	HZY_4	HZY_5	
皮碗根径增值(mm)	不大于	0.90			
皮碗唇径过盈量(%)	不大于	65			
任意 24 000 次行程期间液体损失量(mL)	不大于	36			
缸体活塞工作状态		无卡滞和不良工作状况			
最后的 100 次行程期间液体损失量(mL)	不大于	36			
试验后试液状态					
液体状态		不含去除不掉的沉淀和胶状附着物			
沉淀物体积分数(%)	不大于	1.5			
缸体外观		试验期间缸体和其他金属部件上沉淀不多于痕量,制动缸体上不附着用蘸乙醇的布擦除不掉的沉淀			

注:①仲裁试验以本标准附录 C 中 A 法为准。

②测定 pH 值应按下述步骤操作:

a. 称取 4g 氢氧化钠(NaOH)于烧杯中,加少量蒸馏水后倒入容量瓶并稀释至 1 000mL,配成物质的量浓度为 0.1mol/L的氢氧化钠水溶液;

b. 按体积比(80%/20%)配制乙醇/蒸馏水混合溶剂,在 23℃ ±5℃下用物质的量浓度 0.1mol/L 氢氧化钠水溶液调节 pH 值为 7.0 ±0.1。若 0.1 氢氧化钠水溶液耗量超过 4mL,则混合溶剂应重新配置;

c. 用制动液样品与 pH 值为 7.0 的乙醇/蒸馏水混合溶剂等体积配成试样,按 GB/T 7304 方法测定该试样的 pH 值,测定结果作为制动液的 pH 值。

③硅酮型 HZY_5 制动液不进行此试验。

④允许采用符合 HG2865 的皮碗进行此试验。仲裁以采用国家标准样品进行的试验为准。

⑤液体相容性试验取 50mL ±0.5mL 的制动液与 50mL ±0.5mL 的相容性试验标准样品配成混合溶液,其余试验步骤按附录 H 进行,但不测定气泡上浮至液面的时间。

第四节　汽车制动液的选用

一、汽车制动液的选择

汽车制动液的选择应坚持两条原则:一是选择合成制动液;二是质量等级以 FMVSS No. 116 DOT 标准为准。

按照 GB 12981—2003《机动车辆制动液》。

部分汽车要求制动液的规格见表 8-3。

部分汽车要求制动液的规格　　表 8-3

汽车型号	制动液级别
上海桑塔纳(LX 系列、2000 系列)	N052 766 XO
富康(CITROËN ZX 型)	合成型 TOTAL FLUIDE SY 或 DOT_4
夏利 TJ 7100	912 合成制动液或 DOT_3 制动液
捷达	DOT_4 制动液

续上表

汽 车 型 号	制动液级别
福特 天霸(FORD TEMPO)2.3L	DOT_3 制动液
北京切诺基	DOT_3 或 DOT_4 制动液
奥迪 A6	DOT_4 制动液
别克 GL、GLX	Delcosup Temell 或 DOT_3

二、汽车制动液的更换和管理

汽车制动液的更换以汽车行驶里程或使用时间确定。部分汽车的制动液更换期见表8-4。

部分汽车的制动须更换期 表 8-4

汽 车 型 号	制动液更换期
上海桑塔纳(LX 系列、2000 系列)	每 24 个月或行驶驶过 5 万 km
富康(CITROËN ZX 型)	每 24 个月或行驶驶过 3 万 km
夏利(TJ 7100)	每 12 个月
捷达	每 24 个月或行驶驶过 3 万 km
北京切诺基	每 24 个月或行驶驶过 2.4 万 km

汽车制动液使用应注意下列事项:

(1)不同规格的制动液不能混用。

(2)防止水分或矿物油混入。

(3)制动缸橡胶皮碗不可敞开放置。

(4)汽车制动液多以有机溶剂制成,易挥发、易燃。因此,管理和使用中要注意防火。

第九章　汽车液力传动油

为了改善汽车传动系结构，使其操纵自动化，减轻驾驶员的劳动强度，提高汽车行驶平顺性、动力性、通过性，延长汽车机件使用寿命，减少汽车发动机排放污染物的含量等，目前在一些高级汽车上都装备有自动变速器。自动变速器属于液力机械传动机构，该机构必须使用汽车液力传动油，也称 ATF(Automatic Transmission Fluid)。

在自动变速器工作过程中，液力传动油被变矩器中的泵轮带动旋转，并吸收由泵轮传递的机械能而变成液体动能，当油流经过涡轮时又将液体动能转换成机械能，由涡轮输出，实现能量的转换与传递。传递效率与传动油的黏度、抗泡沫性等有关，因此对油的黏度和其他性能有一定的要求。在液力传动系统内工作温度可达 70～140℃，油的流速可达 20m/s，并不断地与金属、空气接触，所以要求油的抗氧化性能要好。液力传动系统中的轴承、齿轮等摩擦副也要用液力传动油来润滑，故要求油有一定的润滑性。

在自动变速器中的执行机构(制动器和离合器)等属多用湿式摩擦元件，所以要求液力传动油要有良好的摩擦特性(换挡特性)。

综合所述，汽车自动变速器所用汽车液力传动油是一种多功能工作液，其主要功能有。

(1)动力传递介质。在扭矩变换中作为流体动力能的传动介质，作为伺服机构和压力环路静压能的传递介质，在离合器中作为滑动摩擦能的传递介质。

(2)热能传递介质。由于摩擦片表面接触瞬间温度可达 600℃，自动变速器用液力传动油也作为热传递介质，以控制摩擦副表面温度，防止烧结。

(3)润滑介质。作为齿轮、轴承等的润滑介质。

第一节　汽车液力传动油的特性

一、黏度

液力传动油的使用温度范围一般为 -25～170℃，因此要有较高的黏度指数和较低的倾点。在高温黏度方面，作为传递介质必须要求黏度低，而作为润滑介质，又希望有一定的黏度。另外在高温时如油黏度过低，在液压系统中的阀门、活塞、密封处都会造成泄漏，引起自动变速器工作不良。所以，需要一个合适的黏度范围。轿车用液力传动油，其合适的高温(100℃)黏度为 7.0～8.5mm^2/s；重负荷功率转换用油的高温(100℃)黏度可按 SAEJ300 分类，从 3.8～16.3mm^2/s，分为五个等级。

低温黏度是液力传动油的重要性能指标之一。低温黏度在考虑自动变速器低温起动性和泵送性外，还考虑了离合器摩擦片烧伤的危险。一般对液力传动油低温黏度的要求如表 9-1 所示。

由于液力传动油在高、低温条件下，都要求能正常工作，所以对液力传动油必须要求有适当的黏度、良好的低温流动性和黏温性能。

自动传动液低温黏度的要求 表 9-1

汽车制造商	现在的要求	今后可能提出的要求
GM 汽车公司	-23.3℃ 不大于 4000cP	-28.9℃ 不大于 [illegible]
	-40℃ 不大于 50000cP	-40℃ 不大于 30000cP
Ford 汽车公司	-17.8℃ 不大于 1700cP	相同
	-40℃ 不大于 50000cP	-40℃ 不大于 20000cP
日本汽车制造商	-30℃ 不大于 3800cP	相同或进一步提高
	-40℃ 不大于 20000cP	
Chrysler 汽车公司	-28.9℃ 不大于 4500cP	相同或增加 -40℃要求
Daimler Benz 公司	与 GM 公司相同	相同或进一步提高

二、热氧化安定性

汽车在行驶中,自动变速器中的液力传动油的温度,随汽车行驶的条件而变,其温度一般在 80~88℃之间。但在苛刻运行条件下,最高可达 150~170℃,这样对油品氧化的影响,虽然比内燃机油要低,但由于油品氧化产生油泥、漆膜,或产生腐蚀性酸,或造成黏度变化,会引起摩擦特性变化,使离合器打滑,氧化生成的酸腐蚀零件,甚至有损于塑性密封材料和离合器片表面的状态。黏度变化过大,会使传动操作变坏。油泥会堵塞液压控制系统和排油管路。漆状物形成会导致控制阀、调节杆失灵。氧化产物还会使油引起泡沫,造成气穴等。

因此,液力传动油的抗氧化性能要求仍然十分严格。近年来,汽车制造商要求自动变速器用液力传动油与变速器同寿命,至少也应在 16 万 km 的行驶期内保持性能不变。

三、摩擦特性

液力传动油摩擦特性是一个复合的性能,也是液力传动油全部性能中最重要又最难达到要求的性能。液力传动油要求有适当的油性,即要求有相匹配的静摩擦系数和动摩擦系数,一般动摩擦系数对起动扭矩的大小影响较大,如动摩擦系数过小,换挡时间就会延长;如动摩擦系数过大,换挡的最后阶段就会引起扭矩急剧增大,发生尖叫声。因此,汽车制造商希望有如下的摩擦特性:

(1)动摩擦系数尽可能高。

(2)静态断裂摩擦系数尽可能比实际使用的要高。

(3)静与动摩擦系数之比要小于 1。

(4)希望在苛刻条件下经过 1 000 次离合器接合后,其摩擦性能不变。

(5)希望新的液力传动油在全部操作温度范围内摩擦特性不变。

摩擦特性通过台架试验或实车试验进行评定。

四、与密封材料的适应性

液力传动油对自动变速器中各部分的密封材料必须相适应,不应使它们有明显的膨胀、收缩、硬化等不良影响。

在密封材料适应性方面,基础油和添加剂都有明显的影响,一般石蜡基基础油对橡胶有收缩倾向,环烷基基础油对橡胶有膨胀的倾向。通常用这两种油进行调和,以适应橡胶膨胀的要求。

某些添加剂也能改善油品对橡胶的膨胀性能。此外,由于所用密封材料的不同(丁腈胶、聚丙烯酸酯、硅橡胶等),可能会造成基础油与添加剂之间的矛盾及橡胶膨胀剂的加入与油品其他性能之间的矛盾,因而使配方复杂化。

五、其他性能

1.剪切稳定性

自动变速器中的液力变矩器在进行动力传递时,液力传动油会受到强大的剪切力,一般基础油对剪切是比较稳定的,但黏度指数改进剂等高分子化合物易受到切断,从而使油品的黏度降低,引起油压降低,于是离合器便产生打滑。汽车制造商对剪切稳定性的要求如表9-2所示。

国外主要汽车制造商对剪切稳定性的要求　　表9-2

汽车制造商	100℃最低黏度(mm^2/s)	剪切试验方法
GM Dexron Ⅱ	5.5	THOT
GM6137M		THCT
Ford Mercon	5.5	THCT
Ford ESP—M2C138J	6.0(新油6.8)	汽车周期试验(FTM BJ12—4)
Chrysler MS 7176	5.8	泵试验(LP481C—112)
Benz Sheel236.6/36.7	6.0(新油7.0)	FZG齿轮试验(CEC—L—37—T—85)
日本汽车制造商	最大损失10%	超声波剪切ASTM D2503

注:THOT—热氧化安定性试验;
THCT—传动耐久性试验。

2.抗泡沫性

液力传动油在工作中产生泡沫,对自动变速器工作会带来严重影响。它不仅影响控制的准确性,还影响变矩器的性能和破坏正常润滑,是离合器烧蚀、打滑等故障产生的主要原因之一。

泡沫的形成主要是气体的掺入和吸油过程中把因油泵吸油道密封不好而漏入的空气吸入油中;还有因阀孔节流和液压系统在高速溢流时,周围产生低压涡流区,使空气卷入油中形成气泡。再就是油泵吸油管周围的油被吸入油泵后,吸油管外围的油受黏度的影响,油的流速大,使油面不能保持水平状,因此在油面上出现凹穴,当凹穴和油一同流动时,凹穴被油包围起来,形成气泡而进入油路中。机械搅拌也可能产生气泡,如低传动比的变矩器中泵轮与涡轮间的转速差,低挡或倒挡时控制执行元件之间的转速差等,这些转速差都是机械搅拌产生泡沫的原因。

为了提高液力传动油的使用性能,往油中加入清净分散剂、油性剂、极压剂等添加剂,这些添加剂都是些表面活性剂,能促使泡沫的产生。

液力传动油的抗泡沫性对自动变速器的工作有着很大的影响。油起泡沫后,可导致变矩器传递功率下降,因为泡沫的可压缩性会使液压系统油压波动或下降,油中混入空气而减少了供油量不仅影响供油量同时还促使油品老化,影响油品使用寿命,致使机件早期磨损。

为了防止油品起泡沫,广泛采用加入抗泡沫添加剂。抗泡沫性的检测可按GB/T 12579—1992《润滑油泡沫特性测定法》的规定进行。

3. 抗磨性能

在自动变速器中使用了很多诸如星形齿轮传递，为满足润滑，油要有好的抗磨性能。抗磨性还与离合器的传动、变速器的寿命及变速特性有关。在液力传动油规格中，抗磨性是通过四球磨损试验机、梯姆肯磨损试验机或台架试验来检测。

4. 防腐性能

防腐性能在液力传动油中也是值得注意的问题。在液力传动装置中有许多铜接头、铜管道、有色金属轴瓦、止推轴承等。因此，该类金属的氧化腐蚀应严加控制，否则，会影响整个传递系统的工作可靠性及寿命。

5. 储存安定性

含有多种添加剂混合组分的液力传动油其各组分的相容性是很重要的。保证在一定温度范围内和一定时间应该均相，没有分解、分层现象。

综上所述，液力传动油是一种性能比较全面优良的油品，它虽然没有像内燃机润滑油对氧化、清净分散性那么要求严格，也不像齿轮油那样对极压性、抗磨性那样苛刻，但它要求的各方面指标都比较严格，尤其希望在整个使用期间理化性能、使用性能均能保持较小的变化。因此，国外普遍认为液力传动油是全部润滑油产品中最复杂、最高级的产品之一，它的配方需要精心仔细地加以平衡，方可满足各方面的性能要求。

第二节　汽车液力传动油的分类和典型规格

一、汽车液力传动油的分类

在 ISO 6743/4 分类标准中，把液力传动油分为：HA 油（适用于自动传动）和 HN 油（适用于功率转换器）。美国材料试验学会（ASTM）和美国石油学会（API）把液力传动油按使用分类，曾分为 PTF—1、PTF—2 和 PTF—3。其前 2 挡与 ISO 相同，PTF—3 是增加了 1 挡拖拉机用油，见表 9-3。

国外液力传动油的使用分类方案　表 9-3

分类	适用范围	规格举例	国内常用油名
PTF—1	适用于轿车、轻型载货汽车的自动传动装置	通用汽车公司（GM）Dexron Ⅱ； 福特汽车公司（Ford）M2C33—F/或 G，M2C138—CJ， M2C66—H； 克莱斯勒公司（Chrysler）MS—3256 或 4228； SAE J311b—71	8 号液力传动油，自动变速器油（液）
PTF—2	适用于重型载货汽车、履带车、越野车的功率转换器和液力耦合器等	通用汽车公司 Truck 和 Coach 阿里森（Allison）C—3 型 SAE J1285—80	6 号液力传动油，功率转换器油
PTF—3	适用于农业和野外建筑机械的液压、齿轮和制动等装置	约翰·狄尔（John-Deere）JDT303 或 J—14B 或 J—20A 玛塞—费格森（Massey-Ferguson）M—1135 福特 M2C41A	拖拉机液压/齿轮两用油

注：PTF—PowerTransmissionFluid。

PTF—1类油主要用于轿车和轻型载货车的液力传动系统。其特点是低温起动性好,对油的低温黏度及黏温性有很高的要求。典型品种是美国通用汽车公司 GM DEXRON 或 GMDEXRONⅡ或Ⅲ。比较起来,当然后者较前者有更好的低温性能和氧化安定性能,耐久性试验条件也较前者苛刻。

PTF—2 类油主要用于重负荷的液力传动系统。如重型载货汽车、大型客车、越野车和工程机械的自动变速器。其特点是适合在重负荷下工作,对极压抗磨性的要求很高。

PTF—3 类油是随着全液压拖拉机的发展而生产的,主要功能是作传动、差速器和最后驱动齿轮的润滑,以及液压转向、制动、分动箱和悬架装置的工作介质。典型的规格见表 9-3。这类油的特点是适于中低速下运转的拖拉机及野外作业的工程机械液力传动系统和齿轮箱中使用,其极压性、抗磨性、油膜承载能力要求都较严格。

二、汽车液力传动油的典型规格

由于汽车液力传动油分类规格比较复杂,在美国,它主要由各大汽车或汽车齿轮变速器和液力传动装置制造厂制定自己公司的专用规格。其主要系列有通用公司的 DEXRON、福特公司的 MERCON、埃里森公司的 ALLISON 和卡特皮勒公司的 TO 系列规格。

1. 通用汽车公司的自动变速器用液力传动油

通用汽车公司是美国三大汽车公司中对液力传动油提出规格要求最早的一个汽车公司。自 1949 年出现了汽车自动变速器,它就提出了 TYPE A 规格,随着自动变速器的改进和汽车性能的提高,又不断更新和修订,出现了 TYPEA、SUFFIXA、DEXRON、DEXRONIID、DEXRONIIE 以及最新公布的 DEXRONⅢ规格。规格不断更新主要是提高对 ATF 的低温性能、抗氧化性能和摩擦特性要求,以及对评定设备的更新。当然,随着技术的发展,还将会有更新的规格出现。

2. 福特汽车公司的自动变速器用液力传动液

福特公司自 20 世纪 50 年代至 1974 年的规格 M_2C_{33}A/B、C/D、E/F、G 都是不加摩擦改进剂的,与通用公司的 ATF 在规格与性能上有差别。1974 年福特公司发表了 M_2C_{33}CJ 规格,对产品要求做了较大修改,并且表示可以与 GM 公司的 DEXRON 规格的 ATF 通用。1987 年福特公司公布了自己的 ATF 规格 MERCON,后又修订为 NEW MERCON 规格,在低温、氧化性能方面有了较大的提高。福特公司最新推出的 MERCONV 规格,对油品的低温性要求更加苛刻。

3. 埃里森公司重负荷液力传动液

埃里森公司是 GM 公司的一个专门生产变速器的分公司,为了它自己的产品可靠性,它对液力传动油制定了专门的规格,主要用于重负荷传动使用。1968 年以前称作 C 规格,20 世纪 60 年代末改为 C—2 规格,1973 年改为 C—3 规格,1989 年改为 C—4 规格。由于 GM 公司 DEXRONIIE 规格的提出,埃里森公司又将 ALLISON C—4 规格一些评定方法改为与 DEXRON IIE 通用。

4. 卡特皮勒(Caterpillar)公司的分动箱传动油 TO 规格

该公司主要生产柴油机和使用柴油机的大型载货汽车、挖掘机和各类矿山机械,大多在重负荷下工作。为了满足自己生产的自动变速器用油要求,制定了专用的分动箱传动油规格。1973 年卡特皮勒公司公布了 TO—1 试验方法,用于评定油对青铜摩擦副的摩擦阻尼特性。1974 年公布了 TO—2 是将试验温度提高到 113℃,同时公布了 TO—3 评定与氟橡胶相容性的方法。1991 年推出了 TO—4 新方法，是用一台 LINK 摩擦试验机代替 TO—2 规格采用的 SAE-No. 2 摩擦试验机，在摩擦片尺寸、材料和形状等方面更接近该公司的要求。

表 9-4 列出了各主要规格的理化指标要求，表 9-5 列出了美国通用汽车公司 DEXRON 规格台架评定的变化和指标。

汽车自动传动液各主要规格的理化性能要求　　表 9-4

项　目		Dexron		New Mercon	Allion C—4	Caterpillar TO—4	试验方法 (ASTM)
		Ⅱ E	Ⅲ				
100℃运动黏度(mm^2/s)		报告		>6.8.	报告	报告	D 445
闪点(℃)	>	160	170	177	160	160	D 92
燃点(℃)	>	175	185	—	175	175	D 92
布氏黏度(mPa · s) -20℃	<	1500	1500	1500	报告达	按 SAE	D 2983
-30℃	<	5000	5000	报 告	到 3500	J300 要求	
-40℃	<	20000	20000	20000	时温度		
铜片腐蚀	≯	无变黑剥落	1b	1b	无变黑剥落	1a	D 130
钢棒锈蚀		通过	通过	通过	通过	—	D 665
泡沫性(95℃)		无泡沫	无泡沫	D-892 加	无泡沫	D-892 加	GB 6137
135℃泡高(mm)	<	10	5	150℃	10	0.1 水	(M)
135℃消泡时间(s)	<	15	15	100/0	23	25/0	附录 A
元素含量		报告	报告	报告	报告	—	D 4951
威克斯泵试验(mg)	<	15	15	10	15	90	D 2882

美国通用汽车公司 Dexron 规格台架评定的变化及指标　　表 9-5

项　目		Dexron Ⅱ E 1990 年 10 月	Dexron Ⅲ 1993 年 4 月
THOT 氧化试验			
试验条件			
变速器		4L-60	4L-60
实验油用量(L)		5 + 5 = 10	9 + 1 = 10
试验温度(℃)		163 ± 1	163 ± 1
试验时间(h)		300	300
油流量(L/s)		0.086 ± 0.003	0.086 ± 0.003
空气流量(mL/60s)		90	90
试验压力(kPa)		500	565
通过指标			
300h 试验		通过	通过
传动部件状态		清洁，等于或优于参考油	清洁，等于或优于参考油
总酸值增加(mgKOH/g)	<	4.5	3.25
羰基吸收峰增加		0.55	0.45
排气含氧量(%)	≮	4	报告

续上表

项　　目	Dexron ⅡE 1990 年 10 月	Dexron Ⅲ 1993 年 4 月
试验后油的 100℃黏度(mm^2/s)	5.0	5.0
试验后油的布氏黏度(mPa·s)	<3000(-20℃)	<2000(-20℃)
冷却器青铜合金	无腐蚀	无腐蚀
SAE No.2 摩擦特性试验(片式)		
试验条件		
电机功效(kW)×转速(r/min)	22×3600	22×3600
飞轮惯量(kJ)	15.7	15.7
离合器摩擦片型号×片数	3T40 或 SD1777×2	3T40 或 SD1777×2
对偶片材质×片数	钢×4	钢×4
润滑油罐容积(L)	1	1
试油加入量(mL)		
试油温度(℃)	140	140
供气压力(kPa)	345	345
释放压力(kPa)	70	70
空气流速(cm^3/min)	50	50
运转时间(h)	100	100
每周期工况		
高速电机转,离合器开(s)	0~10	0~10
高速电机停,离合器合(s)	10~15	10~15
高速电机停,离合器开(s)	15~20	15~20
通过指标		
100h 试验	通过	通过
离合器摩擦片状态	无异常磨损或剥落	无异常磨损或剥落
测定周期(h)	24~100	24~100
中点动转矩(N·m)	150~180	150~180
啮合时间(s)	0.45~0.60	0.40~0.55
静转矩不超过动转矩(N·m)	—	—
最大转矩与中点动转矩差(N·m)　≤	30	30
最大转矩(N·m)　>	150	150
结束转矩(N·m)	报告	报告
SAE No.2 摩擦特性试验(带式)		
试验条件		
电机功效(kW)×转速(r/min)	22×3600	22×3600
飞轮惯量(kJ)	15.0	15.0
离合器摩擦片型号×片数	带 3T40×1	带 3T40×1
对偶片材质×片数	鼓 3T40×1	鼓 3T40×1

续上表

项　　目	Dexron ⅡE 1990年10月	Dexron Ⅲ 19[illegible]年[illegible]月
试油加入量(mL)	1500	1500
试油温度(℃)	135	135
供气压力(kPa)	300	300
释放压力(kPa)	—	—
空气流速(cm^3/min)	50	50
运转时间(h)	100	100
每周期工况		
高速电机转,离合器开(s)	0~10	0~10
高速电机停,离合器合(s)	10~13	10~13
高速电机停,离合器开(s)	13~15	13~15
通过指标		
100h试验	通过	通过
离合器摩擦片状态	无异常磨损或剥落	无异常磨损或剥落
测定周期(h)	20~100	10~100
中点动转矩(N·m)	145~220	185~230
啮合时间(s)	0.4~0.6	0.35~0.55
最大转矩与中点动转矩差(N·m)　≤	80	80
最大转矩(N·m)　>	报告	报告
结束转矩(N·m)	170	170
THCT周期循环试验		
试验条件		
汽油发动机型号	L—60	L—98
传动箱型号	4L—60	4L—60
试验油(L)	9+3=12	9+3=12
试验条件油温(℃)	135±1	135±1
周期(次)	20000	20000
循环程序		
从怠速到1~2挡(s)	5.0	2.75
再加速到2~3挡(s)	15	9.75
再加速到3~4挡(s)	—	19.75
在高速挡加速(s)	3挡25	4挡24.7
减速到怠速(s)	40	39.7
发动机转速(r/min)	600~4000	650~3400
变速器输出转矩(N·m)	136~746	125~800
通过指标		
20 000周期	通过	通过

续上表

项　目		Dexron ⅡE 1990 年 10 月	Dexron Ⅲ 1993 年 4 月
传动部件状态		清洁，等于或优于参考油	清洁，等于或优于参考油
1～2 挡换挡时间(s)		0.35～0.80	0.30～0.75
2～3 挡换挡时间(s)		0.35～0.80	0.30～0.75
使用后油品的变化			
总酸值增加(mgKOH/g)	<	2.5	2.0
羰基吸收峰增加	<	0.35	0.30
100℃黏度(mm^2/s)	>	5.0	5.0
-20℃布氏黏度(mPa)	≯	3 000	2 000

第三节　汽车液力传动油的选用

1. 液力传动油的选择

液力传动油选用品种时可按照以下方法参考。

(1)按照液力传动油的使用分类中各类油的适用范围来选择。

(2)按照车辆使用说明书的规定来选择。

(3)一般轿车和轻型货车自动变速器都选用符合通用公司 DEXRON 规格的液力传动油，常用的是 DERON IID，电控自动变速器可选低温性能优良的 DEXRON IIE 或选用最新规格 DEXRONⅢ。

(4)重负荷车辆的自动变速器可选用埃里森的 ALLISON C—3 或 C—4 规格的油。

(5)卡特皮勒公司生产的大型载货汽车、挖掘机和矿山机械的自动变速器要求使用 Caeterpillar To—4 规格的油品。

2. 液力传动油使用注意事项

(1)注意保持油温正常：长时间重载低速行驶，将使油温上升，加速油的氧化变质，将形成沉积物和积炭，阻塞细小的通孔和油液循环管路，这又使自动变速器进一步过热，最终导致变速器损坏。

(2)经常检查油位：车辆停放在水平地面上，发动机怠速运转，油温在正常范围内(80～85℃)，此时油位应在自动变速器油标尺上的热态油位。自动变速器油位不能过高或过低，否则自动变速器都将出故障。

(3)按照车辆使用说明书的规定更换液力传动油和过滤器(或清洗滤网)，同时拆洗自动变速器油底壳。

(4)检查油面和换油时，注意油液的状况。在手指上蘸少许油液，用手指互相摩擦看是否有渣粒存在，并从油标尺上嗅闻油液气味及观察油液外观颜色。

对于 DEXRON 中的红色油液来说：清澈带红色则正常；暗红色或褐红色则离合器或制动器摩擦片磨损，油过热；乳白色则油内进水；颜色清淡且气泡多则油内有空气或油品过高；油内有渣粒则摩擦片损坏或轴承和其他摩擦副损坏；油标尺上有胶状物则变速器过热所致。

(5)换油时应将油底壳和油路(特别是变矩器)清洗干净，按需要量加入新油。

(6)不同牌号、不同品种的液力传动油不能混用，同牌号不同厂家生产的也不宜混用。

第十章　汽车其他工作液

第一节　汽车发动机冷却液

发动机在工作时，汽缸内部要产生高温高压气体。为保证发动机正常工作，就应对其进行冷却；同时，为防止发动机在严寒季节不发生缸体、散热器和冷却系管道的冻裂，还应对发动机冷却系防冻；另外，还要求冷却系用冷却介质能防腐蚀、防水垢等。所以，现代发动机（水冷）都应使用冷却液。

一、冷却液的使用性能

为保证汽车发动机正常工作和延长发动机使用寿命，要求汽车发动机冷却液应具备以下性能。

1. 低温黏度小，流动性好

汽车发动机冷却液的低温黏度越小，说明冷却液流动性越好，其散热效果好。

2. 冰点低

冰点就是液体冷却时所形成的结晶，在升温时，其结晶消失一瞬间的温度，以℃表示。若汽车在低温条件下停放时间较长，而发动机冷却液的冰点达不到应有温度时，则发动机冷却系统就会被冻裂。因此，要求发动机冷却液的冰点要低。

3. 沸点高

沸点就是发动机冷却系统的压力与外界大气压力相平衡的条件下，冷却液开始沸腾的温度，以℃表示。发动机冷却液在较高温度下不沸腾，可保证汽车在满载、高负荷等苛刻工作条件下工作时正常运行。同时，沸点高则蒸发损失也少。

特别对现代电控燃油喷射系统及电子控制点火的发动机来说，因为其燃烧温度高，所以对沸点的要求更高。

4. 防腐性好

发动机冷却液在工作中要接触多种金属材料，如果它对金属有腐蚀性，就会影响发动机正常工作，甚至造成事故。为使发动机冷却液有良好的防腐性，要保持冷却液呈碱性状态，冷却液 pH 值在 7.5 ~ 11.0 之间为好，超出范围将对金属材料产生不利影响。

发动机冷却液是一种化学物质的调和物，有些有机物对汽车涂层有不良影响。所以，在冷却液配方中，应严格掌握配伍性，使冷却液对汽车涂层不能产生损害，如剥落、鼓泡和褪色等。

5. 不产生水垢，不起泡沫

水垢对发动机冷却系的散热效果影响很大。试验表明，水垢的导热性比铸铁差得多，比铝就差得更多。所以，冷却液在工作中，应不产生水垢。

发动机冷却液如果产生气泡，不仅会降低传热性，加剧气蚀，同时还会造成冷却液溢流而损失。

另外,还要求汽车冷却液传热效果好;不损坏橡胶制品;热化学安定性好;蒸发损失少;热容量大;价廉、无毒。

二、乙二醇型汽车发动机冷却液

发动机冷却系最早使用水作为冷却液,它来源广泛、经济、比热大、流动性好、冷却效果好。但水中含有大量的盐类,对发动机冷却系的金属产生腐蚀,同时温度升高时,因溶解度下降而析出,形成水垢,水垢的导热性比金属差很多。更严重的是由于水的冰点较高,结冰时体积膨胀,会使发动机冷却系部件冻裂,因此要求使用冰点低的冷却液。

酒精-水冷却液因为其配制时酒精含量与冰点的关系是酒精含量多,冰点低,但着火性大,且蒸发损失也大。所以,已被淘汰。

甘油-水冷却液因为甘油降低冰点的效率低,不够经济,且甘油吸水性很强使保存密封要求很严等,也被淘汰。

乙二醇-水冷却液,因为具有冰点低、沸点高,在腐蚀抑制剂存在下能长期防腐防垢,其性能远优于水、乙醇和甘油型冷却液而被广泛使用。

乙二醇是一种无色黏稠液体,能与水以一定比例混合。沸点197.4℃,相对密度为1.113,冰点为-11.5℃,但与水混合后,其冰点可显著降低,最低可达-68℃。乙二醇冷却液的冰点与乙二醇含量的关系如表10-1所示。

乙二醇冷却液浓度与冰点 表10-1

冰点(℃)	乙二醇(%)	相对密度(20/4℃)	冰点(℃)	乙二醇(%)	相对密度(20/4℃)
-10	28.4	1.0340	-35	50	1.0671
-15	32.8	1.0426	-40	54	1.0713
-20	38.5	1.0506	-45	57	1.0746
-25	45.3	1.0586	-50	59	1.0786
-30	47.8	1.0627	-11.5	100	1.1130

现代汽车发动机冷却液(乙二醇型)是由基础液、防腐蚀添加剂、抗泡沫添加剂、染料及水等组成。基础液主要是乙二醇,也可使用少量的丙烯醇和二乙二醇。但只能在乙二醇中加入一部分混合使用。

乙二醇易氧化生成酸性物质对金属有腐蚀作用,因此用作冷却液时应加入防腐添加剂。由于发动机冷却系中有各种金属材料(黄铜、紫铜、铸铁、铸铝、锡焊和钢材等),常需要用几种防腐添加剂复合使用。典型的防腐剂有硼酸盐、磷酸盐、硅酸盐、苯甲酸盐、亚硝酸盐、硝酸盐、颈基苯并噻唑和苯骈三氮唑等。这些添加剂除直接抑制腐蚀外,还能中和酸性物质。酸性物质是由于冷却液变质产生的,也可以由于汽缸盖垫片漏气并混入的燃烧产物。为保证冷却系的金属少腐蚀,必须加有足够的防腐添加剂。

在冷却液工作时,由于混入废气或吸入空气而引起泡沫,或因其他原因而引起泡沫,都会严重影响冷却效果,对传热不利。可加入硅油等类抗泡沫添加剂,以使所产生泡沫及时破裂。

冷却液中加入染料的目的是为了与其他液体相区别,及容易在冷却系中发现是否加有冷却液和便于发现泄漏。染料在使用期间应是稳定的,并且在冷却液意外溢出时不应该影响涂层。

现代冷却液浓缩液的基本组分是92%～95%的乙二醇,3%～5%的防腐剂,5%以下的水及染料等。

乙二醇有毒,按照我国现行工业毒物的6级毒性分级方法,属于5级毒性物。所以在保管、配制和使用时不能吸入体内。乙二醇也有较强的吸水性,储存容器应密封,以防吸入水后溢出损失。

三、乙二醇型冷却液标准

1. 国外标准

日本产冷却液(防冻液),JIS 2234规定了普通冷却液(AF)和长寿冷却液(LLC)。AF型冷却液有一定的碱性,因此对发动机冷却系机件有轻微腐蚀性,故只能短期使用(主要是冬季使用);LLC型冷却液是一种冬、夏都可以使用的冷却液,这一点应特别注意。表10-2所示为JIS K2234—1987规定的冷却液的技术要求。

JIS K2234—1987冷却液标准 表10-2

性能			1种	2种
冰点(℃)		50%(V)水溶液	-34以下	-34以下
		30%(V)水溶液	-14.5以下	-14.5以下
pH值		30%(V)水溶液	7.0～11.0	7.0～11.0
储备碱度		浓缩液(mL)	报告	报告
密度		20/20℃浓缩液	1.114以上	1.114以上
沸点(℃)		浓缩度	155以上	155以上
发泡性(mL)		30%(V)水溶液	4以下	4以下
水分(%)浓缩液			5以下	5以下
玻璃器皿腐蚀	金属试片质量变化(mg/cm^2)	铸铝、铸铁、焊锡钢、黄铜、紫铜	±0.60 ±0.30	±0.30 ±0.15
	外观	在试片与垫片接触之处以外看不到腐蚀,但颜色可以有变化		
	试验后液体的性质	pH值	6.5～11.0	
		pH值的变化	±1.0	
		储备碱度变化率(%)	报告	
		液相	颜色不能有明显的变化,液体不能有分层及凝胶出现	
		沉淀物(V/V)(%)	0.5以下	
模拟使用腐蚀	金属试片质量变化(mg/cm^2)	铸铝、铸铁、焊锡钢、黄铜、紫铜	±0.60 ±0.30	
	外观	在试片与垫片接触之处以外看不到腐蚀,但颜色可以有变化		
	试验后液体的性质	pH值	6.5～11.0	
		pH值的变化	±1.0	
		储备碱度变化率(%)	报告	
		液相	颜色不能有明显的变化,液体不能有分层及凝胶出现	
	零件的状态	泵的密封部分泵壳内部及叶片	运转中无不良动作、渗漏及异常声响 无明显腐蚀现象	

美国使用的冷却液一种是符合 ASTM D3306 要求,适合于轻负荷发动机使用;另外是符合 ASTM D4985、D6210 和 D6211 要求,适合于重负荷发动机使用。表 10-3 所示为 ASTM D3306—2000《轿车及轻负荷汽车用的发动机冷却液》,其中:1 型是乙二醇型浓缩液;2 型是丙二醇型浓缩液;3 型是乙二醇型稀释液,4 型是丙二醇型稀释液。

轿车和轻负荷汽车用发动机冷却液(ASTM D3306—2000)　表 10-3

项目		质量标准				试验方法(ASTM)
		1 型	2 型	3 型	4 型	
理化指标	相对密度(15.5℃/15.5℃)	1.110 ~ 1.145	1.030 ~ 1.065	>1.065	>1.025	D 1122,D 5931
	冰点(℃)			< -37	< -32	D 1171
	50%(V/V)蒸馏水	< -37	< -32			
	沸点(℃)	>163	>152	>108	>104	D 1287
	50%(V/V)蒸馏水	>108	>104			
	灰分(%)(m/m)	<5	<5	<2.5	<2.5	D 1119
	pH 值			7.5 ~ 11.0	7.5 ~ 11.0	D 1287
	50%(V/V)蒸馏水	7.5 ~ 11.0	7.5 ~ 11.0			
	氯含量(10^{-6})	<25	<25	<25	<25	D 3634,D 5827
	水分(%)(m/m)	<5.0	<5.0			D 1123
	储备碱度(mL)	报告				D 1121
	对汽车有机涂料的影响	无影响				D 1882
使用性能	玻璃器皿腐蚀试片,变化值(mg/片)					D 1384 试验溶液浓度,乙(丙)二醇,33%(V/V)
	紫铜	<10				
	焊锡	<30				
	黄铜	<10				
	钢	<10				
	铸铁	<10				
	铸铝	<30				
	模拟使用腐蚀试片,变化值(mg/片)					D 2570 试验溶液浓度,乙(丙)二醇,44%(V/V)
	紫铜	<20				
	焊锡	<60				
	黄铜	<20				
	钢	<20				
	铸铁	<20				
	铸铝	<60				
	铸铝合金传热腐蚀(mg/cm^2)	<1.0				D 43340 试验溶液浓度,乙(丙)二醇,25%(V/V)

续上表

项目		质量标准				试验方法(ASTM)
		1型	2型	3型	4型	
使用性能	泡沫倾向					D 1881
	泡沫体积(mL)	<150				试验溶液浓度,乙(丙)二醇,33%(*V/V*)
	泡沫消失时间(s)	<5.0				
	铝泵气穴腐蚀(级)	>8				D 2809 试验溶液浓度,乙(丙)二醇,17%(*V/V*)

2. 我国标准

我国汽车发动机冷却液现行标准是 SH 0521—1999《汽车及轻负荷发动机用乙二醇型冷却液》(代替 SH 0521—1992)。本标准等效采用美国材料与试验协会标准 ASTM D3306—1994《轿车及轻型卡车用的乙二醇型发动机冷却液》。本标准规定了汽车和轻负荷发动机用乙二醇冷却液及其浓缩液的技术要求。本标准所属产品适用于汽车和轻负荷发动机冷却系,不适用于重负荷发动机冷却系。分为浓缩液和冷却液。

乙二醇型发动机冷却液浓缩液由乙二醇、适合的防腐蚀添加剂、消泡剂和适量的水组成。这些适量的水是为溶解添加剂和保证产品在 -18℃时能从包装容器中倒出。在产品性能满足技术要求的情况下,可含有其他的醇类,如丙二醇和二乙二醇,但含量最多不超过15%(*V/V*)。

冷却液按照冰点分为 -25 号、-30 号、-35 号、-40 号、-45 号和 -50 号六个牌号,技术要求见表 10-4。

发动机冷却液及浓缩液的技术要求　　表 10-4

项目		质量指标							试验方法
		浓缩液	冷却液						
			-25号	-30号	-35号	-40号	-45号	-50号	
颜色		有醒目的颜色							目测
气味		有异味							嗅觉
密度(20℃)(kg/m³)		1107~1142	1053~1072	1059~1076	1064~1085	1068~1088	1073~1095	1075~1097	SH/T 0068
冰点(℃)	不高于	—	-25.0	-30.0	-35.0	-40.0	-45.0	-50.0	SH/T 0090
50%(*V/V*)蒸馏水	不高于	-37.0	—						
沸点(℃)	不低于	163.0	106.0	106.5	107.0	107.5	108.0	108.5	SH/T 0089
50%(*V/V*)蒸馏水	不低于	107.8	—						
对汽车有机涂料的影响		无影响							SH/T 0084
灰分[①](%)(*m/m*)	不大于	5.0	2.0	2.3	2.5	2.8	3.0	3.3	SH/T 0067
pH值		—	7.5~11.0						SH/T 0069
50%(*V/V*)蒸馏水		7.5~11.0	—						
水分(%)(*m/m*)	不大于	5.0	—						SH/T 0086

续上表

项　　目		质量指标							试验方法
		浓缩液	冷却液						
			-25号	-30号	-35号	-40号	-45号	-50号	
储备碱度(mL)		报告①							SH/T 0091
氯含量(mg/kg)	不大于	25	报告①						SH/T 0621
玻璃器皿腐蚀② 试片、变化值(mg/片)									SH/T 0085
紫铜		±10							
黄铜		±10							
钢		±10							
铸铁		±10							
焊锡		±30							
铸铝		±30							
模拟使用腐蚀③试片, 变化值(mg/片)									SH/T 0088④
紫铜		±20							
黄铜		±20							
钢		±20							
铸铁		±20							
焊锡		±60							
铸铝		±60							
铝泵气穴腐蚀③(级)	不小于	8							SH/T 0087
铸铝合金传热腐蚀②(mg/cm^2)	不大于	1.0							SH/T 0620
泡沫倾向									SH/T 0066
泡沫体积(mL)	不大于	150							
泡沫消失时间(s)	不大于	5.0							

注:①供需双方协商确定的数值。

②为保证项目,不同批次的原材料必须测试。

③为保证项目,但产品定型时必须测试。

④对 -25 号冷却液,可向该产品加入一定量的碳酸氢钠、氯化钠和无水硫酸钠进行试验。

四、汽车发动机冷却液的选用

在选用冷却液时,选用冰点要比车辆运行地区的最低气温低 10℃左右。

乙二醇冷却液的最低和最高使用浓度,一般规定最低使用浓度为 33.3%(*V/V*),此时冰点不高于 -18℃,低于此浓度时则冷却液的防腐蚀不够。最高使用浓度为 69%(*V/V*),此时冰点为 -68℃,高于此浓度时则冰点反而会上升。全年使用冷却液的车辆其最低使用浓度为 50%(*V/V*)左右为宜。

除选择好所使用的冷却液外,应特别注意以下几点。

(1)加注冷却液前应对发动机冷却系进行清洗,最简单的方法是打开散热器放水阀,用自来水从加水口冲洗。

(2)冲洗后,加注冷却液,并检查冷却液的密度(在散热器加水口就可以)。

(3)乙二醇-水型冷却液在使用中蒸发的一般是水,应及时添加适量的水。但时间长了以后(如每年入冬前)应检查冷却液的密度,如密度变小,就说明乙二醇含量不足、冰点高,应及时加充冷却液(或浓缩型冷却液)。

(4)在使用乙二醇型冷却液时,应注意乙二醇有毒,切勿用口吸。

(5)冷却液在使用一定时间后,应更换。因为使用过程中要消耗冷却液中的添加剂。一般规定1~2年,或按照冷却液使用说明执行。

(6)不同牌号冷却液不可混用。

第二节 汽车空调用制冷剂

一、对汽车空调制冷剂的性能要求

在制冷设备中完成制冷循环的工作介质,称制冷剂。根据汽车空调制冷系统的特点,对使用的制冷剂提出以下性能要求:

(1)蒸发潜热大,且易于液化。

(2)化学安定性好,不易变质。

(3)工作温度和压力适中。

(4)对金属物件无腐蚀。

(5)不燃烧、不爆炸。

(6)无毒性、无污染。

(7)可与润滑油(冷冻机油)按照任何比例互溶。

二、汽车空调用制冷剂品种

汽车空调用制冷剂最早广泛使用CFC—12(亦写为R—12),后来使用环保型产品HFC—134a(亦写为R—134a)。这两种制冷剂的理化指标如表10-5所示。

R—12和R—134a制冷剂的理化特性 表10-5

项　目	R—12	R—134a	项　目	R—12	R—134a
学名	二氯二氟甲烷	1.1.1.2四氟乙烷	临界压力(MPa)	4.125	4.065
分子式	CF_2Cl_2	CH_2FCF_3	临界密度(kg/m^3)	558	511
分子量	120.91	102.03	0℃蒸发潜热(kJ/kg)	151.4	197.5
沸点(℃)	-29.79	-26.19	燃烧性	不燃	不燃
临界温度(℃)	111.80	101.14	臭氧破坏系数	1.0	0

CFC—12制冷剂具有制冷能力强、化学性质稳定。安全性好等优点。但是研究证明,CFC—12释放在大气中后,会消耗大气层中的臭氧,而破坏了大气对地球的保护作用(臭氧层可防止太阳光中紫外线直接射向地球),给人类和生物带来危害。

HFC—134a 对大气层不起破坏作用，HFC—134a 与 CFC—12 比较，制冷能力较小，但传热性能优越。

HFC—134a 与 CFC—12 制冷剂的系统是有区别的，使用时切不可用错制冷剂。否则，会引起制冷系统故障。

在使用 CFC—12 时应注意：

(1) 制冷剂容器避免日光直射、火炉烘烤，以防意外。

(2) 避免与人的皮肤直接接触，以防冻伤，尤其避免误入眼睛，以防造成失明。

(3) 尽管 CFC—12 是无毒或低毒，但与火焰接触时，会产生毒气。

(4) 操作现场应通风良好。

在使用 HFC—134a 时，除了要注意上述问题外，相对于 CFC—12 还应注意：

(1) 干燥剂应用 XH—7，并增加用量。

(2) 冷冻机油应用适于 HFC—134a 的专用油。

(3) 制冷系统密封材料应用专用材料。

第三节　汽车风窗玻璃洗涤液

风窗玻璃洗涤液是用来消除风窗玻璃上妨碍视野的物质。汽车在行驶过程中，其他车辆溅起的泥土、废气中含有的未完全燃烧的油气和道路沥青与雨水的混合物、抛光剂的蜡与雨水的混合物等，它们会附着在汽车风窗玻璃上，这就要求风窗玻璃洗涤液对以上各种物质具有浸透、乳化分散、可溶性，以便将其清洗干净。

一、风窗玻璃洗涤液的性能

(1) 冬季使用的风窗玻璃洗涤液，应具有较低的凝点，一般要求风窗玻璃洗涤液的凝点为-20℃，对于特别寒冷地区可特殊配制。

(2) 风窗玻璃洗涤液对雨刮机构的材料如铝、不锈钢、锌、橡胶、塑料和油漆等不应产生腐蚀和影响。

(3) 风窗玻璃洗涤液，多用于雨天，而不是日常行驶时经常使用。但风窗玻璃洗涤液常存放于发动机舱内，时而加热，时而冷却，易发生分离、沉淀和造成机构内部堵塞，如不能保证正常喷射，就不能确保驾驶员视野。因此，要求风窗玻璃洗涤液在低温和高温交变时，应没有分离和沉淀。

所以，一种优质的汽车玻璃洗涤液应具有在一定浓度范围内，既对金属不腐蚀，又对非金属性能不产生影响，能有效地除去各种污垢，确保风窗玻璃视野良好，在冷热交变下稳定性好，还要对人的皮肤和嗅觉无刺激及其他不适反应。

二、风窗玻璃洗涤液的配方

风窗玻璃洗涤液配方见表 10-6。

洗涤液的组成　　表 10-6

组　成	配方 1(%)	配方 2(%)
表面活性剂	4.0	5.0
防雾剂	1.0	

续上表

组　成	配方 1(%)	配方 2(%)
阻尼剂	3.5	
无机助洗剂	6.0	
有机助洗剂	1.5	22.0
水分	余量	余量

将表 10-6 所述溶液,根据不同季节需要,按 5% ~10% 稀释可获得不同凝点的风窗玻璃洗涤液。该洗涤液去污性好,不损坏金属、非金属表面。

三、风窗玻璃洗涤液的技术要求

根据国外有关资料参考,对风窗玻璃洗涤液的技术要求列出几项规定,见表 10-7。

洗涤液的技术要求　　表 10-7

项　目		规　定	条　件
凝固温度		-20℃以下或根据用户意见商定	
pH 值		6.5 ~10.0	
清净性	洗净性 分散性	透过风窗玻璃应可看清前方视野,可容易地对油污成分乳化分散	
金属腐蚀	铝板 不锈钢板 黄铜 铬酸盐镀锌板	应没有明显的点状腐蚀和粗糙表面	50 ±2℃ 48h
对橡胶影响	天然橡胶 三元乙丙橡胶 氯丁橡胶	应无表面的粘接、炭黑脱落以及龟裂等异常现象	50 ±2℃ 120 ±2h
对塑料影响	聚乙烯树脂 聚丙烯树脂	无明显变化和变色现象	50 ±2℃ 120 ±2h
对涂层影响	丙烯树脂瓷漆 氨基醇酸树脂漆	应无涂层软化和膨胀现象试验前后的光泽和颜色应无变化	50 ±2℃ 6h
稳定性	加热稳定性	允许有棉毛状沉淀但不应含有结晶粒子	50 ±2℃ 8h 后 20 ±15℃16h
	低温稳定性		-15 ±2℃ 8h 后 20 ±15℃16h

第四节　汽车减振器油

汽车减振器油是汽车减振器的工作介质。它用于汽车减振器内,用来吸收汽车振动能量,在与汽车悬架弹簧共同作用下,使汽车振动迅速减弱,以提高汽车行驶平顺性。

一、减振器油的质量要求

(1)适宜的黏度。

(2)良好的黏温性,以保证在工作温度变化时,能维持适当的黏度,起到良好吸振作用。

(3)良好的低温流动性,凝点低,以适应在寒区的环境下使用。

(4)良好的抗氧化、抗泡沫性能。

(5)一定的抗磨性。

二、减振器油规格

减振器油按成分中基础油分类,可分为矿油型和硅油型,质量指标相似。矿油型减振器油的规格见表10-8。

矿油型减振器油规格　　表10-8

项　目		质量指标	试验方法
运动黏度(50℃)(mm^2/s)		5	GB/T 265
运动黏度比(V50℃/V100℃)	不大于	100	GB/T 265
闪点(开口)(℃)	不低于	125	GB/T 267
凝点(℃)	不高于	-55	GB/T 510
机械杂质		无	GB/T 511
腐蚀(T_3 铜,100℃,3h)		合格	SH/T 0195
酸值(mgKOH/g)			
未加剂	不大于	0.1	
加剂	不大于	—	
水溶性酸碱		无	GB/T 259
水分(%)		无	GB/T 260

美国Ford公司汽车减振器油的性能指标见表10-9。

美国Ford公司汽车减振器油规格　　表10-9

项　目		质量指标
运动黏度(100℃)(mm^2/s)	不小于	3
(40℃)(mm^2/s)	不大于	18
黏度指数		190
凝点(℃)	不高于	-51
闪点(开口)(℃)	不低于	152
橡胶溶胀性,(质量增加)(%)	不大于	1.42
橡胶溶胀性,(体积增加)(%)	不大于	2.89
剪切稳定性,(黏度增加)(%)	不大于	14.95
蒸发损失率(121℃,22h)(%)	不大于	17.16
铜片腐蚀(100℃,3h)	不大于	16
酸值(mgKOH/g)	不大于	2.15
水分(%)	不大于	0.1

三、减振器油的选用

1. 选用

目前,减振器油的品种不多,选用时应选具有优良性能的减振器油和选用符合质量要求的减振器油。如缺乏减振器油可用25号变压器油和22号汽轮机油各50%混合使用。这两种油都是经过深度精制的油品,具有良好的抗氧化性。一般适于炎热季节和地区的减振器油可用10号变压器油和22号汽轮机油配制;适于寒冷季节和地区的减振器油可用45号变压器油与22号汽轮机油配制。

2. 使用注意事项

在储存和使用时,容器和加油工具必须清洁;严防混入水分和杂质。

使用中,减振器应无渗漏,每4~5万km应维护,拆检减振器时,更换减振器油,并按规定加足油量。

第五节 汽车铅酸蓄电池用电解液

汽车铅酸蓄电池是一种把电能转变成化学能储存起来,再把化学能转变为电能供用电器使用的电源。汽车蓄电池能反复多次进行充电和放电,因此它是属于再生式电池。而蓄电池中所用的电解液就是蓄电池充电、放电过程的介质。

蓄电池用的电解液是由纯净硫酸与蒸馏水按一定比例配制而成,要保持高度纯洁。一般工业用硫酸和非蒸馏水都含有杂质,不可加入蓄电池内,否则将减少蓄电池的容量,影响蓄电池的性能和寿命。

一、电解液的技术要求

铅酸蓄电池用电解液应符合表10-10技术要求。

铅酸蓄电池用电解液技术要求 表10-10

项目			质量指标	
			%	g/L
硫酸含量			45~15	480~180
密度(25℃)(g/cm³)			1.3~1.1	
灼烧残渣含量		≤	0.02	0.24
锰含量		≤	0.00004	0.00048
铁含量		≤	0.004	0.048
砷含量		≤	0.00003	0.00036
氯含量		≤	0.0007	0.0084
硝酸盐含量(以N计)		≤	0.0005	0.0060
铜含量		≤	0.002	0.024
还原高锰酸钾物质	以O计	≤	0.0008	0.010
	以 $KMnO_4$ 计	≤	0.0032	0.038
外观			无色、透明	

二、电解液的配制

(1)电解液用硫酸要符合表10-11的规定。

电解液用硫酸标准 表10-11

指标名称		稀硫酸		浓硫酸	
		一级	二级	一级	二级
硫酸(H_2SO_4)含量(%)	≥	60	60	92	92
灼烧残渣含量(%)	≤	0.02	0.035	0.03	0.05
锰(Mn)含量(%)	≤	0.000035	0.000065	0.00005	0.0001
铁(Fe)含量(%)	≤	0.0035	0.008	0.005	0.012
砷(As)含量(%)	≤	0.000035	0.000065	0.00005	0.0001
氯(Cl)含量(%)	≤	0.00035	0.00065	0.0005	0.001
铵(NH_4)含量(%)	≤	0.00065		0.001	
二氧化硫(SO_2)含量(%)	≤	0.0025	0.0045	0.004	0.007
铜(Cu)含量	≤	0.00035	0.0035	0.0005	0.005
还原高锰酸钾物质(以O计)含量(%)	≤	0.00065	0.0012	0.001	0.002
色度(ML)	≤	0.65	0.65	1.0	2.0
透明度(mm)	≥	350	350	160	50
氮氧化物(以氮计)含量(%)	≤	0.000065	0.00065	0.0001	0.001

(2)电解液用水要符合表10-12的规定。

电解液用水标准 表10-12

指标名称		指标	
		%	mg/L
外观		无色、透明	
残渣含量	≤	0.01	100
锰(Mn)含量	≤	0.00001	0.1
铁(Fe)含量	≤	0.0004	4
氯(Cl)含量	≤	0.0005	5
硝酸盐(以N计)含量	≤	0.0003	3
铵(NH_4)含量	≤	0.0008	8
还原高锰酸钾物质(以O计)含量	≤	0.0002	2
碱土金属氧化物(以CaO计)含量	≤	0.005	50
电阻率(25℃)(Ω·cm)	≥	10×10^4	

(3)配制电解液。按所需密度确定硫酸与水的数量。可按质量比或体积比来配制,以体积比配制较方便。配制时,一定要注意,应将硫酸缓慢倒入盛有水的容器,边倒边搅拌。切不可将水倒入硫酸容器内,以防硫酸飞溅伤人。

铅酸蓄电池电解液用蒸馏水和浓硫酸比例如表10-13所示。

配制铅蓄电池电解液用蒸馏水与浓硫酸比例表 表 10-13

电解液密度(15℃)(g/cm^3)	电解液中含硫酸		水、酸的质量比	水、酸的体积比
	(%)(质量)	(%)(体积)		
1.100	14.3	8.5	5.5175:1	10.1276:1
1.110	15.7	[illegible]	4.9363:1	9.0581:1
1.120	17.0	10.3	4.8424:1	8.2251:1
1.130	18.3	11.2	4.0929:1	7.5105:1
1.140	19.6	12.1	3.7551:1	6.8906:1
1.150	20.9	13.0	3.4593:1	6.3479:1
1.160	22.1	13.9	3.2172:1	5.9036:1
1.170	23.4	14.9	2.9829:1	5.4736:1
1.180	24.7	15.8	2.8672:1	5.2613:1
1.190	25.9	16.7	2.5985:1	4.7682:1
1.200	27.2	17.7	2.4265:1	4.4526:1
1.210	28.4	18.7	2.2817:1	4.1870:1
1.220	29.6	19.6	2.1486:1	3.9428:1
1.230	30.8	20.6	2.0260:1	3.7177:1
1.240	32.0	21.6	1.9125:1	3.5094:1
1.250	33.2	22.6	1.8072:1	3.3163:1
1.260	34.4	23.6	1.7093:1	3.1366:1
1.270	35.6	24.6	1.6180:1	2.9690:1
1.280	36.8	25.6	1.5326:1	2.8123:1
1.290	38.0	26.6	1.4526:1	2.6656:1
1.300	39.1	27.6	1.3836:1	2.5390:1
1.310	40.3	28.7	1.3127:1	2.4087:1
1.320	41.4	29.7	1.2512:1	2.2960:1
1.330	42.5	30.7	1.1929:1	2.1890:1
1.340	43.6	31.8	1.1376:1	2.0875:1
1.400	50.0	38.0	0.8640:1	1.5854:1

(4)电解液密度的选择。电解液中硫酸浓度通常以密度来表示。密度大,可以减少冬季使用结冰的危险,并提高蓄电池的容量。但密度过大,由于黏度增加,不仅会减低蓄电池容量,而且还会缩短极板和隔板的使用寿命。当相对密度为 1.23 时,电池容量最大。

电解液密度大小应随地区和气候条件而定,见表 10-14。

不同地区电解液密度(15℃) 表 10-14

气候条件(冬季)(℃)	电解液密度(g/cm^3)	
	冬 季	夏 季
低于 -40	1.31	1.25
高于 -40	1.29	1.25
高于 -30	1.28	1.25
高于 -20	1.27	1.24
高于 0	1.24	1.24

第十一章　汽车轮胎

轮胎是汽车行驶系的主要组成部分之一,轮胎的合理使用,关系到汽车安全、能源节约和汽车运输成本的降低。轮胎的技术状况可使汽车油耗在10%～15%范围内变化,轮胎费用约占汽车运输成本的10%以上。

第一节　汽车轮胎的作用和构造

一、轮胎的作用和要求

轮胎安装在汽车轮辋上,直接与路面接触,它的作用是:

(1)支撑汽车总质量产生的重力。

(2)与汽车悬架一起吸收、缓和路面的冲击,以保证汽车具有良好的乘坐舒适性和行驶平顺性。

(3)保证车轮与路面有良好的附着能力,以提高汽车的动力性、制动性和通过性。

为实现轮胎的上述作用,对轮胎的基本要求是:

(1)具有一定的强度、刚度、弹性和承载能力。

(2)与路面附着良好,运转平稳,滚动阻力小。

(3)具有耐热、耐水、耐老化和耐磨损的能力。

二、有内胎轮胎的构造

有内胎轮胎由外胎、内胎和垫带等组成(图11-1),具体构造见图11-2。

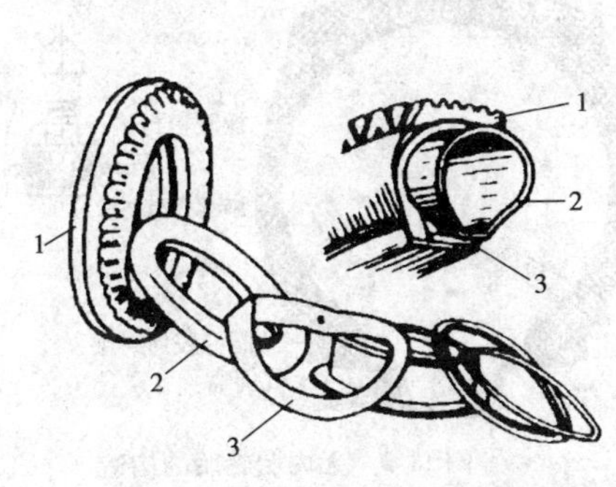

图11-1　有内胎轮胎的组成
1-外胎;2-内胎;3-垫带

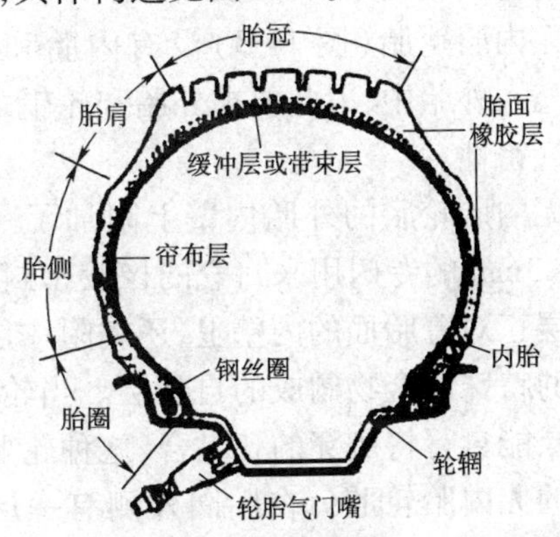

图11-2　有内胎轮胎的构造

1. 外胎

外胎主要由胎面橡胶层、缓冲层或带束层、帘布层和胎圈四部分组成。

(1)胎面橡胶层

胎面橡胶层是指保护轮胎外部的橡胶层，具体分为胎冠、胎肩、胎侧等。胎冠是与路面直接接触的部分，胎肩是由胎冠到胎侧的部分，胎侧是由胎侧到胎圈的部分。

(2)缓冲层或带束层

对普通斜交轮胎有缓冲层，是由胎冠到帘布层的部分。其作用，一是由于帘布层较软，而胎冠较硬，则设置缓冲层可防止轮胎工作时胎肩帘布层变形时相差过大而剥离；二是能缓和路面的冲击。

对子午线轮胎和带束斜交轮胎也有由胎冠到帘布层的部分，叫带束层。它与胎面中心线交角较小，一般起缓冲作用，子午线轮胎中对帘布层还起箍紧约束作用。

(3)帘布层

帘布层是由若干层帘线叠合而成，其作用是承受轮胎内部气压。帘布层帘线的排列方式对轮胎的性能影响很大，后面将具体阐述。

(4)胎圈

胎圈是轮胎与轮辋直接配合的部分，胎圈的心部包裹着经过防锈处理的电镀钢丝卷制而成的钢丝圈。为防止外胎拆卸时被擦伤，在胎圈外层贴有胎圈芯包布。

2. 内胎

内胎是装在外胎里面的带有气门嘴的弹性橡胶管，作用是对压缩空气保持气密性。

3. 垫带

垫带是一个环形橡胶带，安装在内胎与轮辋之间，防止内胎被轮辋和外胎的胎圈擦伤。

第二节　充气轮胎的分类

一、按照轮胎的组成分类

汽车轮胎按照其组成分为有内胎轮胎和无内胎轮胎。有内胎轮胎上节已经说明，本部分只讲述无内胎轮胎的构造和特点。

无内胎轮胎(图11-3)没有内胎和垫带，空气直接充入外胎中，因此要求外胎和轮辋之间要有很好的气密性。

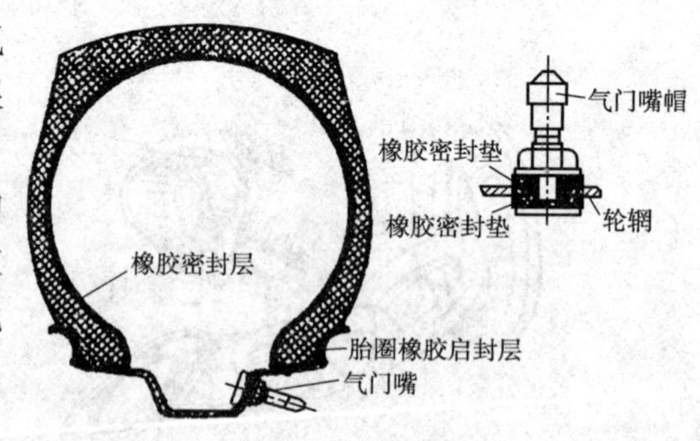

图11-3　无内胎轮胎的构造

无内胎轮胎的外胎内壁上附加了一层厚度约为2～3mm的专门用来封气的橡胶密封层，有的在密封层正对着胎面的内壁上，还黏附一层用未硫化橡胶的特殊混合物制成的自黏层。当轮胎穿孔时，自黏层能自行将刺穿的孔黏合，这种轮胎叫做有自黏层的无内胎轮胎。在胎圈外侧有一层橡胶密封层(有的制成若干道同心环槽)，用以增加胎圈与轮辋贴合的密封性。气门嘴直接固定在轮辋上，其间用橡胶衬垫密封。

无内胎轮胎的优点是：轮胎穿孔时压力不会急剧下降，能继续安全行驶；由于没有内胎，故摩擦生热少，散热快，工作温度低，使用寿命长，适宜高速行驶；另外，其结构简单，质量较小。

无内胎轮胎的缺点是：自黏层只有在穿孔尺寸不大时方能黏合；另外，有自黏层的无内胎轮胎，当天气炎热时，自黏层可能软化而向下流动，从而破坏车轮平衡。

无内胎轮胎必须配用深槽式轮辋，在轿车上应用较多，奥迪100、上海桑塔纳轿车都采用无内胎轮胎。

二、按照充气压力分类

充气轮胎按充气压力的大小可分为：高压胎（气压为0.5～0.7MPa）；低压胎（气压为0.2～0.5MPa）和超低压胎（气压为0.2MPa以下）。

目前，轿车、载货汽车多采用低压胎。因为低压胎弹性好，断面宽，与道路接触面大，壁薄而散热性良好。这些特点可提高汽车行驶平顺性和操纵稳定性。此外，还可以延长轮胎和道路的使用寿命。

超低压胎适用于在坏路条件下行驶的越野汽车，能提高汽车的通过性。

三、按照胎面花纹分类

按照胎面花纹（图11-4）可分为普通花纹轮胎、越野花纹轮胎和混合花纹轮胎。

1. 普通花纹轮胎

普通花纹有纵向花纹（图11-4a）和横向花纹（图11-4b）两种，其特点是花纹细而浅，花纹块接地面积大，适用于较好路面。纵向花纹轮胎的滚动阻力小，防侧滑和散热性好，噪声低，高速性能好，轿车和载货汽车均可使用。横向花纹轮胎的耐磨性能好，仅用于载货汽车。

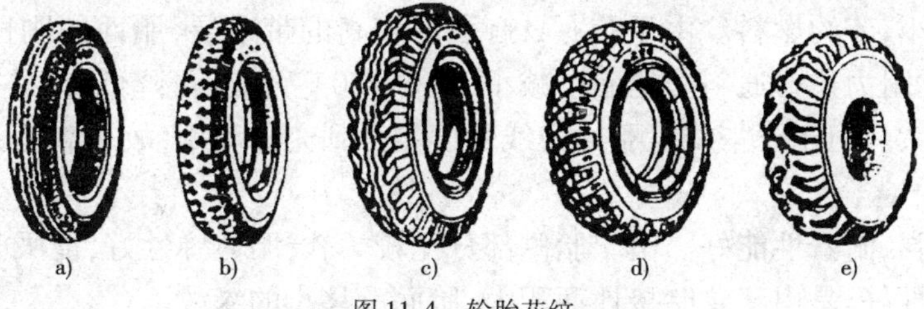

图11-4　轮胎花纹

a）、b）普通花纹；c）混合花纹；d）、e）越野花纹

2. 越野花纹轮胎

越野花纹（图11-4d、e）的沟槽深而宽，花块接地面积小，防滑性好，越野能力强，花纹有无向的马牙形（图11-4d）和有向的人字形（图11-4e）等。越野花纹轮胎适用于在矿山、建筑工地以及其他一些松软路面上使用的越野汽车。安装人字形花纹轮胎时，花纹“人”字尖端的指向要与汽车前进时车轮旋转方向一致，以提高排泥性能。越野花纹轮胎不易在较好硬路面上使用，否则行驶阻力加大，油耗增加，而且加速花纹的磨损。

3. 混合花纹轮胎

混合花纹（图11-4c）是介于普通花纹和越野花纹之间的胎面花纹，其花纹较普通花纹粗，通常在胎面中间为菱形花纹或纵向锯齿形花纹，两边为横向越野花纹。在良好沥青混凝土路面上行驶时，耐磨性比越野花纹好；而在泥雪路面上行驶时，胎面两边的横向花纹沟有良好排泥性能，保证良好的附着性。因此，混合花纹轮胎对不同路面的适应性强。

四、按照胎体中帘线排列方向分类

按照胎体中帘线排列方向（图11-5），可分为普通斜交轮胎和子午线轮胎。

1. 普通斜交轮胎

普通斜交轮胎(图 11-5a)的胎体帘布层帘线呈斜交方向排列。帘布层的帘线与子午断面(垂直胎面中心线的断面)的交角,叫做胎冠角。一般普通斜交轮胎的胎冠角为 52 ~54°。

普通斜交轮胎的胎体坚固,胎侧不易损坏,在低速行驶时乘坐舒适性好,价格较便宜。但其滚动阻力大,使用寿命短。

2. 子午线轮胎

子午线轮胎(图 11-5b)的胎体帘布层帘线相对胎面中心线呈垂直方向排列,即呈 90°角(或接近 90°角)。它的结构特点是:

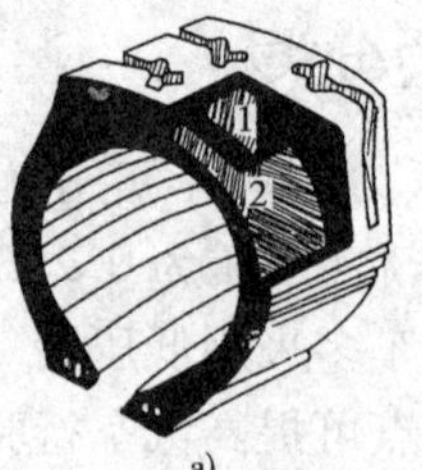

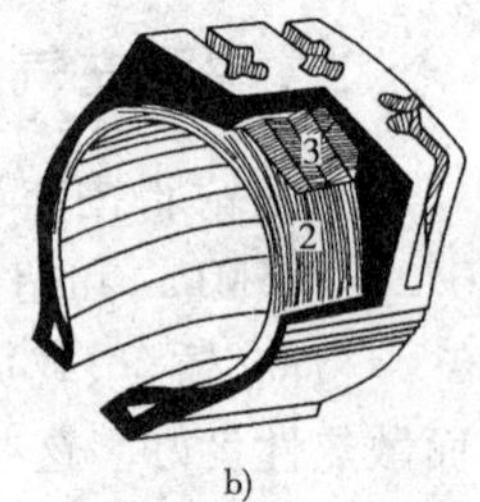

图 11-5 轮胎帘布层帘线的排列方向
a)普通斜交轮胎;b)子午线轮胎
1-缓冲层;2-帘布层;3-带束层

(1)胎冠角为 0°。这种帘线排列方向与受力方向一致,使帘线强度能得到充分利用。帘布层数比普通斜交轮胎减少约 40% ~50% 。

(2)设有带束层,带束层的帘线与胎面中心线交角很小,一般在 20°以内,对帘布起箍紧约束作用,并使胎面强度显著提高。

由结构上的特点所决定,子午线轮胎与普通斜交轮胎相比,在性能方面有以下特点。

子午线轮胎的优点是:

①使用寿命长。子午线轮胎耐磨性好,比普通斜交轮胎使用寿命可延长 30% ~50% 。

②滚动阻力小,节约燃料。由于胎冠具有强度较高的带束层,胎面的刚性大,轮胎滚动时弹性变形小,滚动阻力比普通斜交轮胎可减小 25% ~30% ,油耗可降低 8% 左右。

③承载能力大。由于子午线轮胎的帘线强度能得到充分利用,故承载能力大,比普通斜交轮胎提高约为 14% 。

④缓冲能力强,附着性能好。由于胎侧部分比较柔软,胎体弹性好,能吸收冲击能量,故缓冲能力强。附着性好,是由于轮胎接地面积大、胎面滑移小的缘故。

子午线轮胎的缺点是:胎侧易裂口;制造技术要求高;成本高;翻新困难。

由于子午线轮胎的综合性能明显优越于普通斜交轮胎,因此,其应用前景将会越来越广阔,上海桑塔纳、奥迪、捷达、红旗和富康等轿车均装用子午线轮胎。

第三节 汽车轮胎的原材料

橡胶是汽车轮胎的主要原材料,轮胎的合理使用要掌握其材料特性。

一、橡胶的基本特性

1. 弹性

通过测试计算可知,橡胶在断裂时的延伸率为 500% ~600% ,而低碳钢在断裂时的延伸率仅为百分之几。因此,橡胶制品减振、缓冲、密封性好。

2. 可塑性和复原性

橡胶在外力作用下,由弹性状态转为塑性状态从而发生变形,去掉载荷后能自然恢复到原来状态,使其弹性重新恢复。

3. 黏着性

黏着性是指黏结成整体而不分离的能力。黏着性越好的橡胶其黏结后越坚固。

另外,橡胶还具有不透气性、不透水性和绝缘性等。其缺点是抗拉强度不高,抵抗磨损能力较差和硬度不高等。

二、橡胶的种类

生胶是橡胶工业最基本的原材料,生胶根据原材料的来源不同分为:

1. 天然橡胶(NB)

天然橡胶是从天然植物中采集出来的一种高弹性材料。天然橡胶主要用于制造轮胎、电线电缆的绝缘材料和护套等。

2. 合成橡胶

合成橡胶是用某些低分子化合物做原料,经过复杂的化学反应制成的。常用的合成橡胶有以下几种。

(1)丁苯橡胶(SBR):丁苯橡胶是丁二烯和苯乙烯的共聚物,为浅黄褐色弹性体。其消耗占合成橡胶总消耗量的80%。它比天然橡胶有较好的耐老化性、耐磨性和耐热性;耐油性较天然橡胶稍有提高。但弹性、强度、耐撕裂、耐寒等性能较差。丁苯橡胶用途很广,主要用于制造汽车轮胎、胶带、胶管、各种工业用橡胶制品等。

(2)顺丁橡胶(BR):顺丁橡胶是丁二烯聚合体。它是唯一的弹性高于天然橡胶的合成橡胶,其耐磨、耐寒性能好,但抗撕裂性较差,加工性能和黏着性不好。主要用于轮胎、胶管、胶带、胶辊等制品方面。

(3)丁基橡胶(IIR):丁基橡胶是乙丁烯与少量的异戊二烯的低温共聚物。它具有优良的耐老化、耐热、耐化学物质腐蚀和耐寒性。常用来做汽车、飞机轮胎的内胎或作无内胎轮胎的气密层,还用来制造耐腐蚀容器内衬,耐酸、耐盐、耐碱胶管,耐热运输带以及胶布、电缆和其他绝缘件制品。

(4)氟橡胶(FPM):氟橡胶是组成中含有氟原子的特种合成橡胶的总称。氟橡胶的耐腐蚀性能在各类橡胶中最为突出,且具有耐高温、耐油的特性。主要用于液压系统、燃料系统的密封制品(例如耐高温的油封、O形圈等)。但氟橡胶由于弹性低、耐寒性差,价格昂贵等,其应用受到一定限制。

(5)乙丙橡胶(FPM、EPDM):乙丙橡胶性能稳定,具有极其优异的耐老化性、耐高低温性、耐应力开裂性和电绝缘性,且其原料便宜,因此广泛用于制造耐热胶管、垫片、V型带、输送带、电线和电缆涂层、密封圈等。乙丙橡胶在轮胎工业中主要是与其他橡胶并用,以提高耐老化性、耐臭氧化。用作外胎胎侧、内胎或无内胎轮胎的气密层等。

尽管生胶具有许多优良的性能,但是单纯使用生胶是不能制成所要求的橡胶制品。为了使橡胶具有所要求的性能,必须在生胶中加入各种不同的化学材料,这些化学材料称为橡胶配合剂。橡胶配合剂按照用途可分为:硫化剂、硫化促进剂、促进剂的活性剂、补强剂、软化剂和防老剂等。

三、胶料的基本性能

评定轮胎胶料质量的常用指标有:扯断强度、扯断伸长率、定伸强度、扯断永久变形、硬度、撕裂强度、冲击弹性、磨耗量、耐寒性、耐老化性和动疲劳性能等。这些指标对轮胎的不同部分要求不同。

1. 扯断强度

把胶料试样在扯断试验机上以一定速度拉断时，单位面积所需的力。扯断强度受温度的影响很大，在高温下胶料的扯断强度就要降低。轮胎用的胶料最好采用高温下扯断强度较高的胶料。

2. 扯断伸长率

把胶料试样在扯断试验机上以一定速度拉断时，其伸长部分与原长度的百分比。在高温下，胶料的扯断伸长率也要降低。

3. 定伸强度

当胶料试样伸长到一定长度（通常是100%、200%、300%、500%）时，单位面积所需的力，是表示胶料坚韧性的指标。

4. 扯断永久变形

当胶料试样扯断后，经过一定时间（通常是3min）停放，其变形部分与原长的百分比，也是胶料弹性的指标之一。

5. 硬度

硬度表示胶料试样在应变时的弹性和软硬程度，受试样温度所影响。通常用邵氏A型硬度计来测定胶料的硬度，以度来表示。

6. 撕裂强度

一般是指胶料试样撕开已有裂口时所需要的力，表示胶料抗裂口扩大的能力，是在扯断试验机上测定的。

7. 冲击弹性

胶料冲击弹性的测试是用冲击弹性试验机的摆锤冲击胶料试样，测量摆锤弹回的高度与原高度的百分比。

8. 磨耗量

是表示轮胎胎面胶的耐磨损程度的主要指标之一，直接关系到轮胎胎面在使用时的耐久性，一般用阿克隆磨耗试验机试验，其结果以胶料试样转动规定的长度后被磨去的体积表示，数值越小，胶料越耐磨。

9. 耐老化性

轮胎在使用和储存过程中因受到空气中的氧、臭氧、热和日光的作用，在多次变形而疲劳后，就会发生物理机械能下降、硬化、发脆、表面发生龟裂等现象，这种现象叫做轮胎老化。轮胎的耐老化性从材料因素考虑就是胶料的耐老化性，通常是指胶料对于热、光、臭氧、机械因素的稳定性。耐老化性试验常用的是热空气老化试验法。此法是使胶料试样在常压和规定温度的热空气作用下，经过一定时间，测定其物理机械性能的变化。试验结果用下列老化系数表示：

（1）抗张积老化系数：是胶料老化后与老化前的抗张积的比值（抗张积是扯断强度与扯断伸长率的乘积）。

（2）扯断强度老化系数：是胶料老化后与老化前的扯断强度的比值。

(3)扯断伸长率老化系数:是胶料老化后与老化前的扯断强度的比值。

(4)定伸强度老化系数:是胶料老化后与老化前的定伸强度的比值。

一般多采用抗张积老化系数表示法。

四、轮胎的原材料

汽车轮胎的耐用性、使用安全性、承载能力、成本和对汽车燃料消耗的影响等,与制造轮胎使用的各种原材料的性质有很大关系。由于汽车行驶时,轮胎各部分的工作情况不同,则所用原材料也不同。

汽车轮胎的原材料主要是胶料,还有纺织材料和钢丝。

1. 胶料

制造轮胎用的主要胶料有:胎面胶、胎侧胶、缓冲胶、帘布胶、内胎胶和垫带胶等。

(1)胎面胶:轮胎胎面胶直接接触地面,承受冲击和磨损。对胎面胶的扯断强度、弹性、撕裂强度、耐磨性等都有很高的要求。同时,要有适当的强度和低的永久变形,并且要求耐屈挠、生热小。载货汽车轮胎胎面胶配方通常采用30%丁苯橡胶和70%天然橡胶并用,或50%顺丁橡胶和50%天然橡胶并用。乘用车轮胎胎面胶配方通常采用30%天然橡胶和70%丁苯橡胶并用。

(2)胎侧胶:胎侧胶的主要作用是保护帘布层不受损伤或不受潮湿。胎侧胶要有良好耐屈挠和耐老化性能。载货汽车轮胎的胎侧胶配方通常采用70%天然橡胶和30%顺丁橡胶并用,或20%丁苯橡胶、20%顺丁橡胶和60%天然橡胶三者并用,或全用天然橡胶。乘用车轮胎的胎侧胶通常与胎面胶采用同一种胶料。

(3)缓冲胶:缓冲层位于胎面和帘布层之间,承受轮胎在汽车行驶中所产生的应力并予以分散,因此要求缓冲胶具有高的弹性、抗剪切性、耐热性,高的扯断强度和定伸强度,低的生热性,良好的导热性、耐老化性和耐疲劳性能等。载货汽车轮胎和乘用车轮胎的缓冲胶通常采用天然橡胶。

(4)帘布胶:帘布胶用作帘布压延和帘布隔离胶。帘布胶要求具有高的弹性、耐热性、抗撕裂性,具有低的生热性和扯断永久变形,具有适当的扯断强度、定伸强度、耐屈挠、耐老化性能。此外,帘布胶还须与帘布具有良好的结合强度。帘布胶又分为外层帘布胶和内层帘布胶。外层帘布胶和内层帘布胶的不同特点是:前者的炭黑用量较多,硬度、定伸强度较高;后者的炭黑用量减少,硬度、定伸强度较低。载货汽车轮胎帘布胶通常以天然橡胶为基础制造。为了改善胶线结合强度,可掺用5%~10%丁苯橡胶。此外,外层帘布胶还可以掺用20%、内层帘布胶还可以采用30%的顺丁橡胶或丁苯橡胶。

(5)内胎胶:内胎胶在使用过程中要经受频繁的周期性伸张变形,并在较高的温度下使用。内胎胶除了要求具有优越的耐透气性外,还要求弹性好、耐屈挠,使用后变形小、耐撕裂、耐疲劳、不易爆破等。内胎胶多以天然橡胶为主,有的掺用30%丁苯橡胶,而丁基橡胶的采用发展较快,因丁基橡胶耐透气性好,而且使用寿命比天然橡胶长。

(6)垫带胶:垫带胶要求适当的扯断强度、扯断伸长率,较小的扯断永久变形,较好的耐老化和耐屈挠性能。垫带胶可采用较次的天然橡胶、合成橡胶或再生橡胶制造。

2. 纺织材料和钢丝

纺织材料是外胎的“骨架”,以增加外胎的强度并限制其变形。外胎帘布分为棉帘布、人造丝帘布和合成纤维帘布,此外还有钢丝帘布。棉帘布已逐渐被黏液人造丝和合成纤维的帘布所代替。尼龙帘布又比人造丝帘布好，耐用性高，很适合用作载货汽车轮胎帘布。

轮胎钢丝圈一般是使用19号钢丝来制造。

第四节 汽车轮胎规格的表示方法

一、基本术语

1. 轮胎的主要尺寸

轮胎的主要尺寸（图11-6）是轮胎断面宽度（B）、轮辋名义直径（d）、轮胎断面高度（H）、轮胎外直径（D）、负荷下静半径和滚动半径等。

（1）轮胎断面宽度：是指轮胎按规定气压充气后，轮胎外侧面间的距离。

（2）轮辋名义直径：是指轮辋规格中直径大小的代号，与轮胎规格总相对应的直径一致。

（3）轮胎断面高度：是指轮胎按规定气压充气后，轮胎外直径与轮辋名义直径之差的一半。

（4）轮胎外直径：是指轮胎按规定气压充气后，在无负荷状态下胎面最外表的直径。

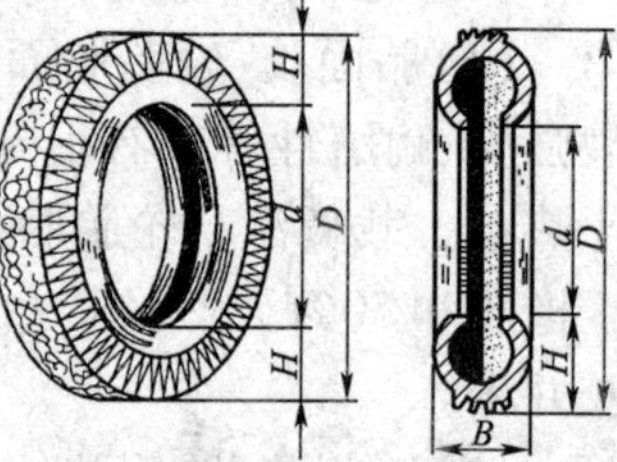

图11-6 轮胎主要尺寸

（5）负荷下静半径：是指轮胎在静止状态下只承受法向负荷作用时，由车轮中心到支承平面的垂直距离。

（6）轮胎滚动半径：是指车轮旋转运动与平移运动的折算半径。滚动半径 r 按下式计算：

$$r = \frac{S}{2\pi n_w} \qquad (\text{mm})$$

式中：S——车轮移动的距离，mm；

n_w——车轮转过的圈数。

2. 轮胎的高宽比和轮胎系列

轮胎的高宽比是指轮胎的断面高度（H）与轮胎断面宽度（B）的百分比，表示为 $H/B\%$。轮胎系列就是用轮胎的高宽比的名义值大小（不带%）表示的，例如："80"系列、"75"系列和"70"系列等。

3. 轮胎的层级

轮胎的层级是表示轮胎承载能力的相对指数，主要用于区别尺寸相同但结构和承载能力不同的轮胎。轮胎的层级数与轮胎帘布层的实际层数没有直接关系，就是说轮胎的层级不代表轮胎帘布层的实际层数。轮胎层级常用PR（PLY RATING）表示。

4. 轮胎最高速度和速度符号

轮胎最高速度是指在规定条件（路面级别、轮辋名义直径）下，在规定的持续行驶时间（持续行驶最长时间为1h）内，允许使用的最高速度。

将轮胎最高速度（km/h）分为若干级，用字母表示，叫做速度符号，表11-1仅摘录了一部分。不同轮辋名义直径的轿车轮胎最高速度见表11-2。

速度符号与最高行驶速度对应表(摘录)　　表 11-1

速度符号	最高行驶速度(km/h)	速度符号	最高行驶速度(km/h)
L	120	R	170
M	130	S	180
N	140	T	190
P	150	U	200
Q	160	H	210

轮胎速度符号在不同轮辋名义直径时
表示的轿车轮胎最高行驶速度(摘录)　　表 11-2

速度符号	轮胎最高行驶速度(km/h)		
	轮辋名义直径 10in①	轮辋名义直径 12in①	轮辋名义直径≥13in①
Q	135	145	160
S	150	165	180
T	165	175	190
H		195	210

注:①此处保留英制单位,仅用于区分轮辋规格。

5. 轮胎负荷指数和轮胎负荷能力

轮胎负荷指数是指在规定条件(轮胎最高速度、最大充气压等)下轮胎负荷能力的数字符号。表 11-3 仅摘录了一部分。

负荷指数与负荷能力对应表(摘录)　　表 11-3

负荷指数	负荷能力(kg)	负荷指数	负荷能力(kg)
79	437	84	500
80	450	85	515
81	462	86	530
82	475	87	545
83	487	88	560

二、国外轮胎规格的表示方法

1. 日本汽车轮胎规格的表示方法

(1)轿车轮胎规格

日本轿车轮胎规格的表示方法与轮胎种类有关(表 11-4)。

(2)载货汽车轮胎规格

总体而言,日本载货汽车轮胎分为三类,即微型载货汽车轮胎(代号为 ULT)、轻型载货汽车轮胎(代号为 LT)和中、重型载货汽车轮胎(无汽车类型代号)。对日本载货汽车轮胎规格代号的表示方法举例说明如下:

5.00-12 4PR ULT 是轮辋名义直径为 12in,轮胎名义断面宽度为 5in,4 层级的低压斜交微型载货汽车轮胎。

7.00-16 8PR LT 是轮辋名义直径为 16in,轮胎名义断面宽度为 7in,8 层级的低压斜交轻型载货汽车轮胎。

165 R 13 6PR LT 是轮辋名义直径为 13in,轮胎名义断面宽度为 165mm,6 层级的子午线轻型载货汽车轮胎。

Y 78-13 8PR LT 是 78 系列，轮辋名义直径为 13in，轮胎负荷能力代号为 Y 的 8 层级的斜交轻型载货汽车轮胎。

10.00-20 14PR 是轮辋名义直径为 20in，轮胎名义断面宽度为 10in 的 14 层级的低压斜交中、重型载货汽车轮胎。

日本轿车轮胎种类和轮胎规格代号示例　　表 11-4

轮胎结构	轮胎断面形状		轮胎规格示例
	类别	高宽比	
斜交轮胎	第 1 种	0.96	5.60-134PR①
	第 2 种	0.86	6.00-134PR
	第 3 种	0.82	6.45-134PR
	78 系列	0.78	Z78-134PR②
	T 型轮胎（应急备用轮胎）	—	T105/70D16③
子午线轮胎	83 系列	0.82	165SR13
	70 系列	0.70	185/70HR13
	60 系列	0.60	185/60R1482H④

注：①该规格表示轮辋名义直径为 13in，轮胎名义断面宽度为 5.6in，4 层级的低压斜交轿车轮胎。

②该规格表示轮辋名义直径为 13in，78 系列、轮胎负荷能力代号为 Z 的 4 层级低压斜交轿车轮胎（轮胎负荷能力代号，由小到大依次用 Y、Z、A、B、C…表示）。

③该规格表示轮辋名义直径为 16in，轮胎名义断面宽度为 105mm 的 70 系列 T 型应急斜交扁平型轿车轮胎（其中 D 表示扁平型轮胎）。

④该规格表示轮钢名义直径为 14in，轮胎名义断面宽度为 185mm，速度级别代号为 H（最高行驶速度 210km/h），负荷指数为 82（最大负荷为 4 750N）的 60 系列轿车子午线轮胎。

2. 美国汽车轮胎规格的表示方法

美国汽车轮胎的规格用以下形式表示：

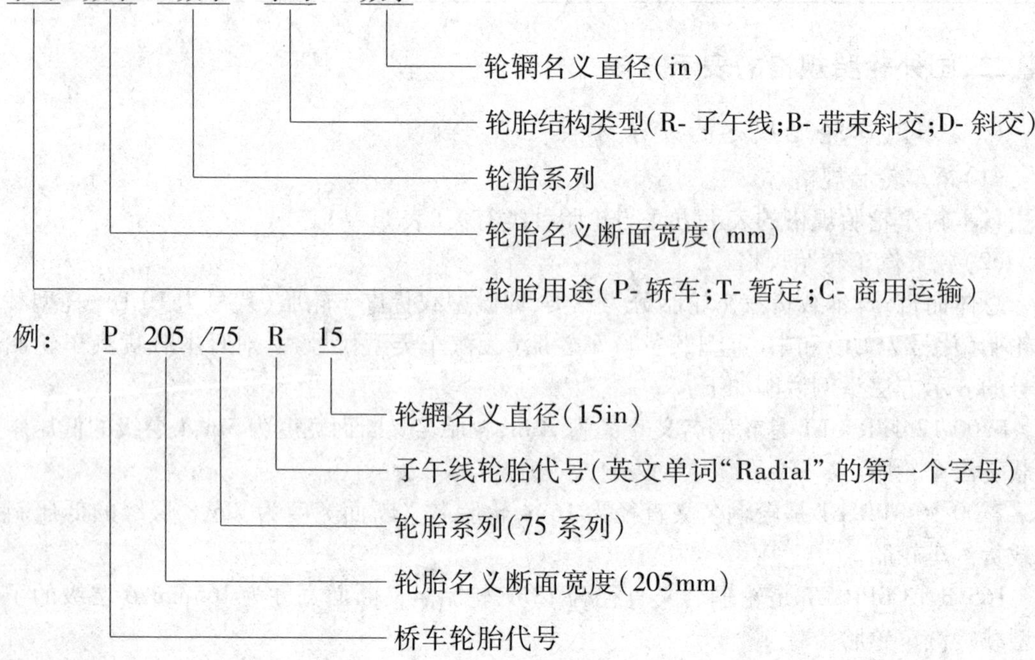

3. 欧洲汽车轮胎规格的表示方法

欧洲汽车轮胎轮辋标准化组织(ETRTO)规定轿车轮胎规格用以下形式表示:

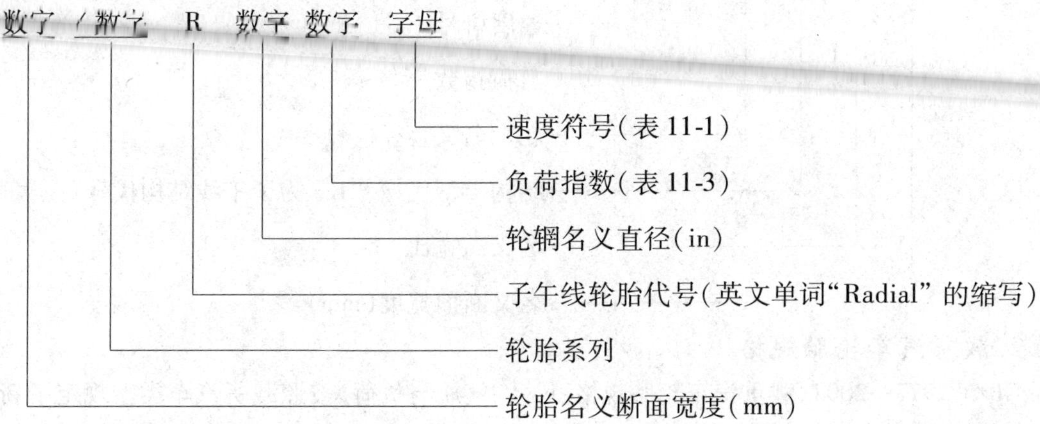

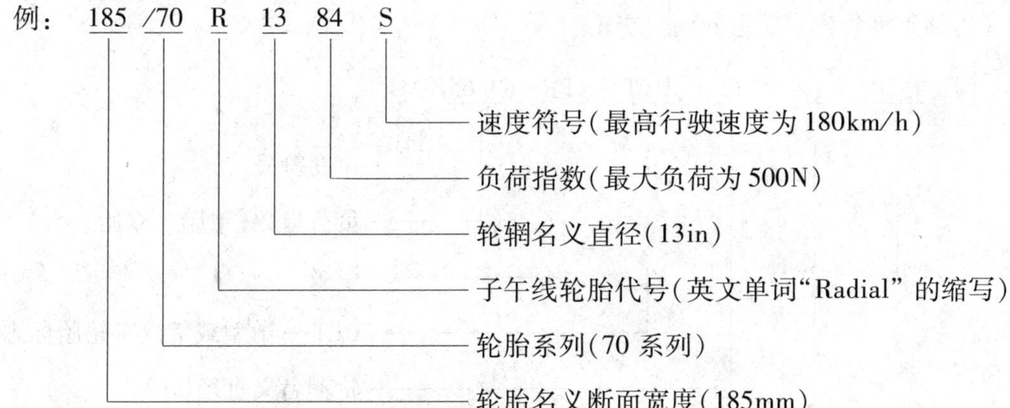

三、我国汽车轮胎规格的表示方法

1. 轿车轮胎规格

GB 9743—1997《轿车轮胎》和 GB/T 2978—2008《轿车轮胎规格、尺寸、气压与负荷》均规定了轿车轮胎规格的表示方法。

(1)斜交轮胎

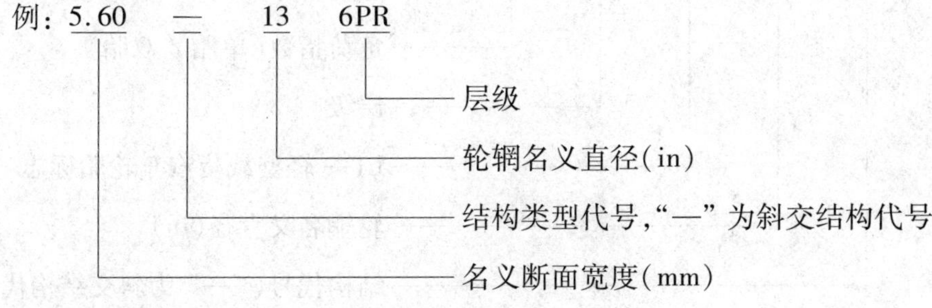

(2)子午线轮胎

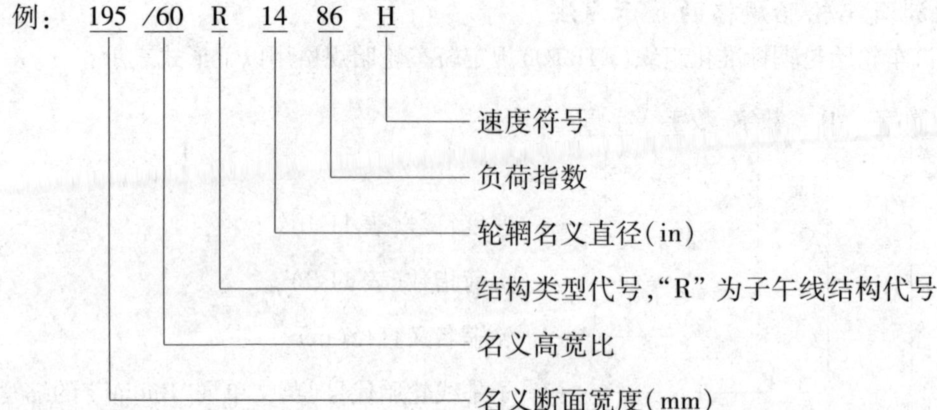

2. 载货汽车轮胎规格

GB/T 2977—2008《载重汽车轮胎规格、尺寸、气压与负荷》按照载货汽车类型规定了新的载货汽车轮胎规格表示方法。

(1)微型载货汽车普通断面斜交轮胎

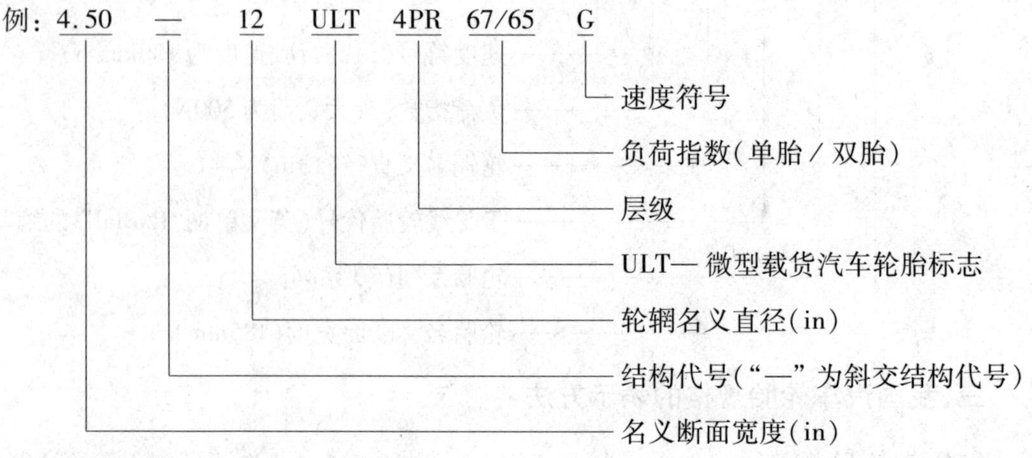

(2)轻型载货汽车普通断面斜交轮胎

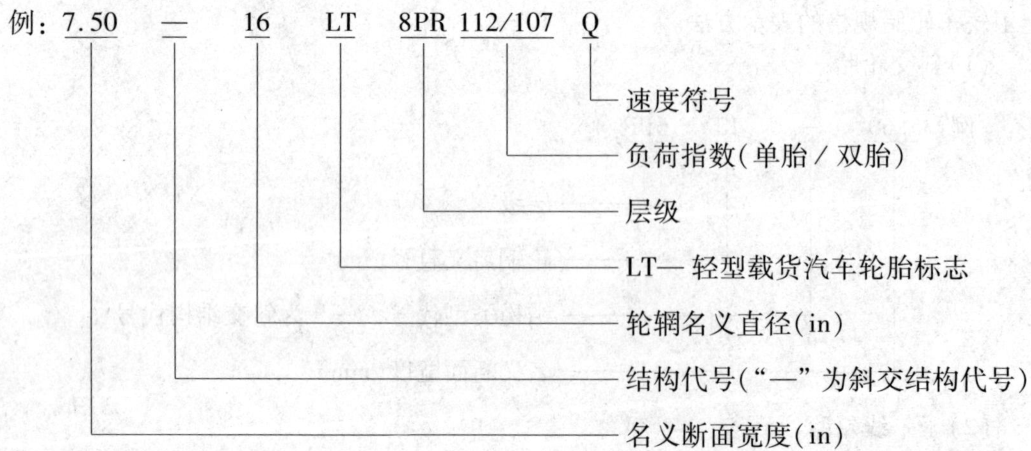

(3)轻型载货汽车普通断面子午线轮胎

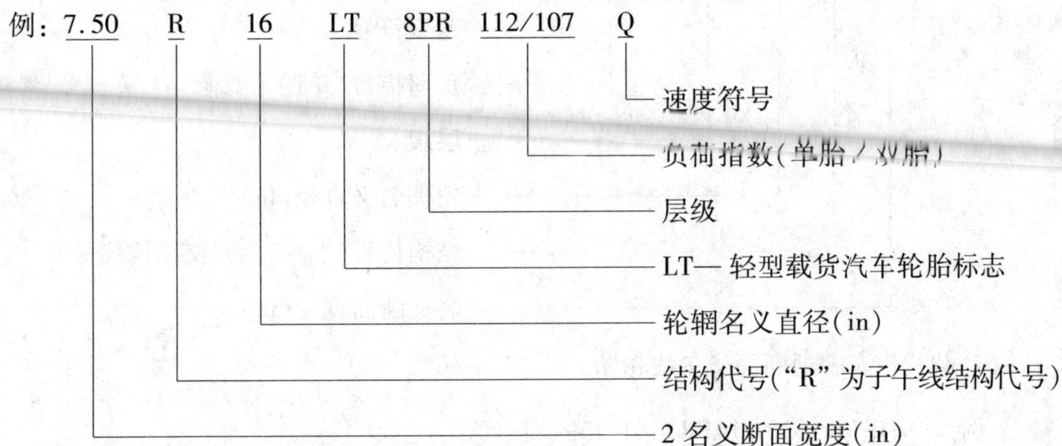

(4)公路型挂车特种专用 ST 公制轮胎

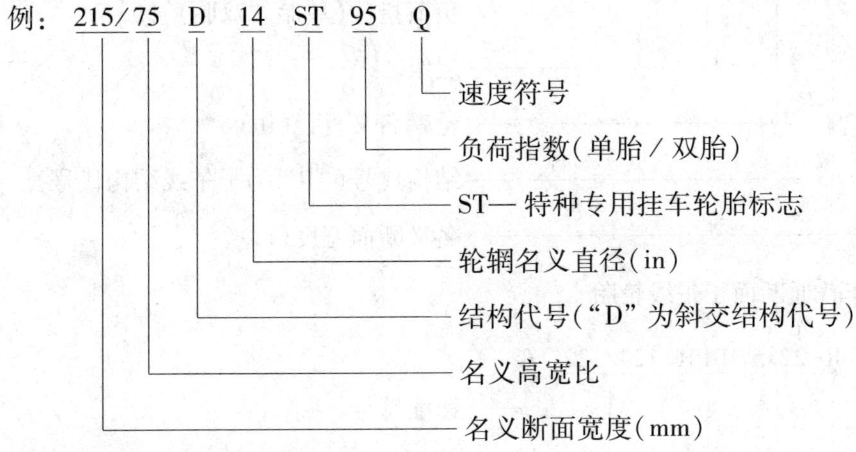

(5)轻型载货汽车公制子午线轮胎

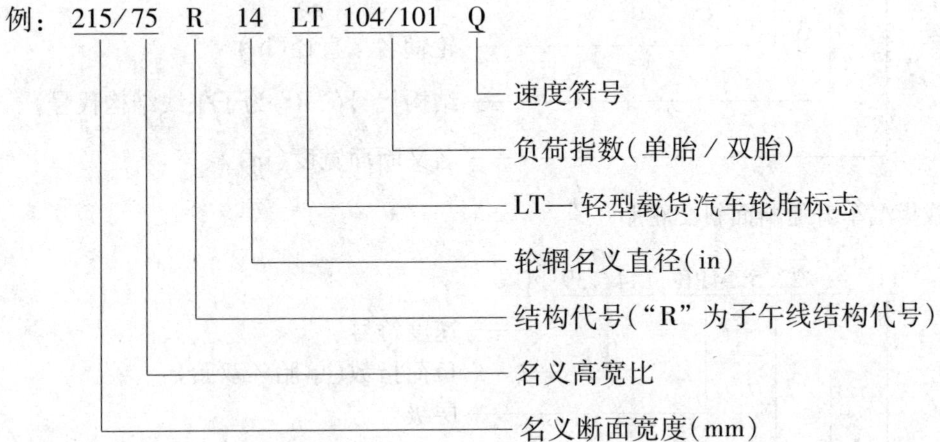

(6)载货汽车普通断面斜交轮胎

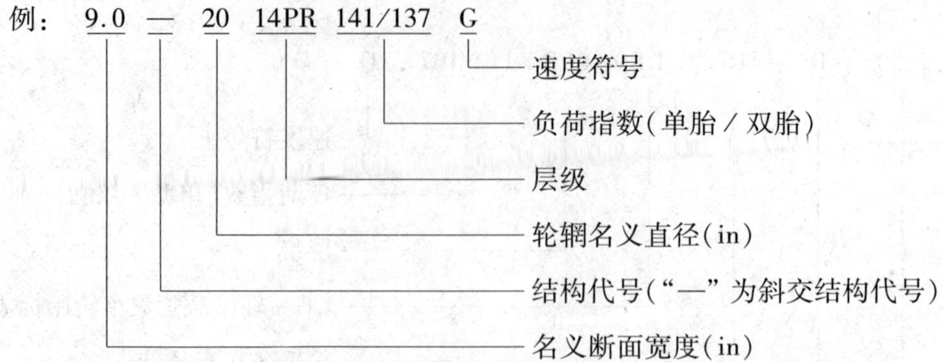

(7)载货汽车普通断面子午线轮胎

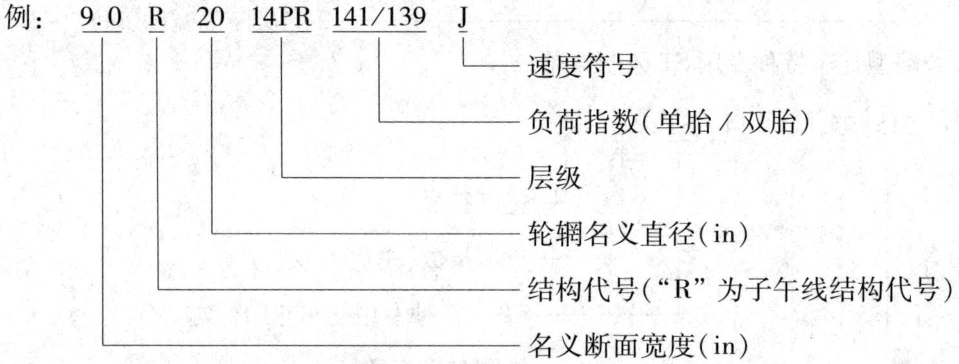

(8)载货汽车普通断面子午线轮胎

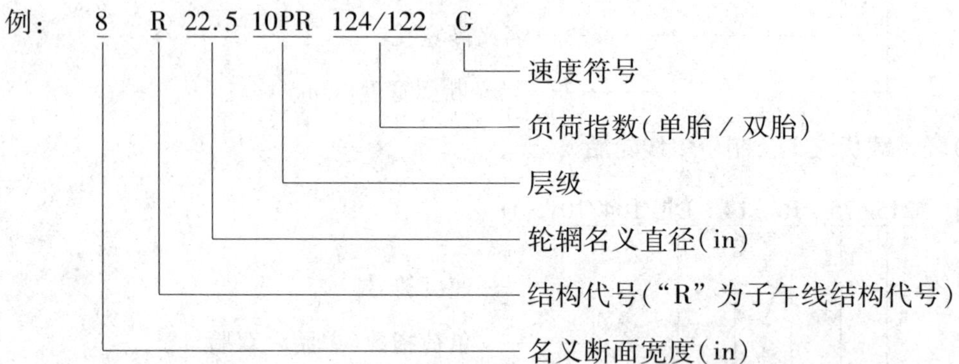

(9)载货汽车普通断面斜交轮胎

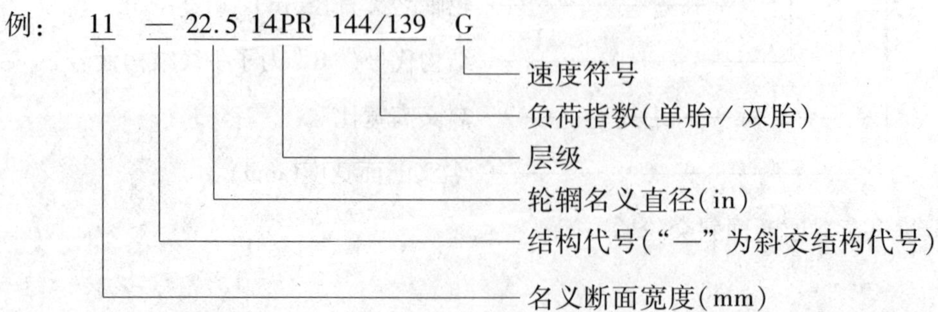

(10)载货汽车公制子午线轮胎

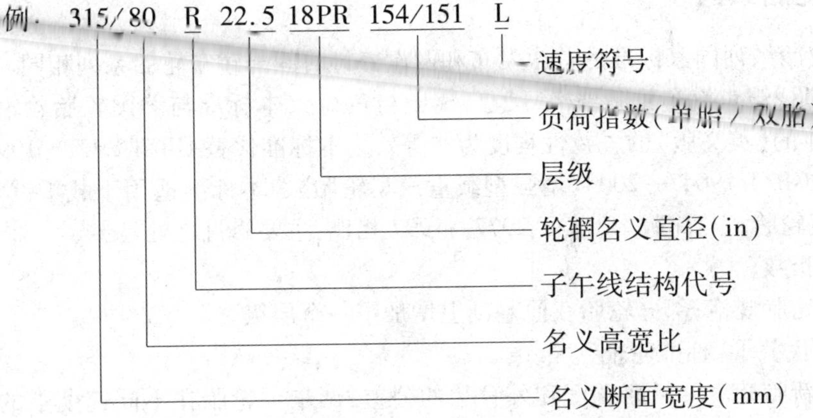

第五节　汽车轮胎系列

一、轿车轮胎系列

我国轿车轮胎系列的国家标准于1982年3月首次发布，于1989年3月、1997年9月先后进行两次修订，于2008年6月，对GB/T 2978—1997《轿车轮胎系列》再次进行修订，即GB/T 2978—2008《轿车轮胎规格、尺寸、气压与负荷》。本标准适用于新的轿车充气轮胎。与前版本相比，主要修订之处是：

(1)本标准与《欧洲轮胎轮辋技术组织标准手册—2007(ETRTO—2007)》(英文版)的一致性程度为非等效。

(2)本标准将"速度级别"均改为速度符号；"标准轮辋"改为"测量轮辋"。

(3)增加了轿车子午线轮胎的"40"、"35"、"30"、"25"系列和T型临时使用的备用轿车轮胎。目前我国轿车子午线轮胎有"80"、"75"、"70"、"65"、"60"、"55"、"50"、"45"、"40"、"35"、"30"和"25"12个系列。

(4)本标准增加了增强型轿车子午线轮胎负荷气压表；调整了各系列增强轮胎的基本气压。

(5)调整了轿车轮胎的断面宽度和外直径偏差要求。

表11-5以轮胎规格185/70R13 86T和轮胎规格165/70R14 81T型轿车轮胎为例，列出轿车轮胎系列包括的项目。

轿车轮胎系列规定的参数和尺寸举例　　表11-5

轮胎规格	负荷指数		测量轮辋	新胎尺寸(mm)		轮胎最大使用尺寸(mm)		静负荷半径(mm)	滚动半径(mm)	负荷能力(kg)		充气压力(kPa)		允许使用轮辋
	标准	增强		断面宽度	外直径	总宽度	外直径			标准	增强	标准	增强	
165/70R14	81	85	5J	170	588	177	598	268	286	462	515	250	290	4½J,5½J
185/70R13	86	—	5.50B	189	590	197	600	266	287	530	—	250	—	5.00B,6.00B

二、载货汽车轮胎系列

我国载货汽车轮胎系列国家标准的首次发布和两次修订时间与轿车轮胎系列相同。

GB/T 2977—2008《载重汽车轮胎规格、尺寸、气压与负荷》，本标准与美国轮胎轮辋协会(TRA)年鉴—2007年的(英文版)的一致性程度为非等效。本标准代替 GB/T 2977—1997《载重汽车轮胎系列》和 GB/T 19047—2003《增强型载重汽车轮胎》。本标准适用于载重汽车、客车和挂车用新的充气轮胎。与前版本 GB/T 2977—1997 相比，主要修订之处是：

(1)增加了负荷指数。

(2)增加了部分轮胎规格；部分轮胎在原基础上增加了一个层级。

(3)"测量轮辋"代替了"标准轮辋"。

(4)调整了轮胎新胎充气后断面宽度和外直径的公差；调整了轮胎在不同速度下的负荷变化率值。

表 11-6 以我国微型(ULT)、轻型(LT)和载货汽车常用的轮胎规格(5°轮辋)为例，列出载货汽车轮胎系列包括的项目。

载货汽车轮胎系列规定的参数和尺寸举例(5°轮辋) 表 11-6

轮胎规格	层级	负荷指数		测量轮辋	轮胎最大使用尺寸(mm)			负荷能力(kg)		充气压力(kPa)		允许使用轮辋
		单胎	双胎		总宽度	外直径		单胎	双胎	单胎	双胎	
						公路型	牵引型					
5.00-12ULT	6	78	76	3.50B	154	582	—	425	400	300		3.00D,3.00B,4.00B
5.00-12ULT	8	83	81	3.50B	154	582	—	487	462	400		3.00D,3.00B,4.00B
6.50-15LT	6	95	91	4.50E	194	759	771	690	615	320		4½J,5J,5.00E
6.50-15LT	8	101	97	4.50E	194	759	771	825	730	420		4½J,5J,5.00E
7.00R15LT	8	104	100	5.50F	214	769	779	900	800	460		6.00G
7.00R15LT	10	109	105	5.50F	214	769	779	1 030	925	560		6.00G
9.00-20	10	134	129	7.0	280	1 059	1 080	2 120	1 850	560	490	7.00T,7.5,6.5,7.50V
9.00-20	12	138	133	7.0	280	1 059	1 080	2 360	2 060	670	600	7.00T,7.5,6.5,7.50V
9.00R20	10	134	132	7.0	280	1 039	1 051	2 120	2 000	590		7.00T,7.5
9.00R20	12	138	136	7.0	280	1 039	1 051	2 360	2 240	690		7.00T,7.5

第六节　汽车轮胎的合理使用

《汽车运输业车辆技术管理规定》所提出的汽车运输业技术、经济定额和指标有 11 项，其中有两项是针对轮胎合理使用的，即：轮胎行驶里程定额和轮胎翻新率。轮胎行驶里程定额是指轮胎从开始装用，经翻新到报废总行驶里程的限额。轮胎翻新率是指在统计期内，经过翻新的报废轮胎数与全部报废轮胎的百分比。

为加强汽车轮胎的合理使用，国家和交通部发布了有关的技术标准或文件。交通部于 1987 年发布的《汽车运输行业轮胎技术管理制度》、2008 年修订的 GB/T 9768—2008《轮胎使用与保养规程》、JT/T 303—1996《汽车轮胎使用与维修要求》和 JT/T 242—1995《汽车运输业企业轮胎技术管理台账》等,规定了轮胎管理、使用和维修的基本原则和具体技术要求,要认真执行,切实做好节胎工作。

一、汽车轮胎的工作特性和损坏形式

轮胎的使用性能是以利用压缩空气的性质和内外胎的弹性为基础的。汽车车轮承受和传递汽车与路面的全部作用力,在各种外力作用下,产生复杂的变形。因变形发生摩擦,产生大量内热,使轮胎温度升高,强度降低。轮胎的损坏,基本上就是力和热综合作用的结果。因此,研究轮胎工作情况,掌握轮胎损坏规律,对延长轮胎使用寿命有重要作用。

1. 汽车静止时轮胎所受的负荷

汽车静止时,轮胎承受全车的总重力,由于汽车的质心与各轮轴间的距离不同,则各轴的负荷是不同的。因为汽车质心距离驱动轴较近,所以驱动轴的轮胎负荷较大。

轮胎在静负荷作用下,会产生径向变形,即轮胎两侧弯曲,胎侧外层伸张,内层压缩,断面高度缩小,宽度增大,胎面展平。

2. 汽车行驶时轮胎所受的负荷

汽车行驶时,轮胎除承受静负荷外,还由于传递扭矩及受路面的冲击,轮胎上的动负荷不断变化。动负荷的大小,取决于汽车的静负荷、行驶速度、道路状况和轮胎的类型。

轮胎滚动时,由于冲击力的影响,其径向变化要比只受静负荷时大,并随动负荷的变化而变化。同时,由于路面阻力的影响,轮胎(主要是驱动轮)还会发生周向变形。轮胎与地面接触之前的部分被压缩,脱离接触之后的部分则伸张。据资料介绍,变形范围可以扩展到三分之一圆周,即从接地面积中部向两个方向各扩展60°以上,两种变形均使轮胎内部产生应力,使胎面与路面之间和轮胎内部材料之间发生摩擦,产生热量,并使轮胎磨损。由于驱动轮上的轮胎周向变形比从动轮大,故磨损也较快。

3. 离心力对轮胎的作用

汽车车轮转动时,产生车轮的离心力。车轮转速越高,轮胎质量越大,所产生的离心力也越大,此离心力有使轮胎脱离轮辋、胎面胶脱离帘布层之势,因此,在帘布层中产生额外应力。如果车轮平衡良好,则转动中轮胎各点上的离心力或离心力矩也接近平衡,其影响较小;如果车轮不平衡,则离心力或离心力矩的作用将使车辆发生振动,降低汽车的稳定性,致使操纵困难,加速车轮组件尤其是外胎的损伤。

汽车转弯时,产生车辆的离心力。汽车质量越大,车速越高,转弯半径越小,所产生的离心力就越大。此离心力使外胎下部弯曲,并增加弯道外侧轮胎上的负荷,使其变形增大,如轮胎与路面之间附着力小于离心力,则车轮发生侧向滑移,造成胎面严重磨损,且易发生事故。

4. 轮胎内热量的产生

行驶中的轮胎,在负荷作用下,各部要连续地产生压缩与伸张变形,使轮胎内部橡胶与帘线之间、帘线与帘线之间、帘布层与帘布层之间,以及胎面与路面之间发生摩擦,产生热量,使轮胎的内部温度升高。

轮胎内部温度的高低,决定于外胎结构、车轮负荷、轮胎气压、行驶速度、大气温度、路面状况和制动器的使用频度等因素。轮胎转动时,虽然受空气流的冷却,但因橡胶导热性差,冷却强度不大。随着温度的升高,会促使橡胶老化,橡胶与帘线的抗拉强度降低,因而加速胎面的磨损,并易损坏胎体。同时,胎温的升高会使轮胎气压随之升高,导致胎体应力的显著增大。

总之,轮胎受力变形时,帘线和橡胶在拉压应力、高温的作用下,轮胎材料产生疲劳,使弹性和强度下降。当应力超过帘布层强度极限时,帘线就会折断。轮胎受力变形时,帘布层间产生剪应力,当剪应力超过帘布层与橡胶间的吸附力时,就会出现帘线松散、帘布层脱层等现象。所以,轮胎的损坏形式主要是:胎面磨损、帘布脱层、帘线松散或折断、胎面与胎体脱胶以及由上述结果引起的胎体破裂。

二、影响轮胎寿命的使用因素

轮胎气压、负荷、汽车行驶速度、气温、道路条件、汽车技术状况、驾驶方法、维修质量和管理水平等因素对轮胎使用寿命影响很大。

1. 轮胎气压的影响

"气压是轮胎的生命",轮胎气压不同,所承受的负荷就不同。轮胎气压偏离标准是轮胎早期损坏的主要原因(图 11-7 曲线 a),尤以气压不足对轮胎的危害最大。

轮胎气压越低,胎侧变形越大,使胎体帘线产生较大的交变应力。由于帘线能承受较大的伸张变形,而承受压缩变形的能力较差,故周期性的压缩变形会加速帘线的疲劳破坏。轮胎以低压状态滚动时,除增大胎体的应力外,还因摩擦加剧而使轮胎温度升高,降低了橡胶和帘线的抗拉强度。

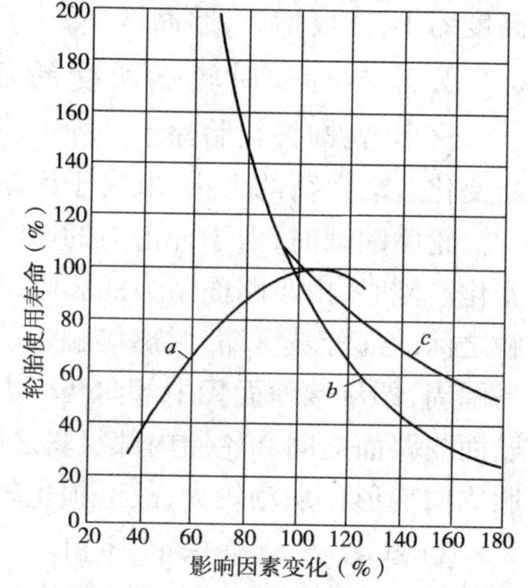

图 11-7 轮胎气压、负荷和汽车行驶速度对轮胎使用寿命的影响

a-轮胎气压;b-轮胎负荷;c-汽车行驶速度

试验表明,轮胎气压降低 20%,轮胎使用寿命约降低 15%以上。

轮胎气压不足时,轮胎损坏的主要特征是:初期外胎内壁和内胎表面出现黑色环圈,以后则发生局部的帘线松散或环状的帘线断裂,帘布脱层,胎面胶特别是胎肩部分加速磨损;后轮并装的双胎间可能互相摩擦,呈周边磨损;轮胎花纹中易嵌入钉子和石块,引起机械损伤;外胎在轮辋上移动,会使胎圈磨损和内胎气门嘴撕裂。

当轮胎气压过高时,造成轮胎接地面积小,增大了单位面积上的负荷,同时轮胎弹性小,因胎体帘线过于伸张,应力增大。由此造成胎冠磨损增加。如汽车在不良路面上行驶时,由于车轮承受的动负荷大,则易使胎面剥离或爆胎。气压过高对轮胎的磨损强度虽比气压不足时要小,但爆破的可能性却增大了。

2. 轮胎负荷的影响

轮胎所承受的最大负荷,设计时已经限定。超载时,外胎损坏特点与气压低时类似,胎侧弯曲变形大。但轮胎超载时受力和变形状态比气压低时更恶化,则轮胎的损坏就更加严重。

负荷对轮胎使用寿命的影响见图 11-7 曲线 b。由图可知,若轮胎超负荷 10%,轮胎使用寿命约降低 20%。超载的轮胎若碰撞障碍物时,易造成轮胎爆破。

3. 汽车行驶速度和气温的影响

汽车行驶速度对轮胎使用寿命的影响见图 11-7 曲线 c,汽车行驶速度过高,轮胎使用寿命缩短。原因是:高速行驶时胎面与路面摩擦频繁,滑移量大,使胎体温度升高,结果导致轮胎气压增高(图 11-8);汽车高速行驶时,动负荷大,会造成轮胎的损伤。轮胎速度符号不得低于装配车辆的速度性能要求。

气温对轮胎的使用寿命的影响也很大(图 11-9),尤其在气温和车速均高时,轮胎使用寿命会明显缩短,其根本原因是在这种场合下轮胎气压急剧升高。

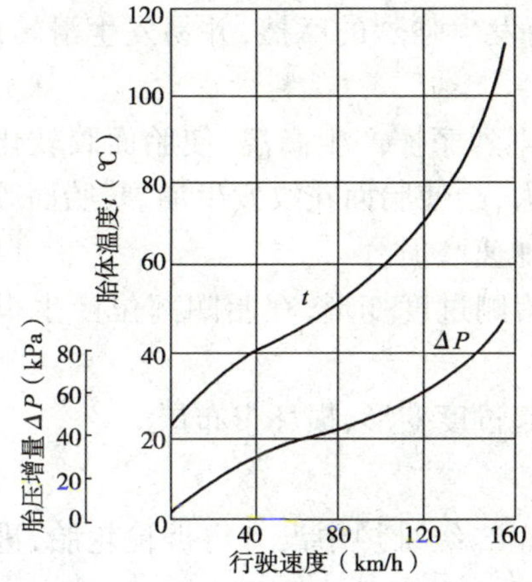

图 11-8 汽车行驶速度对胎体温度的影响

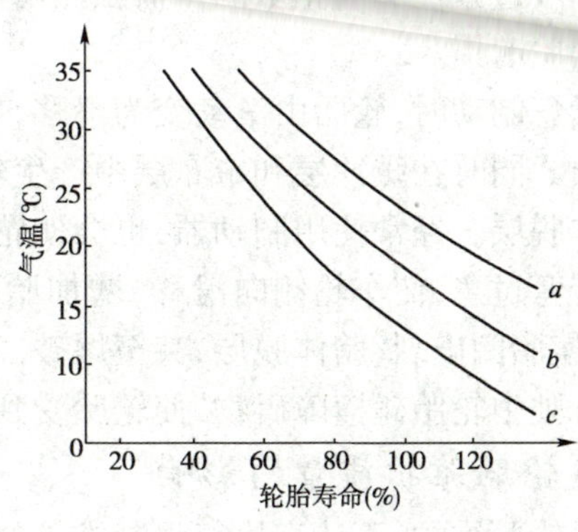

图 11-9 在不同的汽车行驶速度下,轮胎使用寿命与气温的关系

a-车速为 35km(h);*b*-车速为 75km(h);*c*-车速为 90km(h)

4. 道路条件的影响

影响轮胎使用寿命的道路因素主要是路面材料和平坦度。它们关系到摩擦力和动负荷的大小,由此影响轮胎的使用寿命。

轮胎在良好平整的路面上行驶时,负荷的类型主要是静负荷,主要损坏形式是正常磨损。汽车在坏路上行驶时,由于轮胎动负荷大(汽车以中速在不平路面上行驶时,车轮的动负荷为静负荷的两倍以上),轮胎使用寿命缩短的很多。试验证明:若以汽车在柏油路面上行驶时的使用寿命为 100%,则在非铺装路面上行驶时,轮胎的使用寿命约降低 50%。

5. 汽车技术状况的影响

汽车底盘的技术状况(尤其是行驶系)不良,会造成轮胎的异常磨损(图 11-10)。图 11-10 的 a)、b)为轮胎磨损成多边形或波浪形,原因是轮辋变形、轮毂轴承松旷、车轮不平衡和紧急制动频繁等;图 11-10 的 c)为轮胎一侧局部偏磨,原因是轮辋偏心、轮毂与转向节轴偏心或转向节轴弯曲等;图 11-10 的 d)为轮胎局部剧烈磨损,常见原因是制动器拖滞;图 11-10 的 e)为轮胎胎肩偏磨,原因是外倾角不准确。若轮胎外侧偏磨是因外倾角过大;若轮胎内侧偏磨是因外倾角过小;如轮胎沿圆周在轮胎宽度方向出现锯齿状的磨损,原因为前束失准,若出现齿尖向内的锯齿状磨损为前束过大,若出现齿尖向外的锯齿状磨损为前束过小。实际上,由于多种因素的影响,轮胎异常磨损的形态不像图 11-10 所示那样典型,原因也不一定分析的全面。但是足以说明汽车技术状况对轮胎使用寿命的影响程度。

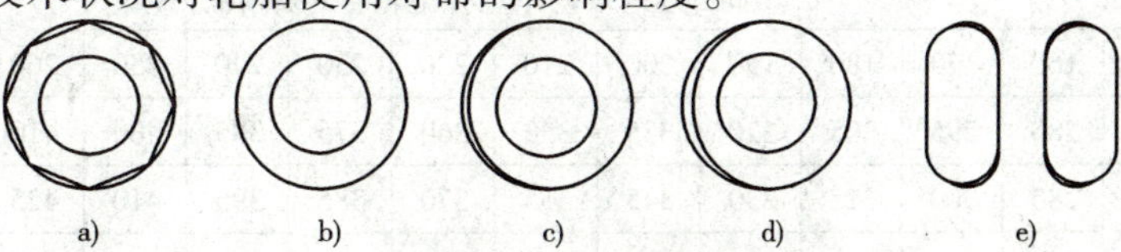

图 11-10 汽车技术状况对轮胎使用寿命的影响

6. 驾驶方法的影响

轮胎的使用寿命与汽车驾驶方法紧密相关，例如起步过猛、紧急制动、转弯过急和碰撞障碍物等，会加速轮胎的损坏。

起步过猛使驱动轮上的负荷骤然增加，轮胎与地面发生强烈的摩擦，并易发生滑转现象，增加轮胎磨损。

紧急制动时，轮胎由滚动变为滑移，局部胎面受到剧烈摩擦产生高温，使胎面胶软化而加剧磨损。同时在缓冲层和帘布层中产生较大的剪切应力，会使胎面花纹发生崩裂，胎面胶脱空或胎体脱层。经常使用制动器，也会使轮胎产生高温，加速磨损。

转弯过急，使车轮侧向滑移，增加胎面磨损，并使胎侧过度变形，在胎圈部位产生很大应力，可使胎圈破裂，胎体脱层，甚至爆破。

行驶中轮胎碰撞障碍物，使轮胎受到强烈冲击，引起过度变形，损坏帘布层。

7. 轮胎维护质量的影响

对轮胎维护，不认真执行强制维护的原则，或在汽车二级维护中没有将拆检轮胎，进行轮胎换位作为主要内容，就不能保持轮胎的良好技术状况。

如果将类型、规格、花纹和新旧程度不同的轮胎混装，会导致部分轮胎超载而早期损坏。拆装轮胎时不使用专用工具或拆装方法不当，也会影响轮胎的使用寿命。

8. 轮胎管理技术的影响

不执行轮胎装运技术要求，轮胎保管条件不良或方法不当，也将引起轮胎早期损坏。

轮胎与矿物油、酸类物质和化学药品接触，会使橡胶、帘布层遭受腐蚀。保管期间受阳光照射，室温过度或空气过分干燥，会加速轮胎老化；空气中水分过多，轮胎受潮，会使帘布层霉烂变质。内胎折叠存放，会产生裂痕。外胎堆叠，将引起变形。

三、延长轮胎寿命的使用措施

针对影响轮胎使用寿命的主要因素，为延长轮胎使用寿命应采取以下措施。

1. 保持轮胎标准气压

轮胎气压是根据轮胎负荷等条件规定的，轮胎气压应符合该轮胎承受负荷时规定的压力（表 11-7、表 11-8）。一般可照汽车使用说明书规定的轮胎气压（表 11-9）检查。

标准型轿车子午线轮胎负荷与气压对应表（摘编） 表 11-7

负荷指数	不同气压[a]（kPa）下标准型轮胎的负荷能力（kg）										
	150	160	170	180	190	200	210	220	230	240	250
81	305	325	340	355	370	385	400	415	430	445	462
86	350	370	390	410	425	445	460	480	495	515	530

增强型桥车子午线轮胎负荷与气压对应表（摘编） 表 11-8

负荷指数	不同气压[a]（kPa）下增强型轮胎的负荷能力（kg）														
	150	160	170	180	190	200	210	220	230	240	250	260	270	280	290
80	265	280	295	305	320	335	350	360	375	385	400	410	425	440	450
81	275	285	300	315	330	345	355	370	385	395	410	425	435	450	482
82	280	295	310	325	340	355	365	380	395	410	420	435	450	460	475

续上表

负荷指数	不同气压[a](kPa)下增强型轮胎的负荷能力(kg)														
	150	160	170	180	190	200	210	220	230	240	250	260	270	280	290
83	285	305	320	335	345	360	375	390	405	420	430	445	460	475	487
84	295	310	325	340	355	370	385	400	415	430	445	460	470	485	500
85	305	320	335	350	365	385	400	415	430	445	455	470	485	500	515
86	315	330	345	360	380	395	410	425	440	455	470	485	500	515	530

我国部分汽车使用的轮胎规格和轮胎气压　　表 11-9

汽车型号	轮胎规格	轮胎气压(kPa)
解放 1092	9.00-20,12 层级	前轮 329 后胎和备胎 480
东风 1092	9.00-20,12 层级 9.00R20,12 层级	普通轮胎; 前轮 390 后轮和备胎 480 子午线轮胎; 前轮 490 后轮和备胎 620
北京切诺基	P205/75R15	冷态满载时 207
上海桑塔纳 LX	185/70R 13 86T	满载: 前轮 190 后轮 230 备胎 250
夏利 TJ7100	165/70SR13	186
富康	165/70R14 81T	前轮 220 后轮 210
奥迪 100	185/70SR14	满载: 前后轮 200 备胎 260
捷达 CL	175/70R13T	满载: 前轮 200 后轮 260 备胎 240
红旗 CA7180、7200 7200E、7220E	185SR14	满载: 前轮 220 后轮 200 备胎 260

轮胎气压用轮胎气压表检查。常用的是手提式轮胎气压表(图 11-11),它由气压表、回位按钮、气管组合件和气嘴组合件组成。使用时,检查指针是否指示零位,若不在“0”处,应按动回位按钮使指针复位。测量轮胎气压时,把轮胎气压表下端气嘴组合件的气嘴套在轮胎气门嘴上,使气嘴阀端面压在气门芯的顶杆上,并用力把气门芯顶杆压下打开气门,轮胎内的气流

便进入气压表内,在刻度盘上便指示出轮胎气压值。读值后按动回位按钮,使表针回到零位。

2. 防止轮胎超载

轮胎的负荷不应超过轮胎的额定负荷。不仅要求汽车在设计时,确定汽车总质量就应考虑所选用轮胎的额定负荷,而且在汽车使用过程中不得超载。载货汽车轮胎使用速度与负荷对应关系见表11-10。装载要保持货物均匀分布,不可重心偏移(图11-12、图11-13)。

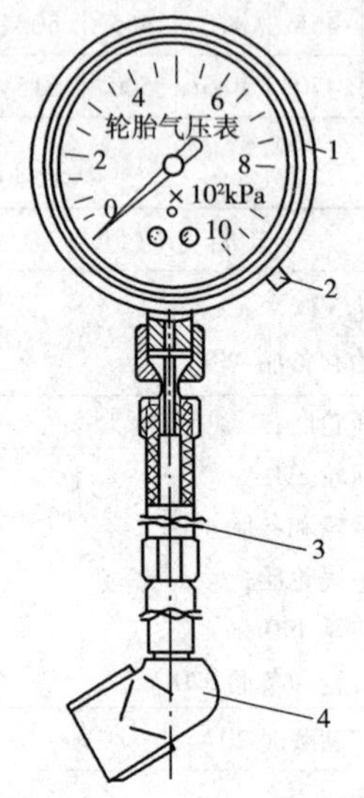

图11-11 手提式轮胎气压表
1-气压表;2-回位按钮;3-气管组合件;4-气嘴组合件

图11-12 货车上的物品分布

图11-13 自卸车装载分布

轮胎行驶速度与负荷变化对应表 表11-10

速度/(km/h)	负荷变化率/%			
	微型、轮型载重汽车轮胎		载重汽车轮胎	
	斜交轮胎	子午线轮胎	斜交轮胎	子午线轮胎
40	+15.0	+25.0	+12.5	+15.0
50	+12.5	+20.0	+10.0	+12.0
60	+10.0	+15.0	+7.5	+10.0
70	+7.5	+12.5	+5.0	+7.0
80	+5.0	+10.0	+2.5	+4.0
90	+2.5	+7.5	0	+2.0
100	0	+5.0	0	0
110	0	+2.5	0	0
≥120	0	0	0	0

注:表中的负荷变化是相对于轮胎规格、尺寸、气压与负荷表中规定的负荷能力增加的。

3. 掌握车速，控制胎温

汽车行驶速度与轮胎生热的关系很大，车速越高，挠曲变形速度就越快，轮胎生热量也就越大，轮胎胎体温度上升至100℃以上后，轮胎易分层、脱空、爆胎。

近年来，随着公路状况的改善，特别是高速公路的增加，汽车运行速度显著提高，如果汽车所使用的轮胎只具有低速特性，那么在较高车速行驶时，可能出现爆胎等故障。所以，要求汽车所使用的轮胎应与最高设计车速相适应。最大设计车速较高的汽车须选用具有高速特性的轮胎。

汽车夏季行驶时应增加停歇次数，如果轮胎发热或内压增高，应停车休息散热，严禁放气降低轮胎气压，也不要用冷水浇泼。因放气后轮胎温度并未降低，而轮胎的变形因气压降低而增大，使胎温继续升高，直到轮胎的发热量与散热量重新达到平衡为止。此时轮胎的温度比原来更高，致使轮胎受到严重损伤。而浇泼冷水降温，会使轮胎在高温时骤然冷却，因各部收缩不均衡而产生裂纹。

4. 保持汽车技术状况良好

从延长轮胎的使用寿命的角度出发，汽车维护中要特别注意下列作业：

(1)前轮前束和外倾角应符合标准。

(2)行车制动器调整良好，不拖滞。

(3)轮毂轴承的间隙调整适当。

(4)轮胎螺母紧固，车轮应平衡。

(5)钢板弹簧的挠度应尽量一致，前后轴平行。

(6)轮毂油封和液压制动轮缸无漏油现象。

(7)车轮总成的横向摆动量和径向跳动量应符合GB 7258—2004《机动车运行安全技术条件》的要求，对车轮总成的横向摆动量和径向摆动量的要求是：总质量小于或等于4.5t的汽车不得大于5mm，其他车辆不得大于8mm。

5. 正确驾驶

汽车应起步平稳，加速均匀，选择路面，少用紧急制动。

在滑路上要缓慢起步，以均匀速度行驶，车轮打滑空转时应即时采取防滑措施；行驶中注意选择路面，尽量避开障碍物和难行路段；道路不良或转弯时应减速行驶；遇有沟槽、坑洼或铁轨等障碍时，要以低速缓慢通过；在保证安全的前提下，少用制动器，尽量避免紧急制动。

6. 合理搭配，正确拆装

轮胎必须装配在规定规格的轮辋上；同一车轴应装配相同规格、花纹和层级的轮胎；普通斜交轮胎与子午线轮胎在同车上不能混用；轮胎花纹应根据道路条件选择，装配有向花纹轮胎时，花纹“人”字尖端的指向要与汽车前进时轮胎旋转方向一致；换装新胎时，应尽量做到整车或同轴同换；为确保行车安全，翻新轮胎不能装在转向轮上；汽车所使用的轮胎应与最大设计车速相适应。

拆装轮胎要使用专门的工具，严禁使用大锤敲击或其他尖锐器械；装内胎时，应在外胎的内壁和内胎表面涂滑石粉，以便于内胎的伸展。内胎气门嘴应放置在轮辋气门嘴孔的中心；双胎并装时，应将内挡轮胎的车轮螺栓紧固后，再装外挡轮胎。

7. 强制维护，及时翻修

轮胎技术状况应符合GB 7258—2004《机动车运行安全技术条件》的“轮胎要求”。

(1)轮胎的磨损:轿车和挂车轮胎的胎冠上花纹深度不得小于1.6mm;其他汽车转向轮的胎冠花纹深度不得小于3.2mm,其余轮胎胎冠花纹深度不得小于1.6mm。

(2)轮胎胎面不得因局部磨损而暴露出轮胎帘布层。

(3)轮胎胎面或胎壁上不得有长度超过25mm或深度足以暴露出轮胎帘布层的破裂和割伤。

对轮胎的维护应与整车维护一样,贯彻预防为主、强制维护的原则。轮胎维护分为日常维护、一级维护和二级维护,维护周期按汽车规定的维护周期执行。

轮胎日常维护主要是检查轮胎气压是否符合规定;检查轮胎螺母有无松动;清理轮胎夹石和花纹中的石子、杂物等。轮胎的一级维护除日常维护作业外,以一般检查和紧固为主。检查轮胎螺母是否缺少和松紧程度;检查胎面磨损情况,必要时(如单边偏磨严重)应进行一次轮胎换位,以保持胎面花纹磨损均匀。二级维护除一级维护作业外,主要是拆检轮胎,进行轮胎换位。把轮胎各部件拆开,检查外胎有无内伤、脱层、起鼓,检查内胎有无老化、脱胶现象,检查垫带有无开裂等;把伤洞清理干净,塞胶烘补好;测量胎面花纹磨损;进行轮胎换位。

由于负荷、驱动形式和道路的影响,汽车各轮胎磨损部位和磨损程度不同,为使全车轮胎磨损均匀,一般应按规定的周期对轮胎进行换位。轮胎换位的基本方法有交叉换位法、循环换位法和混合换位法三种(图11-14)。一次更换轮胎的位置,不能使所有轮胎从轮胎的一侧完全换另一侧的换位方法,叫循环换位法。仅一次更换轮胎的位置,便可实现所有轮胎从汽车的一侧完全换到另一侧的换位方法,叫交叉换位法。

进行轮胎换位应注意:①轮胎换位方法选定后,不再变动;②对有方向性花纹的轮胎,换位后不能改变旋转方向;③轮胎换位后,应按规定重新调整轮胎气压。

当轮胎花纹磨至极限时,应及时送厂翻新,不可未经翻新一直使用到报废。轮胎翻新是将胎面花纹磨耗超限,而胎体尚好的轮胎,进行翻新。轮胎的胎体寿命一般都比胎面寿命长,特别是尼龙胎和钢丝胎,胎体寿命一般都比胎面寿命长4~5倍,而胎体经济价值占整个外胎经济价值的70%左右,又加上翻新费用低廉,因此轮胎翻新的经济效益显著。轮胎翻新后应达到相应的技术标准,我国GB/T 7037—1992《翻新和修补轮胎(斜交)》和GB/T 1446—1993《翻新和修补轮胎(子午线)》两个标准,分别对普通斜交轮胎和子午线轮胎的翻新质量做了规定。

8. 正确装运,妥善保管

装运轮胎时,不得与油类、易燃物、化学腐蚀品等混装,并用篷布遮盖,以免阳光照射或雨淋。长途运输必须竖立放置,内胎如无包装,需放在外胎内,并适量充气。

轮胎库房应清洁干燥,避免阳光射入库内,室内温度应保持在-10~25℃之间,相对湿度为50%~80%。库房应距离热源、发电设备及其他产生臭氧的地点1m以外。外胎或成套轮胎应立放,严禁平置或堆叠,以免变形,至少每两个月转动其支点一次。内胎如需单独存放,在适当的充气状态下,悬挂在半圆形的托架上,并定期转动其支点,不得折叠堆置。轮胎在保管中,应有库存卡片,记载轮胎类型、规格、层级、厂牌、生产和入库时间,并按生产和入库时间分批存放,先进先出,顺序使用。

搬运轮胎时不应用绳索、吊钩或吊叉直接把轮胎吊提,应使用宽度不小于150mm的非金属宽幅带,以免损坏胎圈,图11-15轮胎吊运。

使用叉车搬运轮胎时,应使用抱胎式的专用货叉,或从轮胎侧面托起,不应用货叉插入胎圈中心提升,图11-16轮胎叉车搬运。

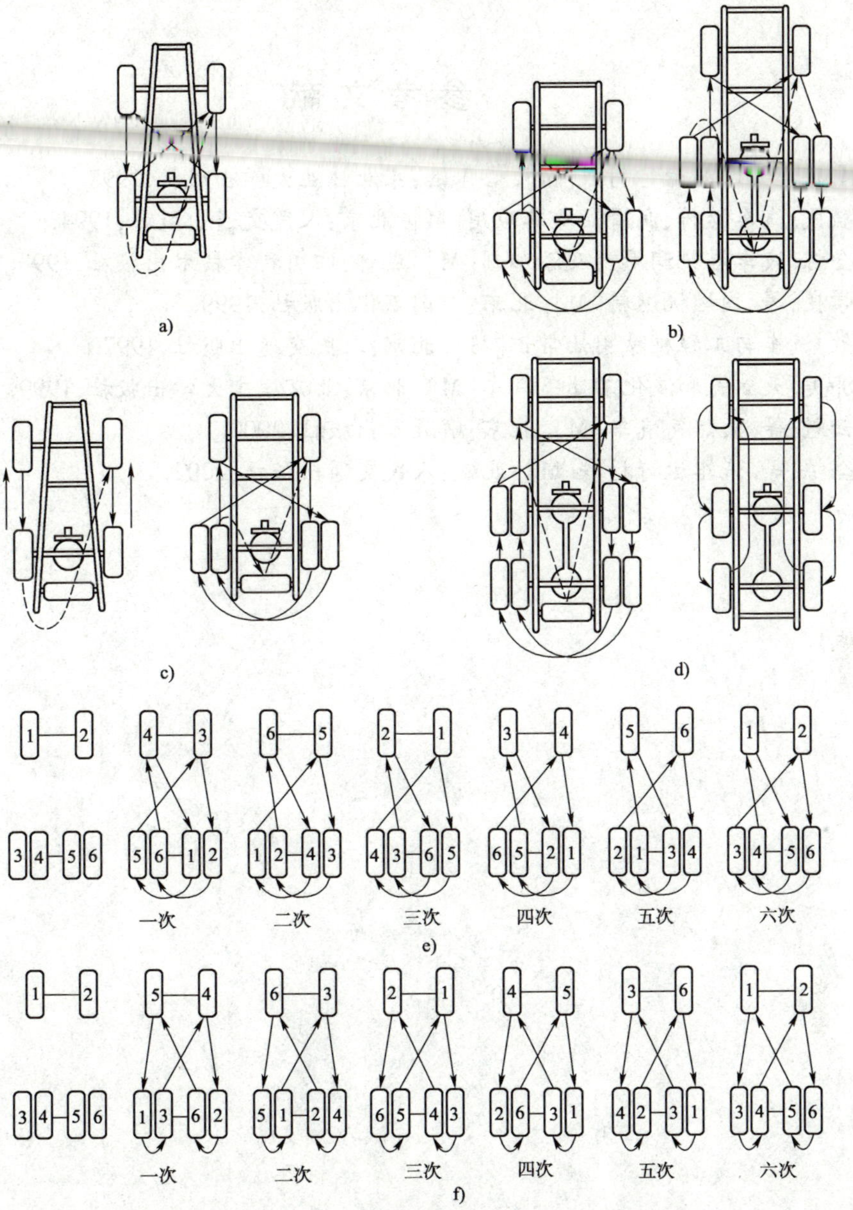

a)
b)
c)
d)
一次
二次
三次
四次
五次
六次
e)
一次
二次
三次
四次
五次
六次
f)

图 11-14 轮胎换位的基本方法

a)轿车,无向胎面花纹交叉换位;b)载货汽车,无向花纹交叉换位;c)轿车,定向胎面花纹交叉换位;d)载货汽车,定向胎面花纹交叉换位;e)六轮二桥循环换位法;f)六轮二桥混合换位法

正确
不正确

图 11-15 轮胎吊运

专用货叉
正确
不正确

图 11-16 轮胎叉车搬运

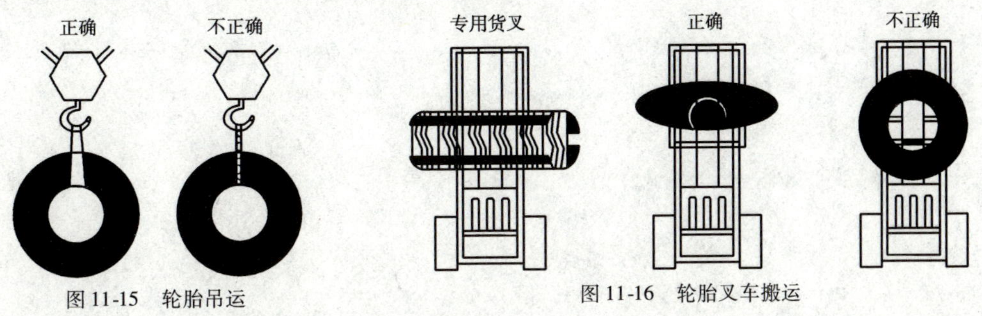

参考文献

[1] 卯士林,等.汽车运行材料[M].哈尔滨:东北林业大学出版社,1998.
[2] 王毓民.汽车燃料、润滑油及其应用[M].北京:人民交通出版社,1994.
[3] 郎全栋.汽车燃料润滑剂及添加剂[M].成都:四川科学技术出版社,1998.
[4] 何学良,等.内燃机燃料[M].北京:中国石化出版社,1999.
[5] 韩敏.汽车与工程机械用油常识[M].北京:人民交通出版社,1997.
[6] 孙济美.天然气和液化石油气汽车[M].北京:北京理工大学出版社,1999.
[7] 肖云魁,等.天然气汽车[M].北京:解放军出版社,2000.
[8] 郎全栋,等.汽车运行材料[M].北京:人民交通出版社,2002.